RUN VEGAN

Klimaneutral
Druckprodukt
ClimatePartner.com/11798-2106-1005

MIX
Papier aus verantwortungsvollen Quellen
FSC® C128922

Dieses Buch soll keine ärztlichen Empfehlungen ersetzen, widerrufen oder ihnen widersprechen. Die Informationen in diesem Buch sind allgemeiner Natur und werden ohne Garantie seitens des Verlags und der Autoren angeboten. Diese übernehmen keine Haftung für eventuell auftretende Schäden und Fehler, die durch die Verwendung des Buches auftreten.

Edition Kochen ohne Knochen

ISBN 978-3-95575-151-7
2. Auflage November 2021

Bildnachweise:
Dirk Ostermeier und Martin Oelze: 6, 8, 10, 13, 16, 18, 20. 23, 27, 28, 31, 35, 83, 86, 91, 92, 94, 111, 112, 197 | Daniel Roth: 36, 37, 38, 39, 40, 41, 42, 43, 44, 45, 48, 50, 52, 54, 56, 61, 62, 63, 64, 65, 68, 69, 70, 77, 78, 79, 81, 82, 97, 116, 119, 120, 122, 124, 126, 128, 130, 132, 134, 136, 138, 140, 142, 144, 146, 148, 150, 152, 154, 156, 158, 160, 162, 164, 166, 168, 170, 172, 174, 176, 178, 180, 182, 184, 186, 188, 190, 192, 194 | livfriis/Depositphotos: 58 | nblxer/Depositphotos: 66 | Linda Ruhe: 98 | Privat: 100 | Swissultra/Katrin Meier: 102 | Christian Siedler: 104 | Markus Heidl: 106 | Niklas Rübke: 108 | Christian Werner: 114

Layout und Satz: Iris Christmann, Christian Mentzel
Cover unter Verwendung einer Fotografie von Leonard Kötters
Druck und Bindung: Himmer GmbH Druckerei, Augsburg

Ventil Verlag, Boppstr. 25, D-55118 Mainz
www.ventil-verlag.de

ventil

edition KOCHEN OHNE KNOCHEN

KATRIN SCHÄFER & DANIEL ROTH

RUN VEGAN

TRAINING, ERNÄHRUNG, REZEPTE

VENTIL

INHALT

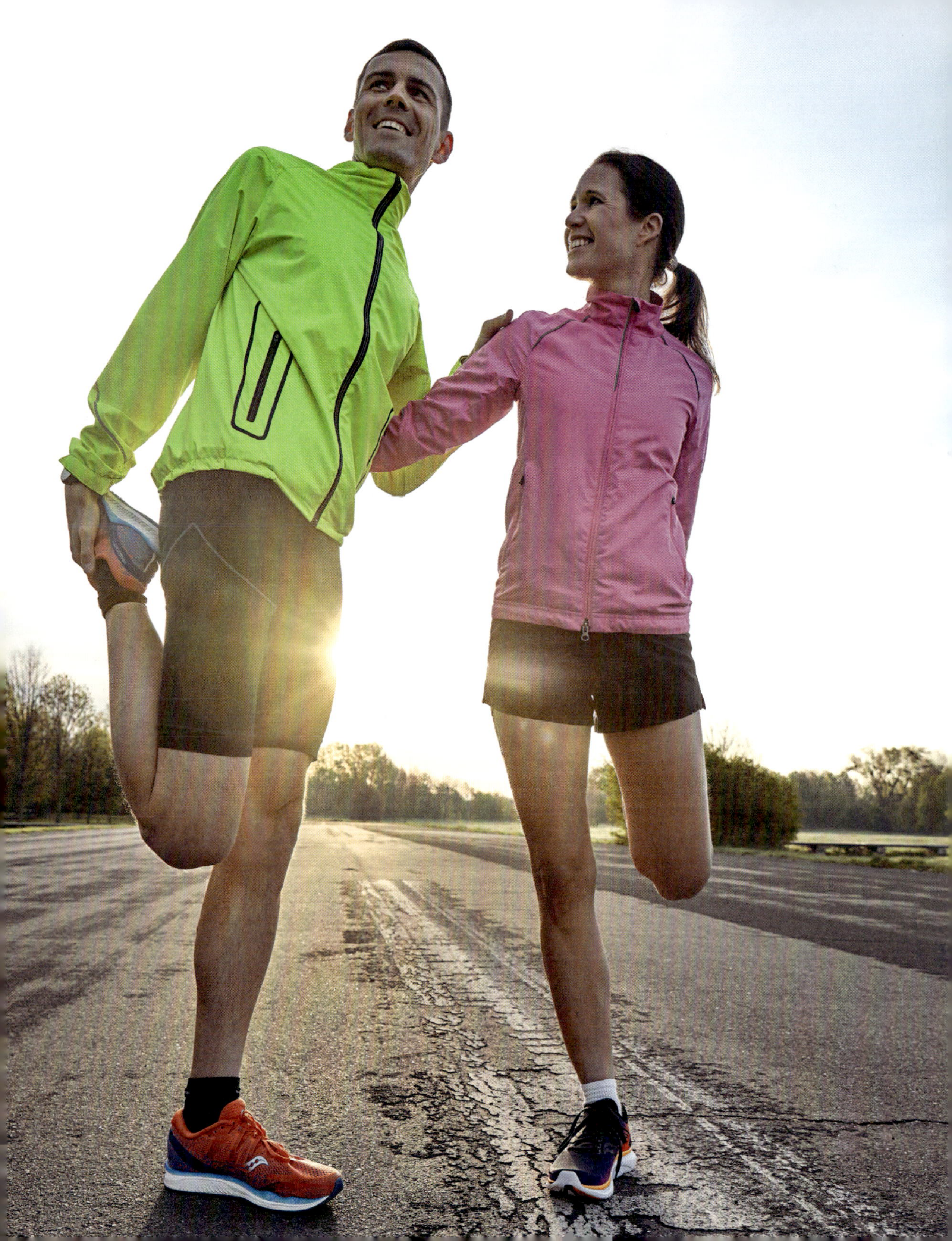

Warm-up

RUN VEGAN: vegan leben und laufen. Diese beiden Dinge haben alles für uns verändert. Als wir vor vielen Jahren – unabhängig voneinander – zum ersten Mal zu einer kleinen Laufrunde aufgebrochen sind, hatten wir noch keine Vorstellung davon, was uns dieses Hobby im Laufe der Zeit alles geben würde: eine neue Wertschätzung für unseren Körper, der Unglaubliches leistet, wenn wir uns gut um ihn kümmern. Erfolgserlebnisse, die unser Selbstbewusstsein stärken. Herausforderungen, von denen wir lernen und an denen wir wachsen können. Das schöne Gefühl, ein Teil der großen, bunten Läufergemeinschaft zu sein. Den inspirierenden Austausch mit anderen Laufbegeisterten, und, nicht zuletzt, jede Menge neue Freundschaften.

Im Spätsommer 2010 kam dann der nächste Wendepunkt in unserem Leben, als wir uns zum ersten Mal ganz bewusst ein veganes Gericht zubereiteten. Auch diesmal ahnten wir nicht, dass dieses eigentlich doch eher unspektakuläre Ereignis unsere Zukunft in eine ganz neue Richtung lenken würde. Es war der Beginn unserer veganen Entdeckungsreise. Auf dieser Reise lernten wir nicht nur, wie lecker und vielseitig die pflanzliche Küche ist, sondern auch, dass man selbst vor großen Veränderungen keine Angst haben muss. Dass Veränderungen im Gegenteil sogar Spaß machen und ganz neue Perspektiven eröffnen können. Eine dieser neuen Perspektiven war unser Blog »beVegt«, auf dem wir im November 2011 den ersten Beitrag veröffentlich haben, und der inzwischen zu unserem Beruf und unserer Berufung geworden ist. RUN VEGAN ist aber mehr als die Summe seiner Teile. Es steht für ein Lebensgefühl, das immer mehr Läufer*innen aus Deutschland und der ganzen Welt in den letzten Jahren für sich entdeckt haben: Sie leben und laufen vegan, für ihre Gesundheit und ihr Wohlbefinden, aber auch für einen gesellschaftlichen Wandel als laufende Botschafter*innen der veganen Bewegung. Mit diesem Buch hältst du den Schlüssel zu dieser wunderbaren Welt des veganen Laufens in den Händen. Es ist vollgepackt mit Trainings- und Ernährungswissen, leckeren Rezepten und motivierenden Aufgaben, mit denen du das Gelernte bzw. Gelesene sofort in die Praxis umsetzen kannst. Ob du noch ganz am Anfang deiner sportlichen und veganen Reise stehst, oder bereits Erfahrungen mit dem Laufen und der pflanzlichen Ernährung gesammelt hast, spielt übrigens keine Rolle: Du wirst in jedem Fall zahlreiche Tipps, Anregungen und Denkanstöße für dich mitnehmen können.

WAS DICH IN DIESEM BUCH ERWARTET

Schauen wir uns also mal etwas genauer an, was dich auf den folgenden Seiten erwartet. Im ersten Teil »RUN« dreht sich alles ums Laufen. Wir sorgen dafür, dass du mit dem richtigen Mindset in dein Laufabenteuer startest, kümmern uns um die nötige Basisausrüstung, und dann brichst du hoffentlich auch schon zu deiner ersten Laufrunde auf. Im Anschluss erfährst

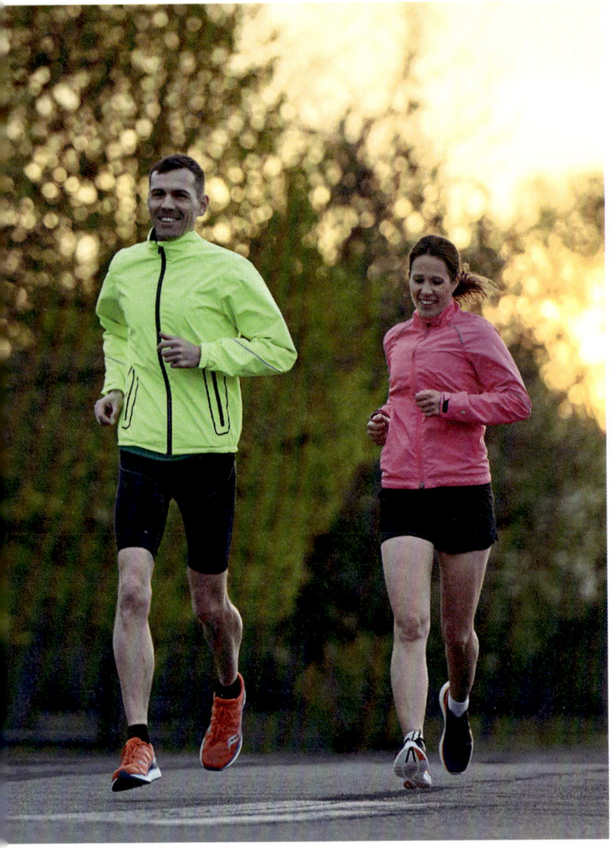

du, wie dein Training in den ersten Wochen aussehen sollte und welche Anfängerfehler es zu vermeiden gilt, damit du die kritische Phase gut überstehst und das Laufen zu einem festen Teil deines Lebens werden kann.

Als nächstes beschäftigen wir uns mit den Feinheiten des Lauftrainings: Du lernst die fünf Prinzipien kennen, auf denen jeder gute Trainingsplan basiert, und wir stellen dir die wichtigsten Trainingsformen vor, mit denen du Abwechslung in deine Laufwoche bringst sowie deine Ausdauer und Schnelligkeit verbesserst. Du lernst, wie du dir selbst einen Trainingsplan für jedes beliebige Ziel schreiben kannst und wie du mit einem sinnvoll zusammengestellten Ergänzungstraining die Grundlage für deinen sportlichen Erfolg legst. Und schließlich verraten wir dir noch einige Tipps, mit denen du gelegentliche Durchhänger unbeschadet überstehen wirst und langfristig motiviert bleibst.

Im zweiten Teil »VEGAN« begeben wir uns gemeinsam mit dir auf eine vegane Entdeckungsreise. Wir starten mit einem kurzen Blick auf die verschiedenen Gründe für eine vegane Ernährung, lernen die wichtigsten pflanzlichen Lebensmittelgruppen kennen und füllen deinen veganen Vorratsschrank. Anschließend stellen wir dir zehn goldene Regeln für eine gesunde vegane Ernährung vor, du wirst mit der genialen »Grain-Green-Bean-Formel« deine ersten veganen Kochexperimente starten und überrascht sein, wie einfach es ist, leckere und nährstoffreiche vegane Gerichte zuzubereiten.

Ausgestattet mit diesem Basiswissen gehen wir als nächstes an die Feinheiten der veganen Ernährung: Du erfährst, wie du deine Versorgung mit einigen »potenziell kritischen« Nährstoffen sicherstellst, aber auch, wie du dich vor, während und nach dem Laufen verpflegst, um das Beste aus deinem Training herauszuholen und deinen Körper bei der Regeneration zu unterstützen. Und weil wir wissen, dass du auf deinem veganen Weg sicher auch mal auf ein Hindernis treffen wirst, geben wir dir zum Schluss noch unsere besten Tipps für den Umstieg mit auf den Weg.

Im dritten Teil »RUN VEGAN« werfen wir schließlich noch einmal einen Blick aufs große Ganze. Du erfährst, wie beVegt in den letzten Jahren von einem Hobbyblog zu einer riesigen veganen Laufcommunity geworden ist. Außerdem lernst du fünf inspirierende vegane Läufer*innen kennen, die dir einen Einblick in ihren Trainings- und Ernährungsalltag geben und ihre besten Tipps rund um Training, Ernährung und Motivation mit dir teilen. Darüber hinaus stellen wir dir die Idee des »Athletivismus« vor und zeigen dir, wie du das Laufen nutzen kannst, um gemeinsam mit tausenden anderen veganen Sportler*innen etwas zu bewegen und die Welt ein bisschen besser zu machen.

Und weil selbst das umfassendste Ernährungswissen nichts wert ist, wenn du es nicht in die Praxis umsetzt, haben wir im abschließenden Teil »REZEPTE« mehr als 40 Ideen für Frühstück, Hauptgerichte, Sportsfood, Snacks und Getränke für dich zusammengestellt. Am besten suchst du dir nach jeder »Lesesitzung« ein Rezept aus, mit dem du dich nach deinem nächsten Lauf belohnen möchtest!

WIE DU DIESES BUCH AM BESTEN (BE)NUTZT

Wir hoffen, dass du nach diesem kurzen Überblick schon richtig Lust darauf bekommen hast, endlich loszulegen. In RUN VEGAN geht es in erster Linie um Veränderungen: Wenn du dieses Buch gekauft hast, dann möchtest du offensichtlich mit dem Laufen anfangen oder deine Fitness weiter verbessern, deine ersten veganen Experimente unternehmen oder deine Ernährung noch gesünder und abwechslungsreicher gestalten. An solchen Veränderungen zu arbeiten kann (und soll) richtig viel Spaß machen, und wir haben das Buch so aufgebaut, dass es dich auf deinem Weg optimal unterstützt. Ganz konkret bedeutet dies, dass die einzelnen Kapitel aufeinander aufbauen, sodass du einen Schritt nach dem anderen machen kannst. Oft haben wir am Ende eines Kapitels eine kleine Aufgabe für dich formuliert, damit du direkt an die Umsetzung gehen kannst. Es ist deshalb auch völlig okay, wenn du das Buch zwischenzeitlich mal für einige Zeit beiseite legst und erst dann weiterliest, wenn du die jeweilige Lektion oder Aufgabe umgesetzt bzw. gemeistert hast.

Wenn du in Sachen Laufen oder vegane Ernährung schon weiter fortgeschritten bist, dann kannst du RUN VEGAN aber auch wie ein Nachschlagewerk nutzen: Springe direkt zu den Kapiteln, die dich am meisten interessieren oder bei denen du für dich den größten Nachholbedarf siehst, und setze die Tipps und Anregungen, die du dort findest, in die Praxis um. Aber ganz egal ob du das Buch in einem Rutsch liest oder dich etappenweise hindurch arbeitest: Denk immer daran, dass der Spaß am Entdecken und an deiner persönlichen Veränderung im Vordergrund stehen sollte. Lass dich also nicht stressen und genieße jeden Schritt, der dich ein Stückchen näher an dein Ziel bringt.

Wir wünschen dir viel Freude dabei!
Katrin und Daniel

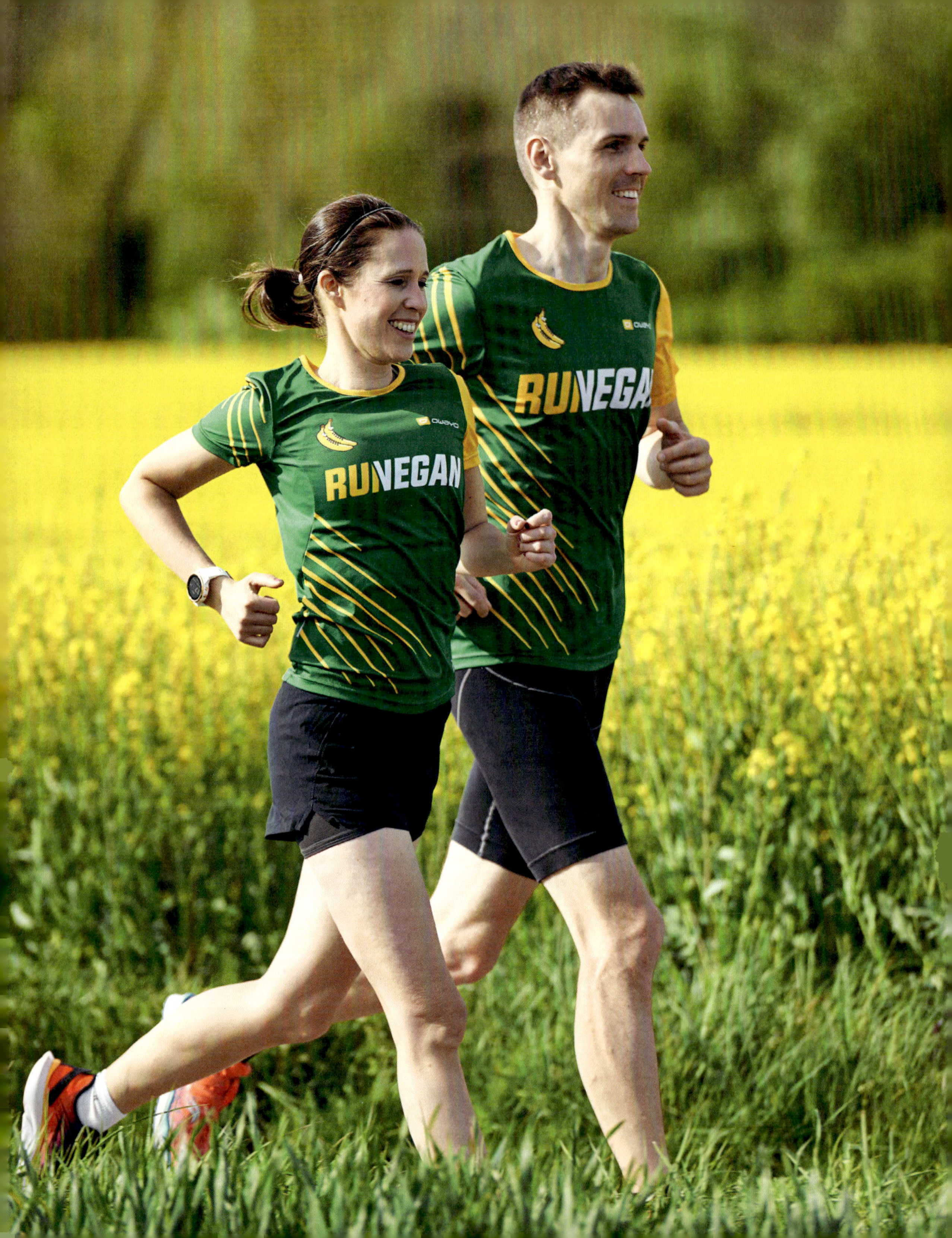
RUNEGAN
RUNEGAN

RUN

RUN

Wir machen dich heiß aufs Laufen und kümmern uns um die nötige Basis-Ausrüstung, bevor du zu deiner allerersten Laufrunde aufbrichst. Du lernst, wie ein gutes Trainingsprogramm aufgebaut ist, wie du dein Lauftraining optimal ergänzt und langfristig motiviert bleibst.

STARTSCHUSS: DER SCHALTER IN DEINEM KOPF

Lass uns mit einem Gedankenexperiment starten. Stell dir vor, wie du ein Paar Laufschuhe anziehst und aus der Tür in die frische Morgenluft trittst. Die ersten Sonnenstrahlen fallen in deine Augen und du musst blinzeln. Es wird ein schöner Tag, und du beginnst ihn mit deiner Lieblingsrunde durchs Feld. Mit jedem Schritt strömt ein wenig mehr Energie in deinen Körper. Du weißt nicht, woher sie kommt, aber du kannst sie eindeutig spüren. Du fühlst dich leicht, fit und stark.

Du läufst dreißig Minuten und willst noch nicht aufhören, du willst das Gefühl noch nicht gehen lassen: die Bewegung, der Wind in deinen Haaren, der Schweiß auf deiner Haut, dein tiefer Atem, deine Füße, die intuitiv an die richtige Stelle fallen, alles gesteuert von deinem Unterbewusstsein, alles ohne Anstrengung, alles arbeitet perfekt zusammen. Deine Muskeln, Sehnen, Nerven: Alles harmoniert.

Du weißt, dass du so weit laufen kannst, wie du willst: fünf Kilometer, zehn Kilometer oder auch mehr. Du hast dir diese Fitness erarbeitet, aber es hat sich nur am Anfang wie Arbeit angefühlt. Dann ist irgendwann alles viel leichter geworden. Jetzt wirst du mit jedem Lauf ein bisschen stärker, fitter und ausdauernder.

Klingt das zu schön um wahr zu sein? Das ist es aber nicht. Millionen Menschen haben es schon geschafft, das Laufen zu einem festen Teil ihres Lebens zu machen. Was meinst du, was ihr Erfolgsgeheimnis ist? Ist es ...

A: überdurchschnittliches Talent,
B: teure Ausrüstung,
C: ein perfekt abgestimmter Trainingsplan oder
D: ein motivierendes Ziel?

Bevor du zu lange darüber nachdenkst: Diese Antworten sind alle falsch. Es gibt schnelle und langsame, besser und schlechter ausgerüstete, strikt ihrem Trainingsplan folgende und frei Schnauze trainierende Läufer*innen. Es gibt Läufer*innen, die immer das nächste sportliche Ziel vor Augen haben, und solche, die ohne ein bestimmtes Ziel »einfach nur für sich« laufen. Aber wenn du sie danach fragst, werden sie dir fast alle sagen, dass sie das Laufen lieben und hoffen, dass sie es noch bis ins hohe Alter tun können.

Was unterscheidet diese Menschen von den vielen anderen, die gerne regelmäßig laufen möchten, aber nie über ihre Vorsätze hinaus kommen? Die Antwort wird dich vielleicht über-

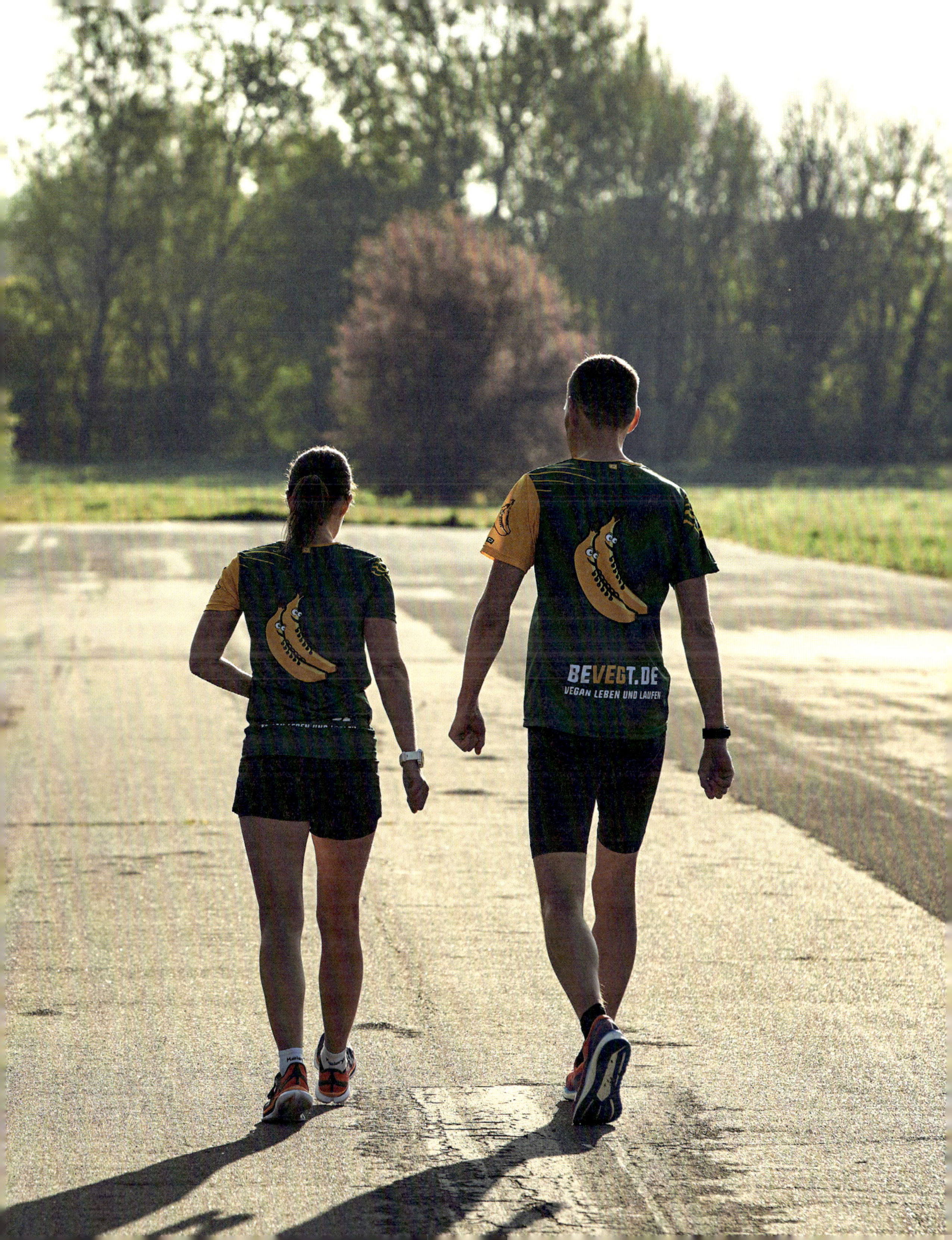
BEVEGT.DE
VEGAN LEBEN UND LAUFEN

raschen: Sie sehen das Laufen nicht bloß als Mittel zum Zweck – als etwas, das sie tun, um abzunehmen, ihre Gesundheit zu verbessern oder mit tollen Fotos auf Instagram Eindruck zu schinden. Nein, für diese Menschen gehört das Laufen schlichtweg zu ihrem Selbstbild. Es ist ein Teil ihrer Identität geworden. Auf den ersten Blick mag das wie Haarspalterei klingen. Aber es macht einen großen Unterschied, ob du immer einen Antrieb von außen brauchst, um dich zum Laufen zu motivieren, oder ob der Antrieb dafür aus dir selbst kommt.

In seinem Buch »Die 1%-Methode«[1] erklärt James Clear, wieso wir uns oft so schwer damit tun, gute Gewohnheiten zu entwickeln. Seiner Meinung nach liegt es unter anderem daran, dass wir uns zu sehr auf die Ziele fokussieren, die wir erreichen möchten. Also zum Beispiel überschüssige Pfunde zu verlieren, eine Stunde am Stück laufen zu können oder einen Halbmarathon oder Marathon zu finishen. Solche Ziele klingen zwar gut, aber die eigentliche Veränderung fängt schon bei unserem Selbstbild an. Wenn du dir jahrelang eingeredet hast, jemand zu sein, der nicht besonders sportlich oder übermäßig faul ist, dann kann dich diese Überzeugung davon abhalten, die Couch links liegen zu lassen und stattdessen Sport zu machen. Schließlich passt das ja gar nicht zu dir!

Solche festgefahrenen Denkmuster können sich als nahezu unüberwindliche Hürden erweisen, wenn es darum geht, sich zu verändern und gute Gewohnheiten zu entwickeln. Und sie halten sich selbst in Gang: Du hältst dich für unsportlich, was dich davon abhält, Sport zu machen, was wiederum dein Selbstbild als unsportliche Person festigt. Wenn du dich in dieser Beschreibung wiedererkennst, dann sollte dein läuferischer Weg damit beginnen, dass du beschließt, diese negativen Glaubenssätze über dich abzulegen und dich sprichwörtlich neu zu erfinden.

> *AUFGABE: Triff den Entschluss, eine Person zu sein, die regelmäßig laufen geht, Zeit für ihr Training schafft und sich nicht von Rückschlägen aufhalten lässt.*

Vielleicht wird sich das erstmal merkwürdig für dich anfühlen, weil du ja augenscheinlich noch nicht diese Person bist – aber es ist wichtig, dass du diesen Schalter in deinem Kopf umlegst. Dein neues, anfangs noch ungewohntes Selbstbild als Läufer*in wird sich mit jedem Lauf und jedem kleinen Erfolgserlebnis weiter festigen, und die oben beschriebene Wechselwirkung hilft dir jetzt sogar dabei: Jedes Mal, wenn du laufen gehst, fühlst du dich ein bisschen mehr als Läufer*in – und je mehr du dich als Läufer*in fühlst, desto leichter wird es dir fallen, laufen zu gehen.

Wir haben diesen kleinen Exkurs über dein Selbstbild bewusst an den Anfang gestellt, weil alles Weitere in diesem Buch darauf aufbaut – egal ob es gleich ums Laufen oder später um die vegane Ernährung und Lebensweise geht. Das Ziel ist nicht, laufen zu gehen, sondern eine Läuferin oder ein Läufer zu werden. Das Ziel ist nicht, sich einen Salat zuzubereiten, sondern jemand zu werden, der auf eine ausgewogene und vollwertige Ernährung achtet.

Natürlich werden wir später nochmal ausführlicher über das Thema Motivation sprechen, und dir verschiedene Tipps und Strategien vorstellen, die dir beim Dranbleiben helfen können. Aber das eigentliche Geheimnis der Motivation kennst du jetzt schon: Wenn das Laufen zu einem Teil deiner Identität geworden ist, dann wirst du keine Motivationstipps mehr brauchen!

DIE LAUFAUSRÜSTUNG

Wahrscheinlich bist du jetzt schon heiß darauf, endlich mit dem Lauftraining zu starten. Zuerst werfen wir aber noch einen kurzen Blick auf die

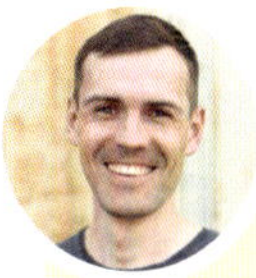

Wenn du denkst, dass du niemals sportlich sein kannst ...

Denkst du immer noch, dass du niemals sportlich sein wirst? Hier ist eine kleine Geschichte, die dir Mut machen soll. Als Kind bin ich nicht gerne zu Fuß unterwegs gewesen. Ach was, ich war richtig fußfaul. Punkt. Natürlich bin ich mit meinen Freunden durch den Garten oder die Nachbarschaft getobt. Kürzere Strecken waren aber auch gar nicht das Problem. Es waren die scheinbar endlosen Einkaufsbummel in der Stadt, die Spaziergänge am Mainzer Rheinufer nach dem Besuch bei Oma und Opa und die Wochenendausflüge in den Gonsenheimer Wald, die mich regelmäßig in einen jammernden Plagegeist verwandelten. Schon der Gedanke daran, mehr als 30 Minuten am Stück gehen zu müssen (und nicht zu wissen, wann es vorbei sein würde), ließ meine Füße und Beine schmerzen.

Es gab also wirklich keine Anzeichen dafür, dass ich irgendwann einmal ein Marathonläufer werden würde. Und sogar Spaß daran finden könnte, stundenlang durch die Gegend zu laufen, nur um irgendwann wieder am Ausgangspunkt anzukommen. Dass es schließlich doch dazu gekommen ist, habe ich meinen Eltern zu verdanken. Sie haben nämlich nie die Hoffnung verloren und mich immer wieder dazu ermutigt, neue Sportarten auszuprobieren.

Zuerst war ich im Fußballverein, wo ich vor allem Sandburgen am Spielfeldrand baute. Dann war ich im Turnverein, wo ich es nie über einen Hüftumschwung am Reck hinaus brachte. Als nächstes folgte Judo, was gar nicht so schlecht für mein Selbstbewusstsein war, aber auch nicht wirklich zu meiner eher friedliebenden Natur passte. Und dann kam ... nein, nicht das Laufen, sondern der Ruderverein. Dort bin ich zum Sportler geworden: zu einem Menschen, für den der Sport zu seinem Selbstbild gehört. Es war ein Mix aus allem: Das richtige Timing, die festen Trainingstermine, tolle Freundschaften und die Tatsache, dass man beim Rudern nicht nur sprichwörtlich zusammen in einem Boot sitzt. Zu Hause bleiben und die anderen hängen lassen? Das war schlichtweg keine Option! Nach meiner Zeit im Ruderverein stellte sich für mich nie wieder die Frage, ob ich Sport machen würde, sondern nur noch, welchen. Und schlussendlich bin ich dann eben beim Laufen hängen geblieben. Also: Wenn ein fußfauler kleiner Junge wie ich zu einem leidenschaftlichen Läufer werden kann, dann kannst du das auch! ■

Ausrüstung, die du zum Laufen benötigst. Die gute Nachricht ist, dass wir uns hier kurzfassen können, weil es nur wenige Dinge gibt, die wirklich unverzichtbar sind. Im Grunde genommen brauchst du nur Laufschuhe und etwas zum Anziehen. Außerdem empfehlen wir dir, dass du dir eine Laufuhr anschaffst, die dein Training aufzeichnet und dich unterwegs mit Informationen über die gelaufene Distanz, die verstrichene Zeit, deine Geschwindigkeit und andere Details versorgt. Die Laufuhr ist aber optional, denn ein Smartphone mit einer entsprechenden App erfüllt den gleichen Zweck.

Tipp: Auf **beVegt** veröffentlichen wir jedes Jahr einen unabhängigen Laufuhren-Ratgeber, der ausschließlich auf den Erfahrungen und Bewertungen unserer Leserinnen und Leser basiert. Wir haben ihn auf der Seite zum Buch unter **bevegt.de/run-vegan/extras** für dich verlinkt.

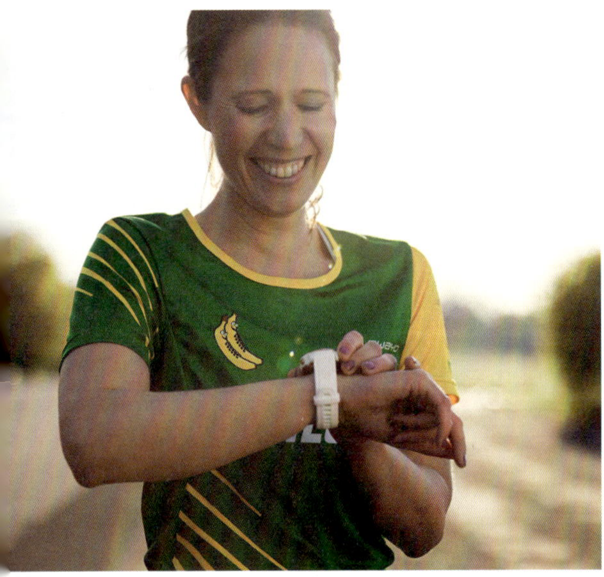

LAUFBEKLEIDUNG

Vielleicht hast du schon mal den Spruch gehört, dass es kein schlechtes Wetter gibt, sondern nur die falsche Kleidung. Er trifft auch auf das Laufen zu! Es gibt nur wenige Tage im Jahr, an denen das Wetter so extrem ist, dass du wirklich lieber zu Hause bleiben solltest: Gegen brüllende Hitze, hohe Ozonwerte, eisglatte Straßen und Wege oder ein stürmisches Gewitter kann auch das beste Funktionsmaterial nichts ausrichten. Mit den folgenden Kleidungsstücken bist du aber für alle anderen Situationen bestens ausgestattet:

- Laufsocken und Laufunterwäsche ohne reibende Nähte, ggf. einige Sport-BHs
- jeweils 2 Paar kurze und lange Laufhosen (wir bevorzugen die eng anliegenden sogenannten Tights, aber wenn du dich darin nicht wohl fühlst, kannst du auch weiter geschnittene Hosen verwenden)
- 1–2 eng anliegende langärmelige Oberteile (Longsleeves) als Basisschicht für kühle bis kalte Tage
- jeweils 2–3 kurzärmelige oder ärmellose Laufshirts für milde bis warme Tage
- eine wind- und regenabweisende Laufjacke (etwa aus Gore-Tex oder einem anderen Funktionsmaterial – aber keine komplett wasserdichte Regenjacke, denn darin wirst du dich schon nach wenigen Minuten fühlen wie in der Sauna)
- jeweils ein dünneres und ein dickeres Paar Laufhandschuhe sowie eine dünnere und eine wärmere Laufmütze (oder ein Stirnband, wenn dir das lieber ist)
- eine Sportsonnenbrille zum Schutz vor UV-Strahlung und Mücken im Sommer

Das richtige Laufoutfit für jedes Wetter

Witterung	Oberkörper	Beine	Sonstiges
sehr kalt	Longsleeve + Laufjacke	lange Hose, ggf. wärmende Überhose	warme Handschuhe, Schlauchtuch, warme Mütze
kalt	Longsleeve + Laufjacke oder Laufshirt	lange Hose	Handschuhe, Schlauchtuch, Mütze
mild	Longsleeve oder Laufshirt	lange oder kurze Hose	ggf. Handschuhe, Schlauchtuch, Mütze oder Stirnband
warm	Laufshirt oder Singlet	kurze Hose	ggf. Kopfbedeckung, Sonnenbrille, Sonnencreme
heiß	Laufshirt oder Singlet	kurze Hose	ggf. Kopfbedeckung, Sonnenbrille, Sonnencreme

- 1–2 Schlauchtücher, um den Hals gegen kühle Zugluft zu schützen (wenn es sehr kalt und windig ist, kann man sich das Tuch auch über Mund und Nase ziehen)

Mehr ist unserer Meinung nach nicht nötig. Die oben stehende Übersicht zeigt dir, wie du diese Kleidungsstücke bei verschiedenen Witterungsbedingungen kombinieren kannst. Natürlich können wir dir hier nur Anhaltspunkte aus unserer eigenen Erfahrung geben, denn das Temperaturempfinden ist eine sehr individuelle Sache: Manche Läufer*innen sind selbst bei Minusgraden noch in kurzen Hosen und ohne Handschuhe unterwegs, andere gehen selbst im Hochsommer nur mit ihren Longtights aus dem Haus.

LAUFSCHUHE

Einen Laufschuh zu kaufen kann eine verwirrende Erfahrung sein. Es gibt eine riesige Modellvielfalt, und die Beschreibungstexte der Hersteller erwecken oft den Eindruck, als würde es sich nicht bloß um Schuhe, sondern um komplizierte technische Geräte handeln. Du kannst dich aber entspannen, denn wie du gleich sehen wirst, darfst du dich bei der Wahl deiner Laufschuhe vor allem auf dein Gefühl verlassen. Um das besser zu verstehen, schauen wir uns jetzt die drei wichtigsten Aspekte an, in denen sich moderne Laufschuhe voneinander unterscheiden können: die Dämpfung, die Sprengung und die Pronationsstütze.

Die Dämpfung

Als Dämpfung bezeichnet man die Eigenschaft der Sohle, den Aufprall auf dem Boden abzufedern. Als Daumenregel kannst du dir merken, dass die Stärke der Dämpfung mit der Dicke der Sohle zunimmt (wobei auch das verwendete Material eine Rolle spielt und man einem Laufschuh deshalb nicht immer ansieht, wie stark er gedämpft ist).

Vielleicht denkst du jetzt intuitiv, dass es besser ist, wenn ein Laufschuh gut gedämpft ist – schließlich dürften höhere Aufprallkräfte

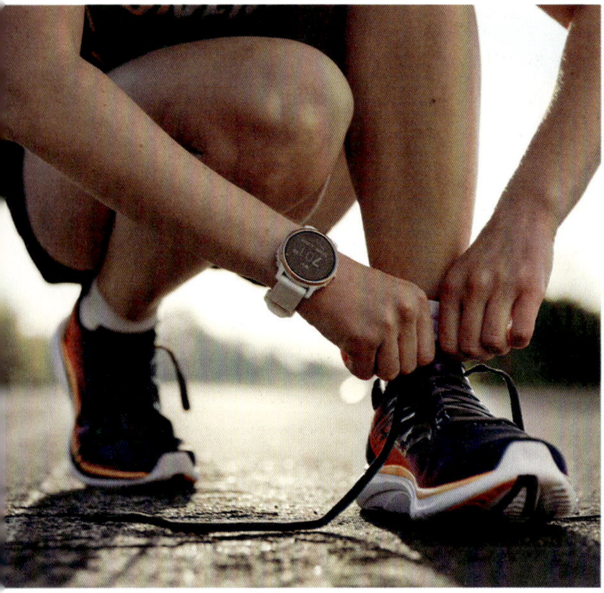

ja auch das Verletzungsrisiko steigern. Das ist aber interessanterweise alles andere als sicher: Bislang hat noch keine Studie einen Zusammenhang zwischen den Aufprallkräften beim Laufen und der Entstehung von Laufverletzungen nachgewiesen. Es geht bei der Dämpfung also vor allem um den persönlichen Geschmack: Manche Läufer*innen spüren gerne den Boden unter ihren Füßen, andere mögen es lieber etwas komfortabler. Natürlich kannst du dir auch verschiedene Modelle kaufen und nach Lust und Laune zwischen ihnen wechseln, um deinen Füßen etwas mehr Abwechslung zu bieten.

Die Sprengung

Als Sprengung wird bei einem Schuh der Höhenunterschied zwischen dem Vorfuß und der Ferse bezeichnet. Beim Barfußlaufen liegt die Sprengung sozusagen bei Null, weil sich dein Vorfuß und deine Ferse exakt auf der gleichen Höhe befinden, wenn sie den Boden berühren. Bei den meisten Schuhen ist die Ferse aber durch den Absatz etwas höher gelagert – ein Extrembeispiel wären High Heels, bei denen die Sprengung mehrere Zentimeter betragen kann.

Bei Laufschuhen liegt die Sprengung normalerweise zwischen 0 und 12 Millimetern. Und natürlich wird hitzig darüber diskutiert, was die »optimale« Sprengung für einen Laufschuh ist. Die Vertreter des sogenannten »Natural-Running-Konzepts«[2] argumentieren, dass ein Absatz unsere natürliche Körperhaltung und die Abrollbewegung unserer Füße beeinträchtigt, weshalb wir am besten in Schuhen ohne bzw. mit nur minimaler Sprengung laufen sollten. Die Studienlage zu diesem Thema ist allerdings sehr überschaubar (um nicht zu sagen: nicht vorhanden). Deshalb solltest du auch hier vor allem auf dein Gefühl hören und die Sprengung nicht zum Hauptkriterium bei der Entscheidung für oder gegen einen bestimmten Laufschuh machen.

Die Pronationsstütze

Als Pronation wird die Einknickbewegung des Fußgelenks nach innen bezeichnet, wenn du gehst oder läufst. Die Pronation ist ein natürlicher Dämpfungsmechanismus des Körpers und kann mehr oder weniger stark ausgeprägt sein. Wenn der Fuß überdurchschnittlich stark nach innen abknickt, spricht man von einer Überpronation.

Laufschuhhersteller haben sich seit vielen Jahren auf diesen Aspekt der Laufbewegung eingeschossen und ihr Sortiment in »Neutralschuhe« (für Läufer*innen mit normaler Pronation) und »Stabilschuhe« (für Läufer*innen mit Überpronation) unterteilt. Stabilschuhe haben eine sogenannte »Pronationsstütze«, die an der

Innenseite des Schuhs in die Zwischensohle eingearbeitet wird. Die Pronationsstütze soll verhindern, dass das Fußgelenk zu stark nach innen wegknickt.

Auf die Gefahr hin, dass wir uns anhören, als hätten wir einen Sprung in der Platte: Auch der Zusammenhang zwischen Überpronation und einem erhöhten Verletzungsrisiko ist reine Spekulation und konnte in den wenigen Studien, die bislang dazu durchgeführt wurden, nicht belegt werden. Im Zweifelsfall würden wir dir deshalb zu einem Neutralschuh ohne Pronationsstütze raten, der deinen Fuß nicht unnötig in seiner Bewegung einschränkt und meistens auch noch deutlich günstiger ist als ein Stabilschuh.

Das wichtigste Kriterium beim Laufschuhkauf

Man könnte also fast so weit gehen zu sagen, dass es völlig egal ist, welchen Laufschuh du dir kaufst, so lange du dich darin wohl fühlst. Und genau das hat eine Forschergruppe um den Sportwissenschaftler und Biomechaniker Benno Nigg in einer viel beachteten Übersichtsstudie[3] vorgeschlagen. Demnach ist das wichtigste Kriterium beim Laufschuhkauf nicht die Dämpfung, die Sprengung oder die Pronationsstütze (und nein, auch nicht das Design), sondern der Komfort. Die Forscher*innen begründen ihre These damit, dass ein als komfortabel empfundener Laufschuh sich dem Körper beim Laufen nicht in den Weg stellt, und ihn somit nicht in seinem natürlichen Bewegungsablauf stört.

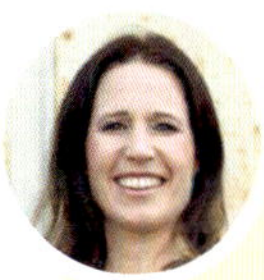

Von Baumwollleibchen und Tennisschuhen

Ende der 1980er Jahre hatte ich das Glück, beim Frankfurt Marathon zuschauen zu dürfen. Die meisten Teilnehmer*innen liefen damals in einfachen Baumwollleibchen. Heute würde man wahrscheinlich von Unterhemden sprechen. GPS-Laufuhren, Kompressionssocken und Laufschuhsohlen mit Energierückgewinnung waren noch ferne Zukunftsmusik. Ich selbst habe meine ersten Laufschritte Anfang der 90er Jahre in Tennisschuhen und einem Blouson-Trainingsanzug gemacht, was damals völlig normal war. Mein erstes richtiges Funktionsshirt habe ich mir erst 15 Jahre später zugelegt!

Nicht dass wir uns falsch verstehen: Die Beschäftigung mit der riesigen Welt der Laufausrüstung kann ein toller Teil deines neuen Hobbys sein. Ein neues Paar Laufschuhe oder eine schicke Laufuhr machen einfach Spaß und können Wunder wirken, wenn du in einem kleinen Motivationstief steckst. Schließlich willst du deine neuen »Spielzeuge« ja nicht nur zu Hause bewundern, sondern auch so schnell wie möglich ausprobieren!

Trotzdem solltest du nie vergessen, dass 99 Prozent deines Erfolgs als Läufer*in von deinem Training kommen – also von der Zeit, Energie und Disziplin, die du in das Laufen steckst. Die Ausrüstung ist nur das Werkzeug, mit dem du dabei arbeitest. Und irgendwie ist das doch auch ein schöner Gedanke: dass du dir deine Fortschritte und Erfolge nicht mit teuren Gadgets erkaufen kannst, sondern sie dir selbst verdienen musst!

Konkret bedeutet es, dass im Schuh nichts drücken, reiben oder scheuern darf: Je weniger du den Schuh beim Laufen wahrnimmst, desto besser. Lass dich beim Laufschuhkauf gerne beraten und nutze die angebotenen Möglichkeiten wie zum Beispiel eine Videoanalyse auf dem Laufband und die Erfahrung des Fachpersonals im Laufshop deines Vertrauens. Aber wenn du dich schließlich zwischen mehreren Kandidaten entscheiden musst, dann sollte dein subjektives Gefühl den Ausschlag geben.

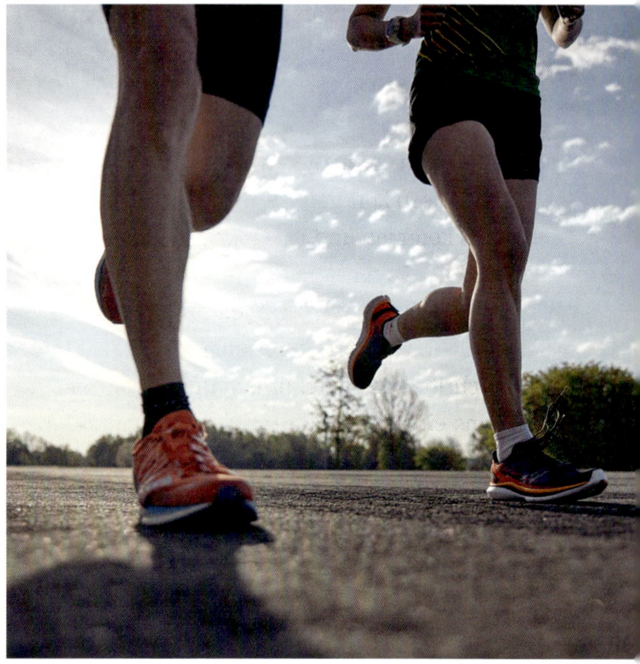

DEINE ERSTEN LAUFSCHRITTE

Wir haben jetzt lange genug über das Laufen und die Laufausrüstung philosophiert, aber das Wichtigste beim Laufen ist, dass du es tust. Es wird deshalb Zeit, dass du deine Laufschuhe schnürst und zu deiner ersten Trainingsrunde aufbrichst! Du kannst dabei nicht viel falsch machen – außer gar nicht erst loszulaufen. Das Laufen ist eine natürliche Bewegungsform des Menschen, die du seit dem Kindesalter beherrschst. Die schwierigste Hürde hast du also bereits genommen, und es gibt keinen Grund, die Sache komplizierter zu machen als sie ist. Denk bei deinem ersten Lauf nicht darüber nach, wie du aussiehst, wie schnell du unterwegs bist oder wie weit du kommst. Geh einfach raus und sammle deine ersten Lauferfahrungen!

Vielleicht hast du gehofft, dass wir dir an dieser Stelle genau sagen, wie weit und wie schnell du als Anfänger*in laufen solltest. Auf diese Frage gibt es aber keine allgemeingültige Antwort, weil wir alle mit verschiedenen Voraussetzungen in unser Laufabenteuer starten. Vielleicht gehörst du zu denen, die gleich eine halbe Stunde am Stück schaffen. Oder du bist schon nach einer Minute außer Atem. Beides ist okay und sagt nichts über dein läuferisches Potenzial, sondern nur etwas über deinen aktuellen Fitnesszustand aus.

VON 0 AUF 30: DIE GALLOWAY-METHODE

Wenn du bei deinen ersten Läufen merkst, dass du noch weit davon entfernt bist, 20 oder sogar 30 Minuten am Stück zu laufen, dann startest du am besten mit der sogenannten Galloway-Methode, benannt nach ihrem Erfinder, dem amerikanischen Laufcoach Jeff Galloway. Galloway dachte in den 1970er Jahren darüber nach, wie er die von ihm betreuten Laufanfänger*innen verletzungsfrei auf ihren ersten 10-Kilometer-Lauf vorbereiten könnte. Dabei ist er auf die Idee gekommen, die gemeinsamen Trainingsläufe durch regelmäßige Gehpausen zu unterbrechen. Statt zum Beispiel 20 Minuten am Stück zu laufen, joggte Galloway mit seinen Schützlingen ein paar Minuten lang und wechselte dann zum Gehen über. Während dieser Gehpausen konnten die Läufer*innen wieder zu Atem kommen und Kraft für den nächsten Laufabschnitt sammeln.

Die Gehpausen-Methode funktionierte so gut, dass Galloway sie schließlich auch bei fortgeschrittenen Läufer*innen und sogar für Marathons einsetzte und seine komplette Trainingsphilosophie darauf aufbaute. Sie eignet sich aber unserer Meinung und Erfahrung nach vor allem für den Einstieg ins Laufen, wenn es darum geht, sich Schritt für Schritt an die ersten 30 Minuten am Stück heranzutasten.

Die Galloway-Methode ist schnell erklärt, denn sie kommt mit nur zwei simplen Regeln aus. Die erste Regel lautet: Lege regelmäßige Gehpausen ein, und zwar von Anfang an – nicht erst, wenn du erschöpft bist. Die zweite Regel hat Galloway »Huff and Puff Rule« (»Keuch-und-Schnauf-Regel«) genannt: Der richtige Zeitpunkt für eine Gehpause ist spätestens der Moment, in dem du anfängst zu schnaufen und deinen Atem zu hören. Wenn es soweit ist, dann gehst du so lange, bis sich deine Atmung wieder beruhigt hat, und wechselst anschließend erneut in einen lockeren Laufschritt.

DEIN TRAININGSPLAN FÜR DEN LAUFEINSTIEG

Egal, ob du von Anfang an 20 Minuten oder mehr am Stück laufen kannst, oder dich erst mit der Galloway-Methode an längere Dauerläufe herantasten musst: Um Fortschritte zu erzielen und eine Laufroutine zu entwickeln, solltest du regelmäßig dreimal pro Woche trainieren, und zwar über mehrere Wochen und Monate hinweg. Das Zauberwort beim Laufen heißt: dranbleiben!

Du musst dich jetzt noch nicht mit der Trainingstheorie, den verschiedenen Trainingsmethoden und dergleichen beschäftigen. Das kommt später, wenn du eine solide Grundlagenausdauer entwickelt hast und anfängst, dir ambitioniertere sportliche Ziele zu setzen. Für den Laufeinstieg reicht der folgende, simple Trainingsplan, mit dem du von Woche zu Woche immer längere Strecken zurücklegst, bis du schließlich 45 Minuten (und länger) am Stück laufen kannst. Er sieht drei Lauftage pro Woche vor, die du idealerweise so über die Woche verteilst, dass du zwischen zwei Läufen immer einen Tag Laufpause hast.

Trainingsplan für den Laufeinstieg

Woche	Training
1	3 × 10 Minuten am Stück oder mit Gehpausen
2	3 × 15 Minuten am Stück oder mit Gehpausen
3 + 4	3 × 20 Minuten am Stück oder mit Gehpausen
5	3 × 25 Minuten am Stück oder mit Gehpausen
6	3 × 30 Minuten am Stück oder mit Gehpausen
7 + 8	3 × 35 Minuten am Stück oder mit Gehpausen
9	3 × 40 Minuten am Stück oder mit Gehpausen
10	3 × 45 Minuten am Stück oder mit Gehpausen

Wenn du bereits länger als 10 Minuten am Stück laufen kannst, dann steigst du einfach in der Woche ein, die zu deiner aktuellen Fitness passt. Schaffst du jetzt schon 20 Minuten, beginnst du mit dem Trainingsplan für Woche 3, bei 30 Minuten mit dem für Woche 6 usw. Du entscheidest auch selbst, wann du von der oben beschriebenen Gehpausen-Methode zu Dauerläufen ohne Gehpausen wechseln möchtest. Mit der Zeit werden die Gehpausen automatisch immer kürzer und seltener, gleichzeitig die Laufabschnitte immer länger. Oft liegt die letzte Hürde nur noch in deinem Kopf. Teste doch nach einigen Wochen Training einfach mal, wie weit du es ohne Gehpausen schaffst. Es ist gut möglich, dass du von dir selbst überrascht sein wirst!

Vielleicht kommst du auch mal an einen Punkt, an dem du die Wochenvorgaben nicht schaffst oder das Gefühl hast, dass dir die Steigerung zu schnell geht. Das ist völlig normal und kein Grund, die Laufschuhe gleich wieder an den Nagel zu hängen. Stattdessen kannst du entweder das Training für die entsprechende Woche so oft wiederholen, bis es dir keine Schwierigkeiten mehr bereitet, oder du springst nochmal eine Woche zurück und gibst dir auf diese Weise mehr Zeit für deine Entwicklung. Denk immer daran, dass alle Läufer*innen klein angefangen haben, und hab Vertrauen in dich und dein Training!

ANFÄNGERFEHLER VERMEIDEN

Wenn du bei deinem Laufeinstieg auf Schwierigkeiten stößt, dann liegt das nur selten daran, dass dir das Talent fürs Laufen fehlt. Viel wahrscheinlicher ist, dass du einen oder gleich mehrere der folgenden Anfängerfehler machst und dir damit selbst im Weg stehst.

Anfängerfehler 1: Du läufst zu schnell

Immer wieder erreichen uns Nachrichten von verzweifelten Laufanfänger*innen, die uns berichten, dass sie auch nach wochenlangem Training bereits nach wenigen Minuten außer Atem sind und eine Gehpause einlegen müssen. Das Rätsel löst sich dann oft von alleine, wenn wir sie nach ihrem Lauftempo fragen. Viele Anfänger*innen machen nämlich den Fehler, dass sie viel zu schnell laufen.

> *AUFGABE: Mach deinen ersten Lauf, um ein Gefühl für deine aktuelle Fitness zu bekommen. Entscheide auf dieser Grundlage, an welcher Stelle du in den Trainingsplan einsteigen möchtest, und leg mit deinem Training los!*

Ein Dauerlauf hat nichts mit einem Sprint zu tun. Es geht beim Laufen nicht um Schnelligkeit, sondern um Ausdauer – und die trainiert man, indem man ein Tempo wählt, das man möglichst lange durchhalten kann. Wo dein optimales Trainingstempo liegt, wirst du mit zunehmender Erfahrung immer besser einschätzen können. Am Anfang ist es aber gar nicht so wichtig, dass du das »optimale« Tempo triffst. Viel entscheidender ist, dass du deine Läufe nicht vorzeitig abbrechen musst, weil du dich zu sehr verausgabt hast. Wenn dir das immer wieder passiert, dann solltest du ein oder zwei Gänge zurückschalten und betont locker laufen. Du wirst sehen, dass du plötzlich viel weiter kommst, und dass du von Woche zu Woche fitter wirst.

Anfängerfehler 2: Du läufst zu selten und unregelmäßig

Auch das ist ein typischer Anfängerfehler: Nachdem du voller Begeisterung ins Lauftraining gestartet bist, lässt deine Motivation schnell wieder nach und du schnürst immer seltener die Laufschuhe. Zuerst drehst du noch dreimal pro Woche deine Runde, dann nur noch zweimal pro Woche, und schließlich bist du froh, wenn du dich wenigstens noch einmal pro Woche zum Laufen aufraffst.

Jeder Lauf fühlt sich jetzt an, als würdest du wieder ganz von vorne anfangen. Das tust du im Prinzip auch: Der Trainingseffekt, den du mit einem Lauf erreicht hast, ist schon nach wenigen Tagen wieder verpufft. Wenn du zwischen deinen Läufen immer eine Woche (oder mehr) vergehen lässt, wirst du unweigerlich auf der Stelle treten – mal ganz abgesehen davon, dass so natürlich auch keine Gewohnheit aus dem Laufen werden kann.

Wie oft solltest du also als Anfänger*in laufen gehen? Ideal sind drei Läufe pro Woche, beispielsweise immer im Wechsel mit einem lauffreien Tag. Natürlich kann es hin und wieder passieren, dass du kurzfristig eine Trainingseinheit ausfallen lassen musst. Das ist normal und kein Problem. Du solltest aber alles dafür tun, niemals zwei Trainingseinheiten in Folge ausfallen zu lassen (außer du liegst krank im Bett), denn dann wird es immer schwerer, wieder in den Rhythmus zu kommen.

Anfängerfehler 3: Du vernachlässigst die Regeneration

Es mag überraschend klingen, aber die Regenerationsphase zwischen zwei Trainingseinheiten ist genauso wichtig wie das Laufen an sich.

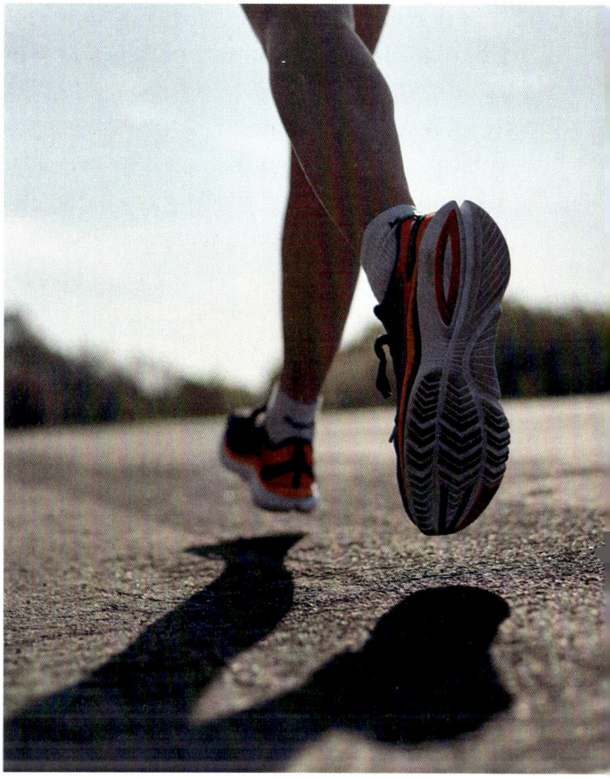

In dieser Zeit wandelt dein Körper vereinfacht gesagt den Trainingsreiz in mehr Kraft und Ausdauer um, füllt die entleerten Energiespeicher wieder auf und repariert mikroskopisch kleine Verletzungen, die beim Laufen in Muskeln, Sehnen und Bändern entstehen. Wenn du dir keine Erholungspausen gönnst, dann steigt nicht nur dein Verletzungsrisiko, sondern du bringst dich auch um den Lohn für deinen Trainingsfleiß.

Die goldene Regel für den Laufeinstieg lautet deshalb: Auf jeden Trainingstag sollte ein lauffreier Tag folgen. An diesen Tagen darfst du dich voll deiner Regeneration widmen, aber natürlich auch spazieren gehen, locker Fahrrad fahren oder an deiner Kraft, Stabilität und Beweglichkeit arbeiten (geeignete Übungen und Workouts stellen wir dir später im Kapitel zum Ergänzungstraining vor).

Anfängerfehler 4: Du bist zu ungeduldig und gibst zu früh auf

Es kann sein, dass dir das Laufen anfangs etwas beschwerlich vorkommt und dir nicht so viel Spaß macht, wie du dir erhofft hast. Vielleicht bekommst du schnell einen roten Kopf oder wirst ständig von anderen Läufer*innen überholt, die viel fitter und sportlicher aussehen als du. Das ist ganz normal! Das Laufen mag uns zwar in den Genen liegen, aber wenn du in den letzten Jahren höchstens mal dem Bus hinterher gesprintet bist, darfst du nicht erwarten, dass du dich innerhalb weniger Wochen in eine superfitte Laufmaschine verwandelst.

Wir haben es ja bereits geschrieben: Das Zauberwort beim Laufen heißt dranbleiben. Irgendwann kommt der Moment, an dem es leichter wird, und du dich direkt nach dem

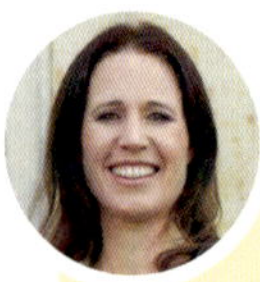

Machen statt träumen

Vermutlich bist du beim Lesen schon ein bisschen ins Träumen geraten, malst dir aus, wie dein neues Leben als Läufer*in aussehen wird, und was sich dadurch alles für dich verändern kann. Ganz klar: Träume zu haben ist wichtig und gut, aber du solltest dabei nicht vergessen, dass sie nur in Erfüllung gehen, wenn man auch etwas dafür tut!

Ich habe zum Beispiel mehrere Jahre lang davon geträumt, einen Marathon zu laufen. Mit zwei Freundinnen nahm ich mir schließlich in einer Bierlaune vor, dass es im Oktober 2005 beim Köln Marathon soweit sein sollte. Ich drehte weiterhin drei- bis viermal pro Woche meine Laufrunden – machte darüber hinaus aber nichts, was mich tatsächlich näher an mein Ziel gebracht hätte. Ich kümmerte mich weder um einen Trainingsplan noch beschäftigte ich mich mit den Herausforderungen, die mich bei einem Marathon erwarten würden. Am Ende meldete ich mich erst gar nicht für den Lauf an.

Immerhin hatte ich eine wichtige Lektion gelernt: Es reicht nicht, sich ein Ziel zu setzen. Man muss seinen Worten, Träumen und Plänen auch Taten folgen lassen!

Und genau das machte ich dann ein Jahr später. Noch am gleichen Tag, an dem die Anmeldung für den Köln Marathon 2006 öffnete, sicherte ich mir meinen Startplatz. Doch das war längst nicht alles: Ich erzählte den Menschen in meinem Umfeld von meinem Vorhaben, sodass es für mich kein Zurück mehr gab. Als Formtest und Zwischenziel plante ich direkt zu Beginn des Jahres einen Halbmarathon ein und startete sechs Monate vor dem großen Tag in einen strukturierten Trainingsplan, der mich optimal auf den Marathon vorbereiten sollte. Diesmal klappte es: Nach 4 Stunden, 4 Minuten und 37 Sekunden überquerte ich erschöpft aber überglücklich die Ziellinie. Ich war eine Marathonfinisherin!

Training schon wieder auf den nächsten Lauf freust. Sei geduldig und gib dich nicht zu früh geschlagen – du wirst dir selbst später dankbar dafür sein!

Anfängerfehler 5: Du vergleichst dich ständig mit anderen

Laufen ist ein Sport, bei dem sich Vergleiche geradezu aufdrängen: Wir können unser Lauftempo, unsere Wochenkilometer, unsere persönlichen Bestzeiten und noch einiges mehr vergleichen. Wenn dich solche Vergleiche motivieren, ist das toll! Aber wie sieht es aus, wenn du unzufrieden mit dir bist, vielleicht sogar dein Selbstwertgefühl angeknackst ist? Genau dann können Vergleiche sogar gefährlich werden, dich demotivieren und Gedanken ans Aufgeben auslösen:

- »Ich werde nie so schnell sein wie sie.«
- »Er trainiert genauso oft wie ich, aber er ist einfach viel besser.«
- »Warum laufe ich überhaupt, wo ich doch offensichtlich überhaupt kein Talent habe?«

Wenn du jetzt nicht aufpasst, gerätst du immer tiefer in die Vergleichsfalle. Es geht dann oft nicht mehr darum, wie gut du bist und welche Fortschritte du schon erreicht hast – sondern nur noch darum, wie du im Vergleich zu anderen abschneidest. Konzentriere dich besser auf dich selbst und deine eigene Entwicklung: Wo stehst du jetzt im Vergleich zum letzten Jahr? Was hast du in den vergangenen Monaten erreicht? Was machst du heute besser als damals? Auf diese Weise lenkst du die Aufmerksamkeit auf deine eigenen Fortschritte und Erfolge – und somit auf die Dinge, die du selbst in der Hand hast.

WIE FUNKTIONIERT LAUFTRAINING?

Wenn du mit dem Lauftraining beginnst, wird sich deine Fitness in den ersten Wochen und Monaten ziemlich schnell verbessern. Bei deinem allerersten Lauf wirst du vielleicht schon nach einer Minute deine erste Gehpause einlegen müssen, doch schon bald werden 15 oder 30 Minuten Laufen am Stück kein Problem mehr für dich sein. Um das einmal zu veranschaulichen: Wenn du statt einer Minute am Stück 30 Minuten am Stück laufen kannst, dann entspricht das einer Steigerung deiner Lauffitness um sage und schreibe 2.900 (in Worten: zweitausendneunhundert) Prozent! Von solchen Leistungssprüngen können fortgeschrittene Läufer*innen nur noch träumen. Ein Grund mehr, warum du in der Anfangszeit jedes kleine Erfolgserlebnis besonders genießen darfst.

Natürlich flacht die Entwicklungskurve mit der Zeit ab, und du wirst dich auf einem bestimmten Leistungsniveau einpendeln. Du gehst jetzt vielleicht drei oder vier Mal pro Woche laufen und hast ein paar Lieblingsrunden, auf denen du zwischen 30 bis 60 Minuten unterwegs bist. Wenn du es bis hierhin geschafft hast, dann ist das großartig und du kannst stolz auf dich sein. Für viele Läufer*innen stellt sich an diesem Punkt aber die Frage, wie sie nun weitermachen sollen, um schneller zu werden oder sich an noch längere Distanzen heranzutasten.

Es geht also genau genommen um die Frage, wie Lauftraining eigentlich funktioniert. Diese Frage werden wir im Folgenden beantworten. Dafür werfen wir zuerst einen Blick auf die fünf wichtigsten Prinzipien, die du beim Training berücksichtigen solltest. Anschließend lernst du verschiedene Trainingsformen kennen, die du einsetzen kannst, um deine Ausdauer und Geschwindigkeit zu verbessern. Schließlich zeigen wir dir, wie du dieses theoretische Wissen in die Praxis umsetzt und dir einen einfachen aber effektiven Trainingsplan zusammenstellst.

DIE WICHTIGSTEN TRAININGSPRINZIPIEN

Ein sinnvolles und effektives Lauftraining orientiert sich an sogenannten Trainingsprinzipien. Das sind wissenschaftlich ermittelte Grundsätze, die eine Richtlinie dafür darstellen, was man beim Training beachten sollte. Diese Prinzipien sind die Grundlage jedes Trainingsplans. Sie helfen dir dabei, deine Trainingseinheiten so auszuwählen und aufeinander abzustimmen, dass du den bestmöglichen Trainingsfortschritt erzielst.[4]

Und damit du uns nicht falsch verstehst: Es ist völlig okay, ohne Plan zu laufen, wenn es dir beim Laufen vor allem darum geht, vom Alltag abzuschalten, ein bisschen Dampf abzulassen oder draußen unterwegs zu sein. Wenn du dich aber verbessern und fitter, schneller und ausdauernder werden möchtest, dann solltest du die folgenden Trainingsprinzipien kennen und beherzigen.

Prinzip 1: Wirkungsvolle Trainingsreize setzen

Um dieses Prinzip zu verstehen, müssen wir uns erst einmal vor Augen führen, was beim Training eigentlich passiert. Bei jeder Trainingseinheit setzt du deinen Körper einer Belastung aus, die ihn ein wenig aus dem Gleichgewicht bringt. Der Körper denkt sozusagen: »Wow, was war das denn?« (natürlich nur im übertragenen Sinne) und beginnt gleich nach dem Ende des Trainings mit den Reparaturarbeiten. Das Tolle ist, dass er dabei nicht nur den Ausgangszustand wiederherstellt, sondern gleich auch noch eine Art Sicherheitspolster drauf packt, um besser für die nächste Trainingsbelastung gerüstet zu sein. Man spricht hier vom »Superkompensations-Effekt«: Ohne diesen Effekt wäre jedes Training wirkungslos – es wäre schlichtweg unmöglich, unsere Leistungsfähigkeit zu steigern!

Das Prinzip des wirkungsvollen Trainingsreizes bedeutet, dass der Trainingsreiz ausreichend stark sein muss, damit es überhaupt zu einer Anpassung kommt. Wenn der Reiz zu schwach ist, dann passiert nichts. Wenn du zum Beispiel problemlos in der Lage bist, zehn Kilometer in 60 Minuten zu laufen, dann hat es keinen Effekt auf deine Ausdauer, wenn du nur einmal locker die Straße hoch und runter joggst. Gleichzeitig solltest du es mit der Intensität aber auch nicht übertreiben: Wenn du zu hart trainierst, richtest du mehr Schaden an, als dein Körper verkraften kann. Es geht beim Training also vor allem darum, möglichst den optimalen Belastungsbereich zu finden, um den Superkompensations-Effekt voll auszunutzen.

Prinzip 2: Zwischen Be- und Entlastung abwechseln

Dieses Prinzip besagt, dass sich anstrengendes Training immer mit weniger anstrengendem Training oder Ruhepausen abwechseln muss. Auch hier ist die Grundlage der Superkompensations-Effekt: Der Körper braucht nach einem Trainingsreiz eine bestimmte Zeit, um zu regenerieren und seine Leistungsfähigkeit wiederherzustellen. Wenn du am Tag nach einem anstrengenden Training direkt wieder Vollgas gibst, dann befindest du dich noch mitten in dem Leistungstief, das du mit dem ersten Training verursacht hast. Du gerätst auf diese Weise in eine Abwärtsspirale, in der deine Leistungsfähigkeit trotz Training immer weiter nachlassen wird!

Das Prinzip der Abwechslung von Be- und Entlastung gilt aber nicht nur auf dieser kleinsten Ebene, also von Tag zu Tag. Es gilt auch im größeren Maßstab: So solltest du nach zwei bis drei trainingsreichen Wochen eine Regenerationswoche einlegen, in der du dein Training deutlich zurückfährst. Und nachdem du einige Monate auf ein größeres Ziel hingearbeitet hast, solltest du dir eine längere Erholungsphase von mehreren Wochen gönnen, in der du neue Kraft sammeln kannst.

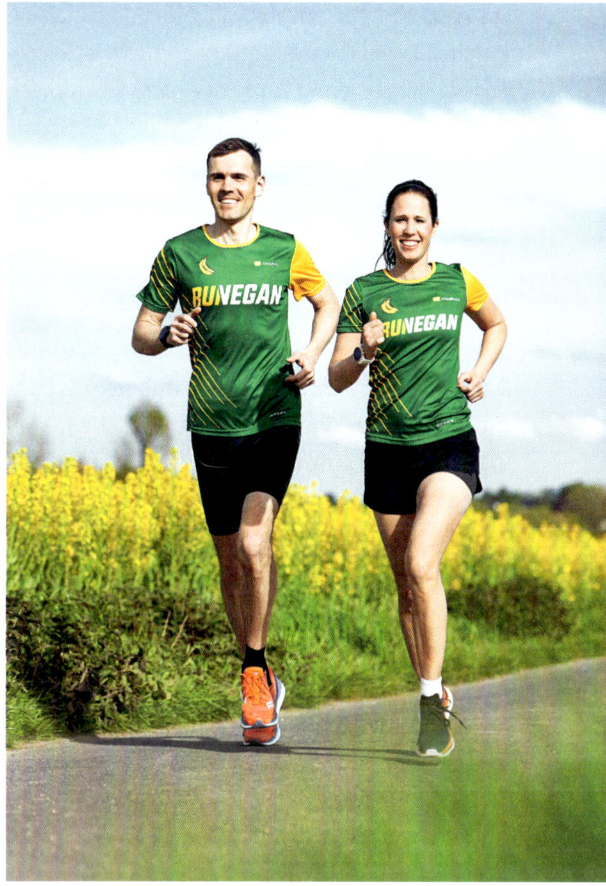

Prinzip 3: Das Training abwechslungsreich gestalten

Hinter diesem Prinzip steckt die Erkenntnis, dass ein abwechslungsreiches Training effektiver ist als ein langweiliges, monotones Training. Der Grund dafür ist, dass deine Leistungsfähigkeit als Läufer*in aus dem Zusammenspiel verschiedener Komponenten resultiert, die jeweils auf unterschiedliche Trainingsreize ansprechen. Dein Herz-Kreislauf-System trainierst du zum Beispiel am effektivsten mit Dauerläufen von eher niedriger Intensität. Die Fähigkeit, auch bei höherem Tempo eine Übersäuerung der Muskulatur zu verhindern, entwickelst du hingegen mit zügigeren Läufen im Bereich der sogenannten aerob-anaeroben Schwelle.[5] Und um die Sauerstoffmenge zu erhöhen, die dein Körper pro Minute maximal aufnehmen und verwerten kann, sind wiederum höhere Trainingsintensitäten erforderlich.

Wenn du also im Extremfall immer die gleiche Runde im gleichen Tempo läufst, werden sich bestimmte Aspekte deiner Fitness (zum Beispiel dein Herz-Kreislauf-System) besser entwickeln als andere (zum Beispiel deine aerob-anaerobe Schwelle), und deine Leistungsfähigkeit wird durch die »vernachlässigten« Aspekte begrenzt. Du solltest deshalb dein Training abwechslungsreich gestalten, um deinen Körper immer wieder mit unterschiedlichen Trainingsreizen zu fordern. Welche Möglichkeiten es dafür gibt, schauen wir uns später noch näher an.

Prinzip 4: Regelmäßig trainieren

Dieses Prinzip ist eigentlich selbsterklärend: Wenn du besser werden willst, musst du regelmäßig trainieren. Es reicht nicht, nur alle zwei Wochen einmal laufen zu gehen. Dein Körper kann sich nur dann anpassen und leistungsfähiger werden, wenn du ihm immer wieder neue Trainingsreize bietest. Sobald du das Training stoppst, geht es unweigerlich abwärts mit der Leistungskurve.

Prinzip 5: Die Belastung nach und nach steigern

Wenn du regelmäßig trainierst, passt sich dein Körper immer besser an die Trainingsbelastung an. Es fällt dir zum Beispiel zunehmend leichter, ein bestimmtes Tempo zu halten oder eine gewisse Distanz zurückzulegen. Das folgt aus dem Superkompensations-Effekt, über den wir bereits gesprochen haben. Es bedeutet aber gleichzeitig, dass du die Intensität deines Trainings nach und nach steigern musst, wenn du dich weiter verbessern möchtest. Wenn du immer wieder das gleiche Gewicht stemmst oder im gleichen Tempo läufst, dann hat sich dein Körper irgendwann so gut darauf eingestellt, dass dieses Training keine weitere Anpassung mehr auslöst.

Doch das Prinzip der allmählichen Belastungssteigerung hat seine Grenzen: Du wirst früher oder später an einen Punkt kommen, an dem du nicht noch mehr Zeit und Kraft in dein Training investieren kannst oder möchtest, oder an dem du das Potenzial deines Körpers komplett ausgereizt hast. Bei diesem Prinzip gibt es also kein richtig und kein falsch. Es ist ganz allein deine Entscheidung, welche Ziele du dir als Sportler*in setzt und wie weit du dabei gehen möchtest.

DIE VERSCHIEDENEN TRAININGSFORMEN

Eines der fünf Trainingsprinzipien, die du im letzten Kapitel kennengelernt hast, besagt, dass du möglichst abwechslungsreich trainieren solltest. Für Abwechslung kannst du einerseits dadurch sorgen, dass du nicht immer nur die gleiche Strecke läufst, sondern dir verschiedene Laufrunden suchst. Du könntest zum Beispiel eine eher flache »Hausrunde« für den Feierabend haben, dann noch eine Wald- und Wiesenrunde mit einigen Höhenmetern und weichem Untergrund und schließlich eine etwas längere Runde fürs Wochenende.

Doch du kannst nicht nur deine Laufstrecke variieren, sondern natürlich auch dein Lauftempo. Laufen ist schließlich nicht gleich Laufen: Es gibt eine Vielzahl unterschiedlicher Trainingsformen, mit denen du die Trainingsmonotonie durchbrechen und deinen Körper mit neuen Trainingsreizen aus der Reserve locken kannst.

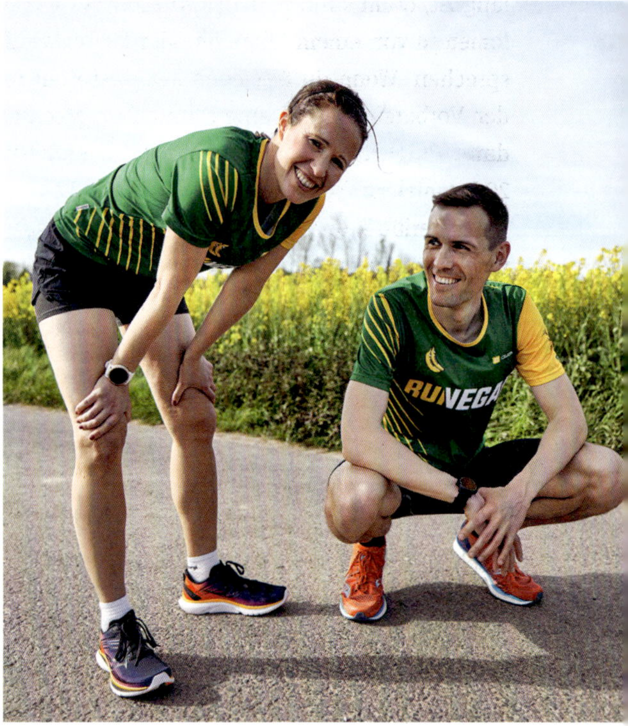

Der Dauerlauf und der lange Lauf

Bevor wir uns mit den verschiedenen Arten des Tempotrainings beschäftigen, schauen wir uns erst einmal die wichtigste Trainingseinheit überhaupt an: den klassischen Dauerlauf. Er heißt so, weil du dabei eine längere Strecke in einem möglichst gleichmäßigen Tempo zurücklegst, das sich nie übermäßig anstrengend anfühlen sollte. Idealerweise hast du am Ende deiner Dauerläufe das Gefühl, dass du locker auch noch ein paar Kilometer mehr geschafft hättest.

Besonders lange Dauerläufe bezeichnet man wenig überraschend als »lange Läufe«. Ab wann ein Dauerlauf zu einem langen Lauf wird, hängt ganz von deinem derzeitigen Trainingszustand ab und ist daher sehr individuell. Wenn deine typische Laufrunde im Moment acht Kilometer lang ist, dann kann man schon ab 12 bis 15 Kilometern von einem längeren oder langen Lauf sprechen. Wenn du hingegen gerade mitten in der Vorbereitung auf einen Marathon steckst, dann fängt der lange Lauf vielleicht erst bei 20 Kilometern oder mehr an.

Dauerläufe und lange Läufe sind das wichtigste Element in deinem Trainingsplan. Sie verbessern deine sogenannte Grundlagenausdauer und sollten gemeinsam etwa 70 bis 80 Prozent deines wöchentlichen Trainingspensums ausmachen.

Das Fahrtspiel

Der Begriff »Fahrtspiel« kommt aus dem Schwedischen, wo das »Fartlek« in den 1930er Jahren vom damaligen Leichtathletik-Nationaltrainer Gösta Holmér entwickelt wurde. Fartlek bedeutet »Tempospiel« und ist genau das: ein Spiel mit dem Tempo (der »Fahrt«). In seiner ursprünglichsten Variante gibt es beim Fahrtspiel keine festen Vorgaben. Es geht einzig und allein darum, während des Laufens immer wieder das Tempo zu wechseln. Wann du wie weit und wie schnell läufst, entscheidest du bei einem Fahrtspiel selbst.

Du beginnst dein Fahrtspiel mit einem »Warm-up«: Laufe dich mindestens 10 bis 15 Minuten locker ein, um deinen Kreislauf hochzufahren und deine Muskulatur aufzuwärmen. Anschließend startet der freie Teil, in dem du immer wieder zwischen verschiedenen Tempostufen wechselst. Von sehr locker bis zum Sprint ist alles erlaubt, doch du musst nicht bei jedem Fahrtspiel alle Tempobereiche abdecken. Du kannst das Tempo entweder spontan nach Bauchgefühl wechseln oder dich an deiner Umgebung orientieren. Wenn du zum Beispiel auf einer hügeligen Strecke läufst, kannst du die Anstiege locker und die Abstiege schnell laufen (bzw. umgekehrt). Oder du wechselst bei jeder Parkbank, Kurve oder Wegkreuzung das Tempo. Der Tempowechsel-Teil des Fahrtspiels kann je nach deiner Fitness und Lauferfahrung zwischen 10 Minuten und einer Stunde oder sogar noch länger dauern. Anschließend läufst du dich noch ein paar Minuten lang aus, um die Muskulatur zu lockern und von deinem »Fahrtspiel-Flow« runterzukommen.

Der Tempolauf

Der Tempolauf wird manchmal auch als Tempo-Dauerlauf bezeichnet, und daran kannst du schon erkennen, wie er in etwa aussieht. Genau wie beim normalen Dauerlauf läufst du auch beim Tempolauf in einem möglichst gleichbleibenden Tempo – bloß ist es diesmal deutlich schneller, sodass du dich mehr anstrengen musst und gegen Ende ziemlich ausgepowert sein wirst. Tempoläufe beginnen mit einem lockeren Warm-up von 10 bis 15 Minuten. Anschließend läufst du zwischen circa 15 bis 40 Minuten in einem konstant hohen Tempo und beendest die Trainingseinheit dann mit einem »Cool Down«, bei dem du dich in ganz lockerem Tempo noch ein paar Minuten lang ausläufst.

Tempoläufe werden meistens im Bereich der sogenannten »aerob-anaeroben Schwelle« gelaufen. Das ist genau die Geschwindigkeit, bei der dein Körper noch ein Gleichgewicht zwischen der Bildung und dem Abbau von Laktat halten kann. Tempoläufe an der aerob-anaeroben Schwelle haben einen starken Trainingseffekt auf deine Ausdauer und sind ideal, wenn du dich auf einen schnellen Wettkampf über 5 Kilometer bis hin zum Marathon vorbereiten möchtest.

Dein »Schwellentempo« ist dabei individuell und verändert sich mit deinem Trainingszustand. Du kannst es im Rahmen einer sportmedizinischen Leistungsdiagnostik ermitteln lassen oder dich an deinen aktuellen Wettkampfergebnissen orientieren. Das Schwellentempo entspricht bei gut trainierten Läufer*innen in etwa dem Renntempo über 10 Kilometer bis zum Halbmarathon. Wenn du also kürzlich einen 10-Kilometer-Wettkampf in 55 Minuten gelaufen bist, liegt dein Schwellentempo bei ca. 5:30 Minuten pro Kilometer oder etwas langsamer. Und wenn du einen Halbmarathon in 2:10 Stunden geschafft hast, dürfte dein Schwellentempo bei 6:10 Minuten pro Kilometer oder etwas schneller liegen. Aber Achtung: Diese Daumenregel gilt natürlich nur, wenn du deine Wettkämpfe nicht »auf Ankommen« läufst, sondern dabei konstant an deiner Leistungsgrenze unterwegs bist!

Wenn die oben genannten Methoden derzeit nicht für dich in Frage kommen, heißt das aber nicht, dass du auf Tempoläufe verzichten musst. Starte in diesem Fall mit einem kurzen Tempolauf von 10 oder 15 Minuten und laufe den Tempoabschnitt zunächst nur ein kleines bisschen schneller als dein gewohntes Dauerlauftempo. Von Woche zu Woche kannst du nun mit der Geschwindigkeit experimentieren und dich langsam an eine Dauer von 20 bis 30 Minuten herantasten. Das Tempo ist optimal, wenn du es über die gesamte Zeit durchhalten kannst, am Ende des Tempolaufs zwar erschöpft, aber nicht völlig am Ende deiner Kräfte bist.

Das Intervalltraining

Bei einem Intervalltraining wechseln sich schnelle Tempoabschnitte mit sogenannten »Trabpausen« ab, in denen du ganz locker läufst, bis es mit dem nächsten schnellen Abschnitt weitergeht. Das Ziel des Intervalltrainings ist es, möglichst viel Zeit in einem intensiven Tempobereich zu verbringen, um einen maximalen Trainingseffekt zu erreichen. Durch die Trabpausen teilst du die Anstrengung in mehrere kleinere Häppchen auf, sodass du in einer Trainingseinheit mehr Kilometer in hohem Tempo laufen kannst als du am Stück schaffen würdest.

Es gibt nicht das eine Intervalltraining, da du sowohl die Länge als auch die Anzahl und das Tempo der schnellen Abschnitte variieren kannst. Daraus ergeben sich unzählige Kombinationsmöglichkeiten. Typische Distanzen für die Tempoabschnitte sind 400, 800 oder 1.200 Meter, was darauf zurückzuführen ist, dass »Intervalle« häufig auf der Bahn gelaufen werden, wo die Bedingungen dafür optimal sind. Auch

Intervalle von 1.000 oder 2.000 Metern sind weit verbreitet. Die Daumenregel lautet: Je kürzer der Wettkampf ist, auf den du dich vorbereitest, desto kürzer dürfen die Tempoabschnitte sein – und umgekehrt.

Beim Intervalltraining ist das Tempo während der schnellen Abschnitte grundsätzlich höher als beim Tempodauerlauf (also jenseits deiner aerob-anaeroben Schwelle). Es sollte jedoch niemals so schnell sein, dass du am Ende der Tempoabschnitte langsamer wirst oder sogar das Training vorzeitig abbrechen musst. Auch hier kannst du dich wieder an deinem Wettkampftempo orientieren: Kürzere Intervalle über 400 oder 800 Meter werden häufig im Bereich des 5-km-Renntempos gelaufen, längere Intervalle von 1.000 Metern oder mehr eher im Bereich des 10-km-Renntempos. Solltest du dein Wettkampftempo noch nicht kennen, dann starte so, wie wir es beim Tempodauerlauf erklärt haben und taste dich nach und nach heran. Das Wichtigste ist, dass du das Tempo über alle Tempoabschnitte hinweg durchhalten kannst, ohne dass dein Laufstil darunter leidet. In den Trabpausen läufst du hingegen betont locker (du darfst »traben« hier wörtlich nehmen). Die Trabpausen sollten dabei mindestens halb so lange dauern wie die Tempoabschnitte. Eine einfache Möglichkeit ist es, die Distanz der Tempoabschnitte zu halbieren: Bei 400-Meter-Intervallen trabst du somit 200 Meter, bei 1.000-Meter-Intervallen sind die Trabpausen 500 Meter lang und so weiter.

Wie jedes Tempotraining startet und endet auch das Intervalltraining damit, dass du dich mindestens 10 bis 15 Minuten lang locker ein- bzw. ausläufst. Nach dem Einlaufen geht es in den intensiven Teil, der zum Beispiel so aussehen kann:

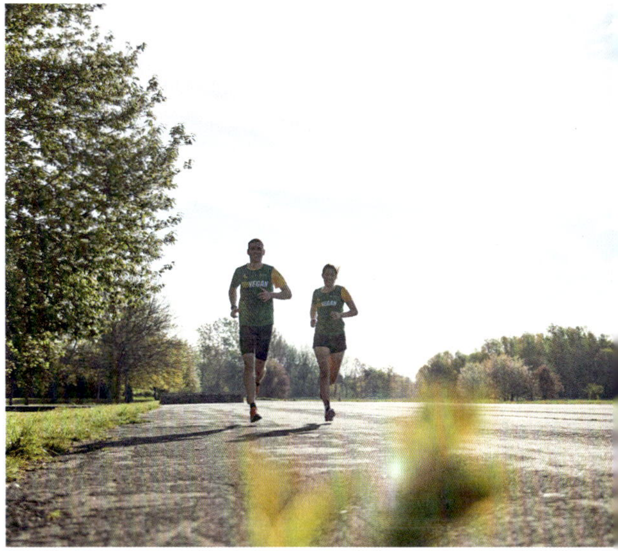

- Kurze Intervalle für den Einstieg: 5 bis 10 × 400 Meter mit 400 Metern Trabpause
- Kurze Intervalle für Fortgeschrittene: 6 bis 12 × 400 Meter mit 200 Metern Trabpause
- Lange Intervalle für Fortgeschrittene: 3 bis 6 × 1.000 Meter mit 500 Metern Trabpause

Wenn du zum ersten Mal ein Intervalltraining machst, dann beginne jeweils mit der niedrigsten angegebenen Wiederholungszahl und steigere den Umfang, sobald du das Gefühl hast, bereit dafür zu sein. Solltest du die Möglichkeit haben, kannst du deine Intervalle auf der Bahn laufen – aber im Prinzip eignet sich jede halbwegs gerade und flache Strecke, auf der du nicht durch Ampeln oder andere Hindernisse ausgebremst wirst. Oder du machst es wie wir und suchst dir eine lange Gerade, auf der du immer wieder hin und her pendelst.

Die Trainingsprinzipien im Überblick

Trainingsprinzip	Bedeutung für dein Training
Wirkungsvolle Trainingsreize setzen	Laufe in der richtigen Intensität: Normale Dauerläufe sollten eher locker sein, Tempotraining darf sich anstrengend anfühlen. Die idealen Tempobereiche kannst du zum Beispiel mit einer Leistungsdiagnostik bestimmen. Auch Laufuhren haben häufig entsprechende Funktionen, um die Trainingsbereiche über die Herzfrequenz zu ermitteln.
Zwischen Be- und Entlastung abwechseln	Auf einen Lauftag sollte idealerweise ein lauffreier Tag folgen, an dem dein Körper regenerieren kann. Wenn du mehr als dreimal pro Woche und somit auch mal an aufeinander folgenden Tagen läufst, dann sollte auf eine intensive Einheit wie z. B. einen Tempolauf oder einen langen Lauf immer ein lockerer Dauerlauf folgen.
Abwechslungsreich trainieren	Variiere die Distanz deiner Läufe und setze verschiedene Trainingsformen ein. Dauerläufe und lange Läufe in einem lockeren Tempo sollten den Großteil deines Wochenumfangs ausmachen. Einmal pro Woche darf ein Fahrtspiel, Tempolauf oder Intervalltraining auf dem Programm stehen.
Regelmäßig trainieren	Laufe regelmäßig mindestens dreimal pro Woche und versuche, längere Laufpausen zu vermeiden. Eine Ausnahme sind (neben Verletzungen und Krankheitspausen) natürlich bewusst eingelegte Regenerationsphasen, zum Beispiel direkt nach einem Wettkampf, auf den du dich mehrere Monate lang intensiv vorbereitet hast.
Belastung nach und nach steigern	Steigere nach und nach den Trainingsumfang, bis du an deinem persönlichen Optimum angelangt bist. Die Steigerung sollte dabei nicht mehr als ca. 5–10 Prozent pro Woche betragen, d. h. wenn du in dieser Woche 30 Kilometer gelaufen bist, kannst du in der Folgewoche bis zu 3 Kilometer draufpacken.

EINEN TRAININGSPLAN ERSTELLEN

Du kennst jetzt die wichtigsten Prinzipien und Formen des Lauftrainings. Aber was bedeutet das konkret für deinen Trainingsalltag? Wie sollte deine Laufwoche aufgebaut sein, wenn du das meiste aus deiner begrenzten Trainingszeit herausholen möchtest? Keine Angst: Ein vernünftiges Lauftraining zu planen ist einfacher als du vielleicht denkst. In der Übersicht auf dieser Seite haben wir noch einmal zusammengefasst, was einen guten Trainingsplan ausmacht.

Auf dieser Grundlage kannst du nun deine Trainingswoche planen. In den folgenden Beispielen zeigen wir dir, wie sie bei drei, vier oder fünf Läufen pro Woche aussehen könnte. Dort taucht auch schon das wichtige Ergänzungstraining auf, mit dem wir uns im nächsten Kapitel noch ausführlicher beschäftigen werden. Mit »Strecke 1, 2 und 3« sind deine unterschiedlichen Laufstrecken gemeint (*siehe Tabelle S. 33*).

Diese grundlegende Struktur bleibt von Woche zu Woche gleich. Wenn du mit dem Trainingsumfang gut zurechtkommst, kannst du nach und nach die Distanz deiner Läufe steigern oder noch einen zusätzlichen Lauftag hinzufü-

Basispläne: 3 bis 5 Läufe pro Woche

3 Läufe pro Woche	
Montag	Ergänzungstraining
Dienstag	Dauerlauf (Strecke 1)
Mittwoch	Ruhetag
Donnerstag	Dauerlauf (Strecke 2) oder Tempotraining
Freitag	Ergänzungstraining
Samstag	Ruhetag
Sonntag	Langer Lauf
4 Läufe pro Woche	
Montag	Ruhetag
Dienstag	Dauerlauf (Strecke 1)
Mittwoch	Ergänzungstraining
Donnerstag	Dauerlauf (Strecke 2) oder Tempotraining
Freitag	Dauerlauf (Strecke 3)
Samstag	Ergänzungstraining
Sonntag	Langer Lauf
5 Läufe pro Woche	
Montag	Ruhetag
Dienstag	Dauerlauf (Strecke 1)
Mittwoch	Dauerlauf (Strecke 2) oder Tempotraining
Donnerstag	Ergänzungstraining
Freitag	Dauerlauf (Strecke 3)
Samstag	Dauerlauf (Strecke 1)
Sonntag	Langer Lauf

gen (du erinnerst dich an das Prinzip der steigenden Belastung). Alle drei bis vier Wochen solltest du dir eine Erholungswoche gönnen, in der du den Umfang und die Intensität deines Trainings reduzierst. Diese Erholungswochen sind wichtig, um auch während längerer Trainingsphasen nicht auszubrennen und das Verletzungsrisiko möglichst gering zu halten.

AUFGABE: Stell dein aktuelles Training auf den Prüfstand! Wechseln sich Lauf- und Erholungstage ab? Nutzt du verschiedene Trainingsformen, um für Abwechslung zu sorgen? Kennst du die optimalen Tempo- bzw. Pulsbereiche für deine lockeren und schnelleren Läufe? Schreib dir eine grobe Wochenstruktur für dein Training auf, in der alle Trainingsprinzipien berücksichtigt sind.

Und das ist tatsächlich schon alles, was du wissen musst, um ein effizientes Lauftraining durchzuführen. Natürlich wird nicht jede Trainingswoche genau nach Plan verlaufen. Du hast schließlich noch andere Verpflichtungen neben dem Laufen. Es wird dir manchmal etwas dazwischen kommen, sodass du eine Einheit verschieben oder ausfallen lassen musst. Aber das ist nicht schlimm, solange du langfristig dran bleibst und die Trainingsprinzipien berücksichtigst, die du in diesem Kapitel kennengelernt hast.

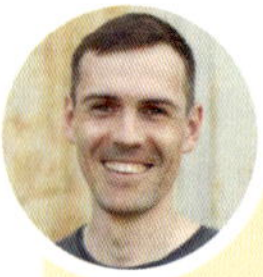

Ein Marathonläufer, der keine langen Läufe mag?

Hier kommt ein Geständnis: Ich bin ein Marathonläufer, der keine langen Läufe mag. Tempoläufe bis die Füße glühen? Intervalle bis die Lunge brennt? Kein Problem! Aber allein der Gedanke an den »Langen« treibt mir schon den Schweiß auf die Stirn. Ich weiß, dass es bei vielen »Marathonis« genau andersherum ist: Für sie ist das Tempotraining eher eine lästige Pflicht, und sie freuen sich die ganze Woche auf ihren langen Lauf, bei dem sie sich stundenlang treiben lassen und endlich mal richtig abschalten können.
Einerseits kann ich das gut nachvollziehen, denn es geht mir beim Laufen oft ähnlich: Ich kann dabei den Kopf frei bekommen und mit Abstand über die Dinge nachdenken, die mich im Alltag beschäftigen. Beim Laufen habe ich viele meiner besten Ideen, und viele vermeintliche Probleme haben sich während eines Laufs schon in Luft aufgelöst.
Mein Problem mit den langen Läufen ist aber, dass ich sie einfach unglaublich anstrengend finde! Ganz egal wie fit ich gerade bin und wie viele »Lange« ich in den Wochen zuvor schon hinter mich gebracht habe: Ein langer Lauf über 25, 30 oder sogar 35 Kilometer ist für mich jedes Mal eine große körperliche und mentale Herausforderung – unabhängig davon, in welchem Tempo ich ihn laufe. Nach einem langen Lauf am Morgen kann man den Rest des Tages nicht mehr viel mit mir anfangen.
Meine schwierige Beziehung zu langen Läufen hat mich allerdings nicht davon abgehalten, bis heute mehr als 30 Marathons und Ultramarathons zu finishen. Der Weg zum Ziel verläuft eben selten flach und geradeaus – und das muss er auch gar nicht. Meiner Erfahrung nach ist die Befriedigung sogar umso größer, je mehr wir investieren müssen, um unsere Ziele zu erreichen!

ERGÄNZUNGSTRAINING

Als Ergänzungstraining bezeichnet man das zusätzliche Training neben dem Laufen, das dir dabei helfen soll, dein volles Potenzial als Läufer*in auszuschöpfen und dein Verletzungsrisiko auf ein Minimum zu reduzieren. Für die meisten von uns bedeutet das, etwas für unsere Kraft, Stabilität und Beweglichkeit zu tun.

Eine gute Beweglichkeit ist die Voraussetzung für einen effizienten Laufstil. Wenn dir zum Beispiel Beweglichkeit im Hüftgelenk fehlt, dann kannst du die Hüfte in der Abdruckphase nicht optimal nach hinten durchstrecken und verlierst einen Teil der möglichen Vortriebskraft. Mangelnde Beweglichkeit ist eine weit verbreitete Schwachstelle bei Läufer*innen. Zum einen sorgt die recht monotone Laufbewegung dafür, dass bestimmte Muskeln mehr Kraft entwickeln als andere. Dieses muskuläre Ungleichgewicht kann die Beweglichkeit einschränken.

Zum anderen arbeiten wir heutzutage oft in Berufen, die uns nur noch wenig Bewegung abverlangen oder ermöglichen. Viele Menschen verbringen den größten Teil des Tages im Sitzen oder Stehen und reizen den Bewegungsspielraum ihres Körpers so gut wie nie aus.

Erschwerend kommt hinzu, dass wir uns eine regelrechte Bewegungs-Vermeidungs-Kultur geschaffen haben, in der wir unser Umfeld so gestalten, dass wir alles mit möglichst wenig Bewegung und Aufwand erledigen können. Denk zum Beispiel an ergonomisch eingerichtete Arbeitsplätze oder Küchen, in denen man sich kaum noch bücken oder strecken muss, um etwas zu erreichen. Aus diesen Gründen sollten Übungen für deine allgemeine Beweglichkeit unbedingt zu deinem Ergänzungstraining gehören. Du kannst z. B. klassische Dehnungsübungen durchführen, aber auch Yoga eignet sich hervorragend, um deine Beweglichkeit zu verbessern.

Zum Weiterlesen: Die wichtigsten Dehnübungen sowie Tipps für den Einstieg ins Yoga haben wir auf der Seite zum Buch unter **bevegt.de/run-vegan/extras** für dich verlinkt.

Der zweite Bestandteil deines Ergänzungstrainings sind Übungen für deine allgemeine Kraft und Stabilität. Insbesondere steht hier die Körpermitte (Rumpf und Rücken) im Fokus, aber auch die Gesäß- und Beinmuskulatur solltest du gezielt stärken. Zusätzliches Kraft- und Stabilitätstraining ist für Läufer*innen aus den gleichen Gründen ein Muss wie das Beweglichkeitstraining: Die Laufbewegung ist relativ monoton, und einseitiges Lauftraining kann deshalb zu einem muskulären Ungleichgewicht führen. Und genau solche muskulären Defizite sind nicht selten Ursache typischer Laufverletzungen wie etwa Kniebeschwerden oder Achillessehnenreizungen.

Fürs Kraft- und Stabilitätstraining brauchst du keine teuren Geräte, sondern lediglich eine Trainingsmatte und etwas Platz in deiner Wohnung. Im nächsten Abschnitt stellen wir dir zehn tolle Basis-Übungen für Läufer*innen vor und zeigen dir, wie du mit diesen Übungen ein effektives Zirkel-Workout zusammenstellst, das alle wichtigen Muskelgruppen trainiert.

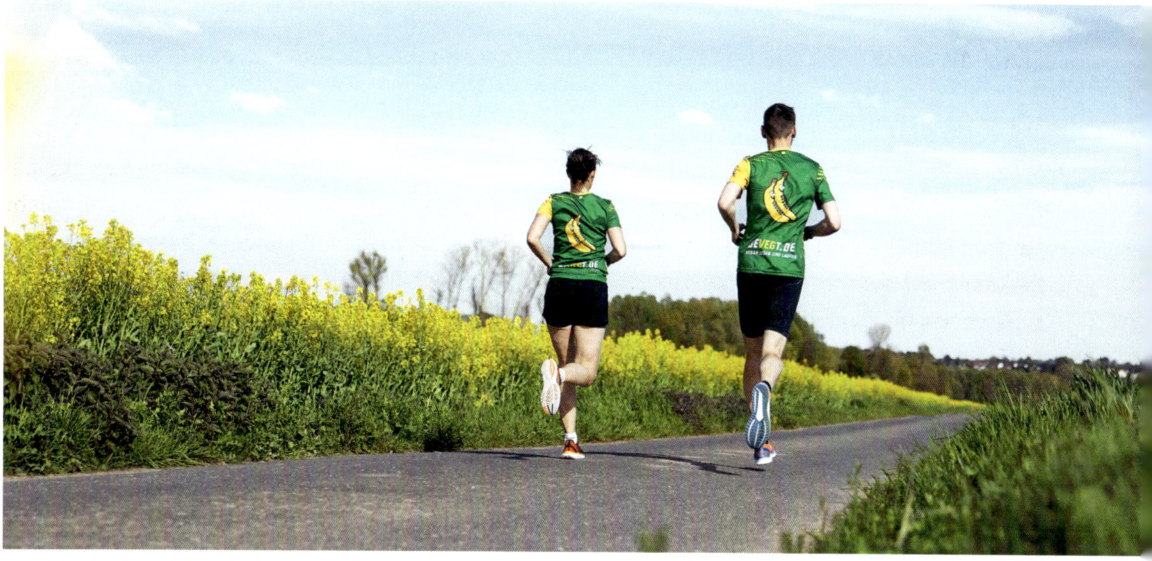

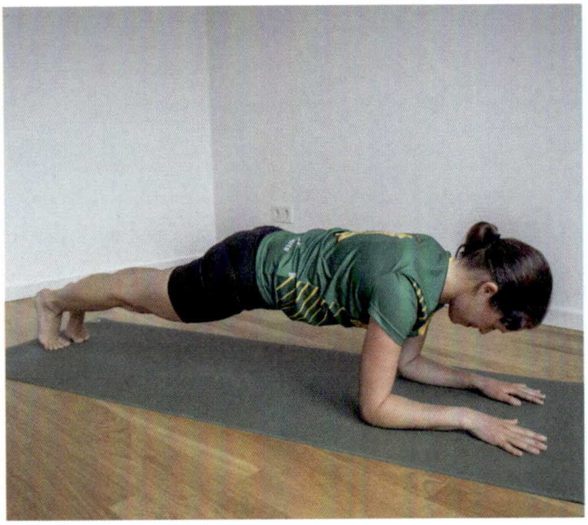

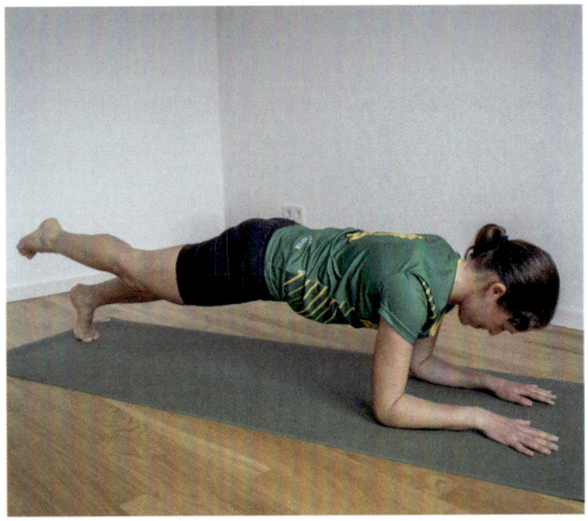

Frontstütz

Der Frontstütz und der Seitstütz (siehe nächste Übung) sind zwei wunderbare Basis-Übungen für die Kraft und Stabilität deiner Körpermitte.

Lege dich bäuchlings auf deine Trainingsmatte, stütze dich auf deinen Ellbogen auf und hebe die Knie vom Boden ab, sodass dein Körper vom Kopf bis zu den Füßen eine Gerade bildet. Achte darauf, dass du deine Hüfte nicht durchhängen lässt. Der Kopf ist gerade in Verlängerung der Wirbelsäule, der Blick nach unten gerichtet (Bild 1).

Vergiss das Atmen nicht und halte den Frontstütz mit hoher Körperspannung, insbesondere im Bauch und Gesäß. Starte mit 15 Sekunden und versuche, dich Woche für Woche zu steigern, bis du den Frontstütz eine Minute oder sogar länger halten kannst.

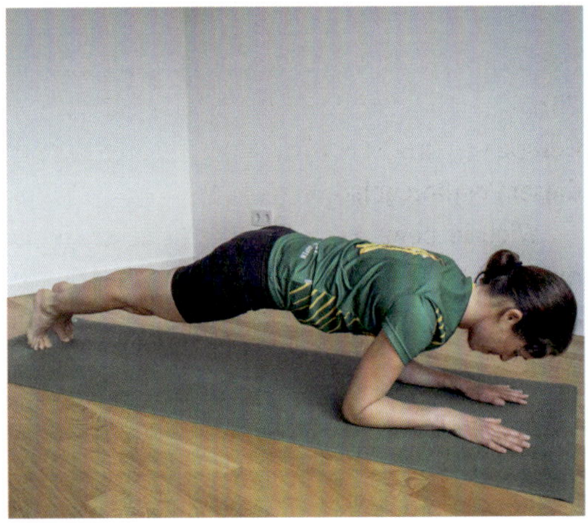

Varianten

Hebe abwechselnd deinen rechten und dann deinen linken Fuß etwa 10–20 cm vom Boden ab (Bild 2).

Verlagere deinen Körper in einer »sägenden« Bewegung nach vorn und zurück, indem du die Fußgelenke durchstreckst und wieder anwinkelst (Bild 3).

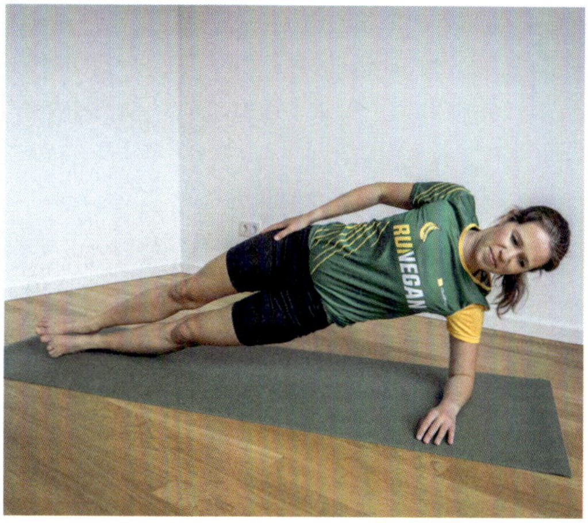

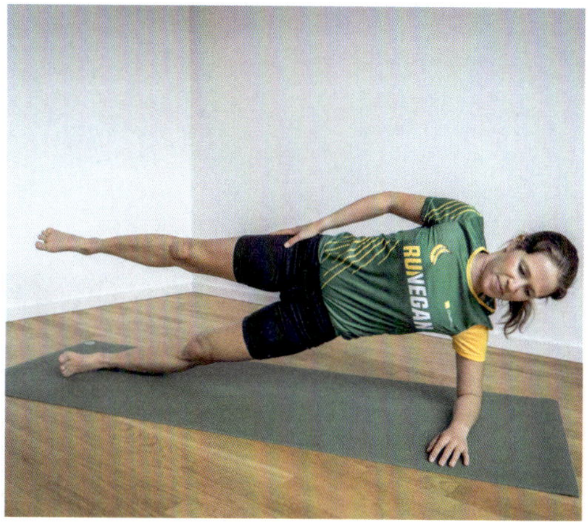

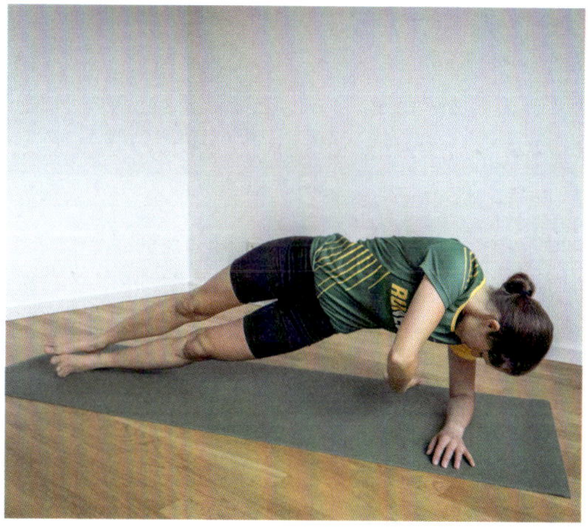

Seitstütz

Beim Seitstütz lagert das Körpergewicht auf dem Ellbogen und Unterarm. Der Körper bildet eine Gerade von den Füßen bis zum Kopf und wird in dieser Position gehalten (Bild 1).

Wichtig beim Seitstütz ist die Körperspannung. Insbesondere die Bauch-, die Gesäß- und die Oberschenkelmuskulatur solltest du bewusst anspannen, die Hüfte darf nicht durchhängen. Die korrekte Durchführung kannst du zum Beispiel in einem Spiegel oder Fenster kontrollieren.

Varianten

Du kannst den Schwierigkeitsgrad erhöhen und weitere Muskelgruppen einbeziehen, indem du das obere Bein wiederholt anhebst und wieder senkst (Bild 2).

Um den Seitstütz dynamischer zu machen, kannst du den freien Arm wiederholt unter dem Körper durchstrecken und wieder nach oben bringen (Bild 3).

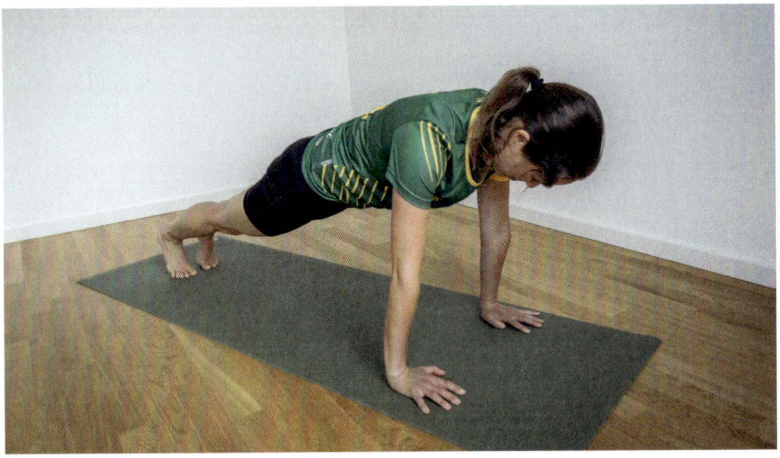

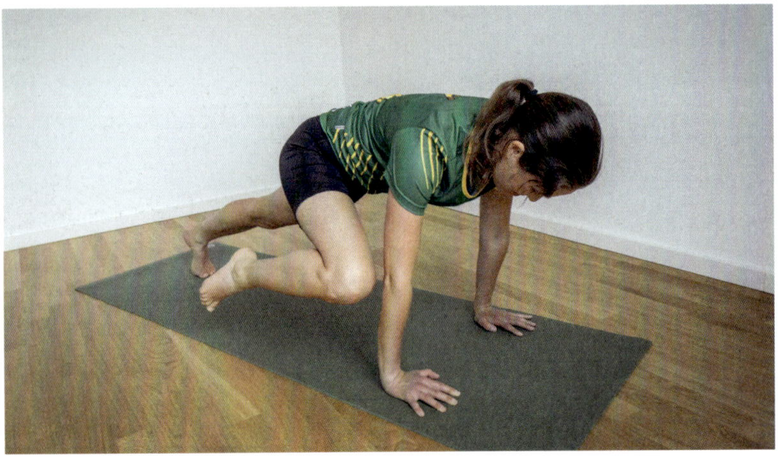

Bergsteiger

Der »Bergsteiger« ist eine tolle, dynamische Übung, mit der du deine Körperspannung und Stabilität trainieren kannst.

Ausgangsposition ist der Stütz auf den Händen und den Füßen (Bild 1). Der Körper bildet dabei eine gerade Linie. Jetzt hebst du den rechten Fuß vom Boden ab und bewegst das Knie unter dem Körper in Richtung des rechten Ellbogens (Bild 2). Bring das Bein zurück in die Ausgangsposition und bring jetzt dein linkes Bein an den linken Ellbogen.

Um die schräge Bauchmuskulatur noch mehr einzubeziehen, kannst du deine Knie auch zum jeweils gegenüberliegenden Ellbogen führen – und natürlich kannst du die gerade und überkreuzende Variante auch beliebig kombinieren!

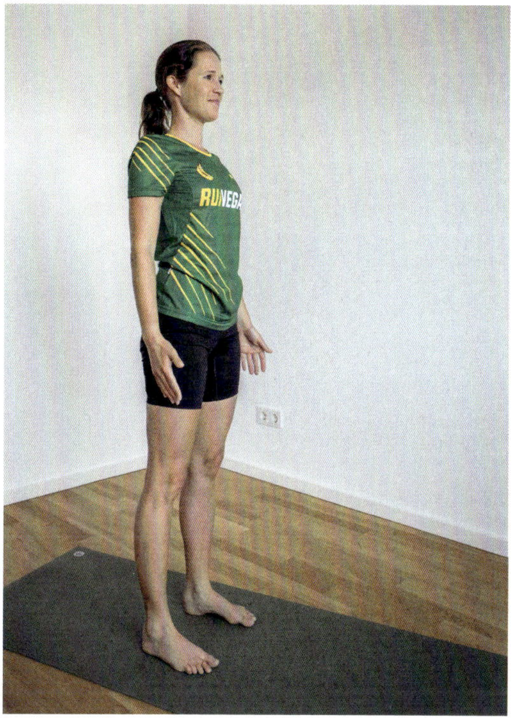

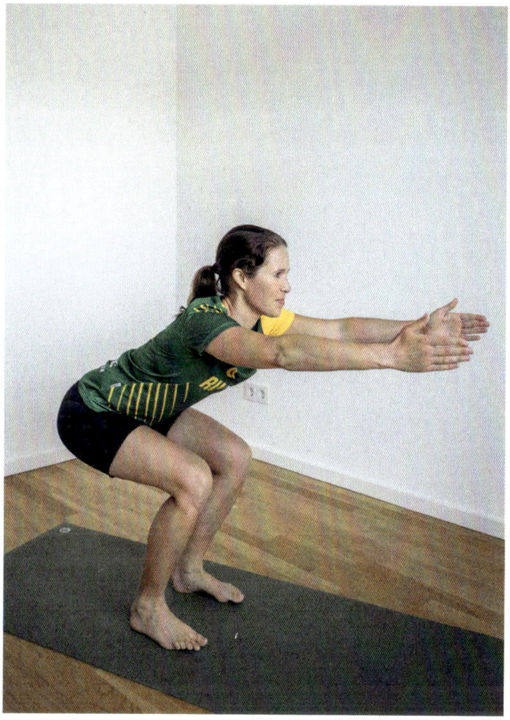

Kniebeugen

Die beidbeinige Kniebeuge zählt zu den Grundübungen des Krafttrainings und trainiert deine Bein-, Gesäß- sowie Rückenmuskulatur.

Stell dich aufrecht hin, die Füße etwa schulterbreit auseinander und die Fußspitzen leicht nach außen rotiert (Bild 1). Aus dieser Position gehst du zügig in die Hocke, und schiebst dabei deinen Po möglichst weit nach hinten – so als wolltest du dich auf einen Stuhl setzen (Bild 2). Dein Rücken bleibt gerade, deine Knie sollten während der gesamten Bewegung immer hinter den Zehenspitzen bleiben. Strecke beim Absenken deine Arme vor dir aus, um das Gleichgewicht zu halten. Sobald deine Oberschenkel in etwa parallel zum Boden sind, drückst du dich wieder zurück in die Grundposition.

Die gesamte Kniebeuge sollte eine geschmeidige Bewegung ohne Unterbrechungen oder Pausen sein.

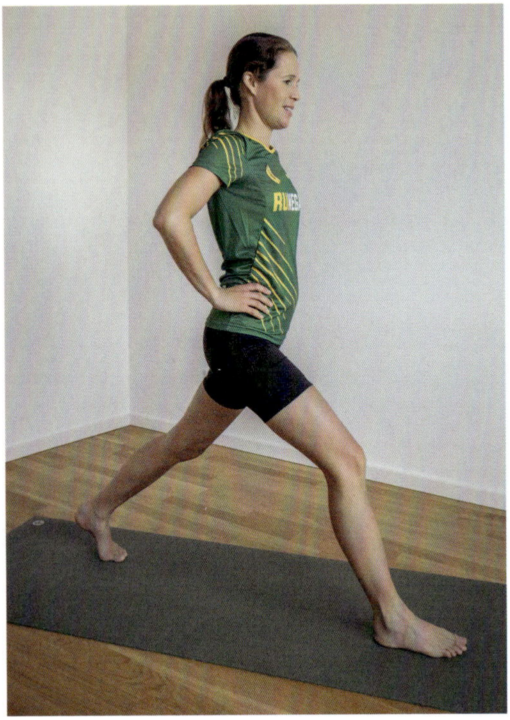

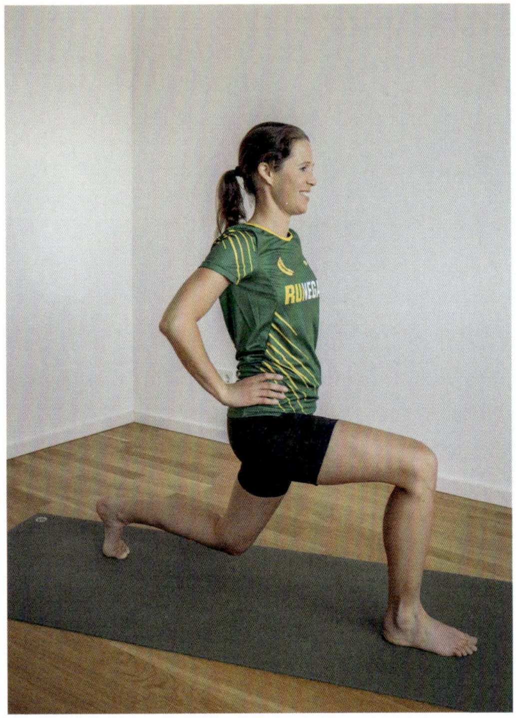

Ausfallschritte

Ausfallschritte stellen eine weitere Grundübung für deine Bein- und Gesäßmuskulatur dar, die gleichzeitig deine Balance und Stabilität verbessert.

Stell dich aufrecht hin und mach mit dem rechten Fuß einen großen Schritt nach vorne. Stütze die Arme locker in die Hüfte – das ist die Grundposition (Bild 1). Beuge jetzt beide Beine, sodass sich dein Rumpf absenkt, bis dein hinterer Unterschenkel parallel zum Boden ist (Bild 2). Nun zügig zurück nach oben drücken und mehrmals wiederholen.

Das vordere Knie sollte während des gesamten Bewegungsablaufs immer hinter der Fußspitze bleiben. Wenn das Knie beim Absenken über die Fußspitze hinausragt, dann musst du den Fuß noch etwas weiter nach vorne bringen.

Anschließend den linken Fuß nach vorn stellen und die Übung für die andere Seite durchführen.

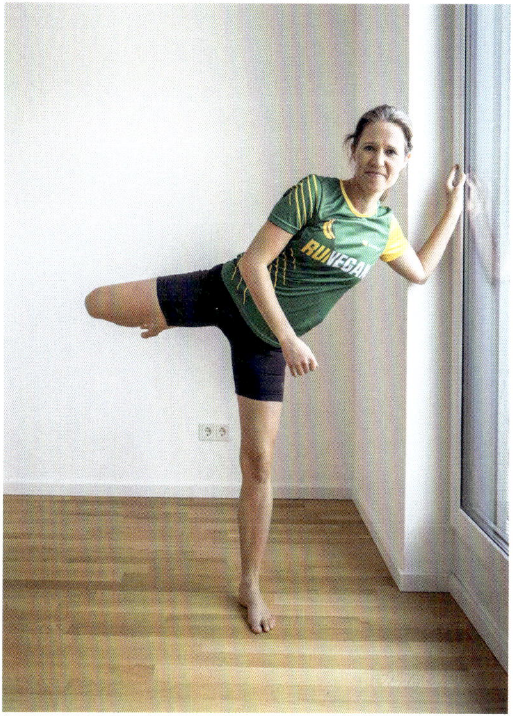

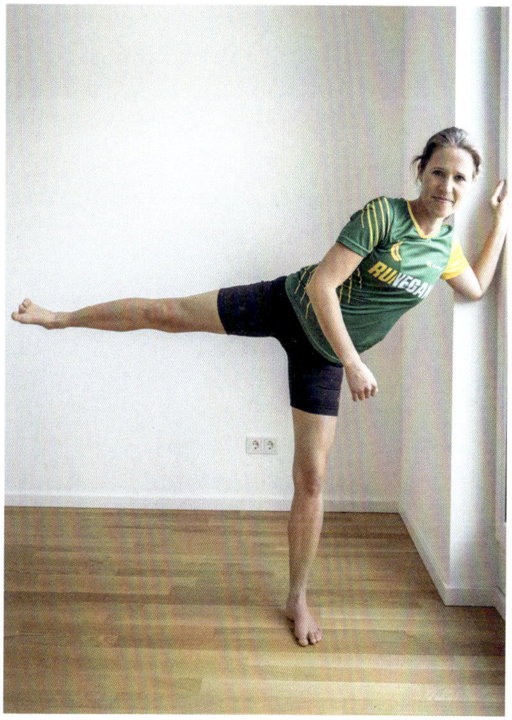

Kungfu-Kicks

Diese Übung sieht einfacher aus, als sie ist. Sie trainiert dein Gesäß sowie deine äußere Oberschenkelmuskulatur.

Stell dich eine Armlänge von einer Wand oder Tür entfernt auf dein linkes Bein und stütze dich mit deinem linken Arm an der Wand ab. Heb deinen rechten Oberschenkel zur Seite an, bis er etwa parallel zum Boden ist. Der Unterschenkel ist nach hinten abgewinkelt (Bild 1). Jetzt führst du mit deinem Unterschenkel langsame, geführte Kicks aus, indem du dein Knie abwechselnd streckst und beugst (Bild 2). Mehrmals wiederholen und dann die Seite wechseln.

Wichtig: Die Kicks sollten nicht schwungvoll, sondern langsam und kontrolliert sein. Je langsamer du sie durchführst und je länger sich dein Bein in der gestreckten Position befindet, desto intensiver ist der Trainingseffekt.

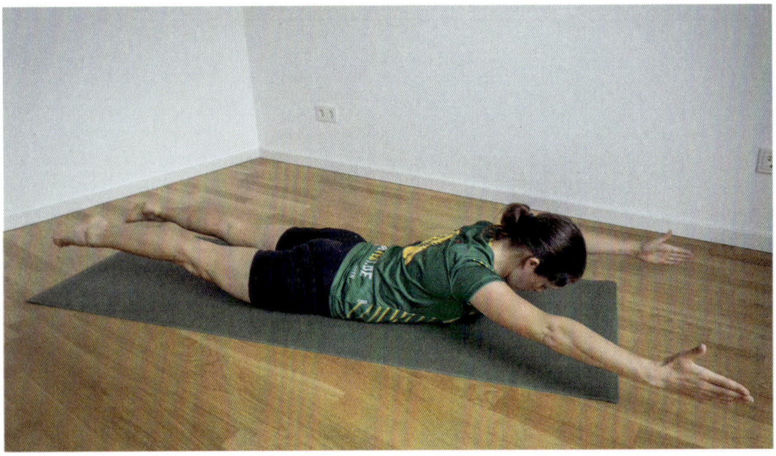

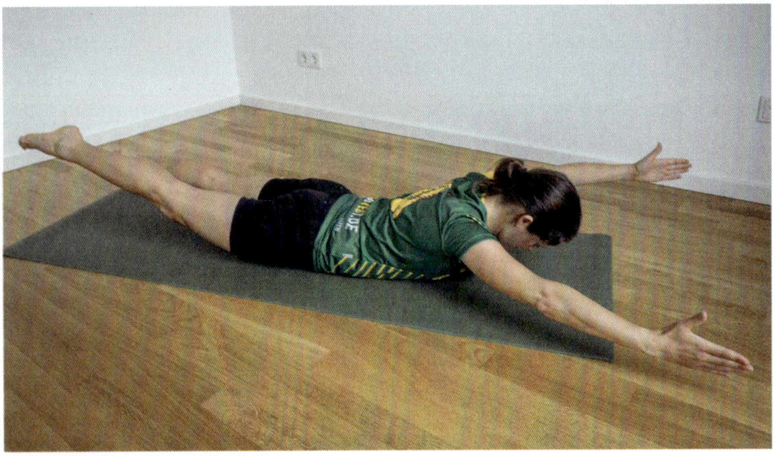

Schwimmer

Der »Schwimmer« ist eine hervorragende (und ziemlich schweißtreibende) Übung für den unteren Rücken.

Leg dich auf den Bauch und strecke deine Arme und Beine von dir. Der Kopf ist in Verlängerung der Wirbelsäule, der Blick nach unten gerichtet. Jetzt hebe langsam beide Arme und Beine an, um in die Grundposition zu gelangen (Bild 1).

Ausgehend von der Grundposition hebst du abwechselnd den rechten Arm und das linke Bein bzw. den linken Arm und das rechte Bein einige Zentimeter nach oben und senkst sie dann wieder ab (Bild 2).

Führe die Übung am Anfang kontrolliert und langsam durch und werde mit der Zeit immer schneller. Die letzten 15 Sekunden darfst du richtig pumpen. Wichtig: Dein Rumpf und dein Kopf bleiben bei dieser Übung möglichst still, nur deine Arme und Beine bewegen sich! Und auch hier gilt: Vergiss das Atmen nicht.

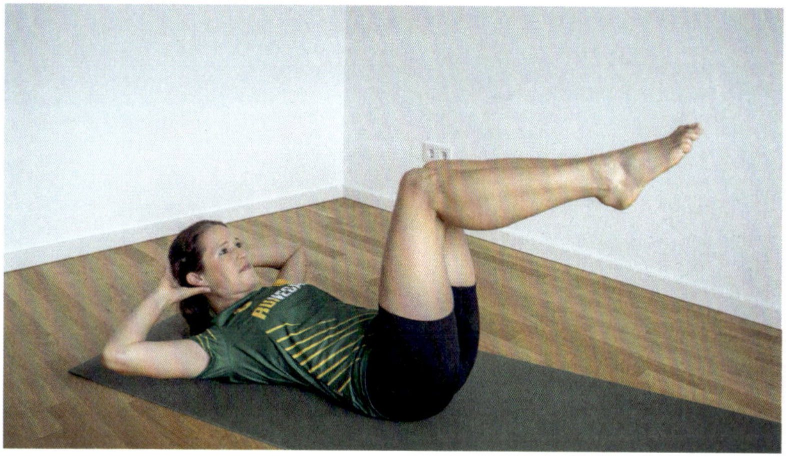

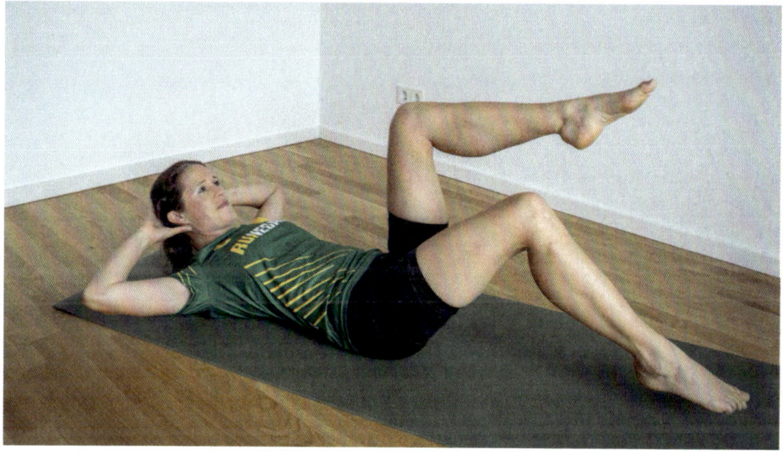

Beinsenker

Der »Beinsenker« ist eine großartige Übung für deine Rumpfmuskulatur.

Leg dich auf den Rücken, bring die Hände an deinen Hinterkopf und winkle deine Beine an, sodass jeweils ein 90-Grad-Winkel zwischen Rumpf und Oberschenkeln sowie zwischen Ober- und Unterschenkeln entsteht (Bild 1). Nun senke abwechselnd das linke bzw. rechte Bein ab, bis die Ferse jeweils fast den Boden berührt (Bild 2).

Bei dieser Übung ist es ganz wichtig, dass du die Bauchmuskulatur durchgehend angespannt hältst und dass der Rücken von der Hüfte aufwärts komplett auf dem Boden aufliegt.

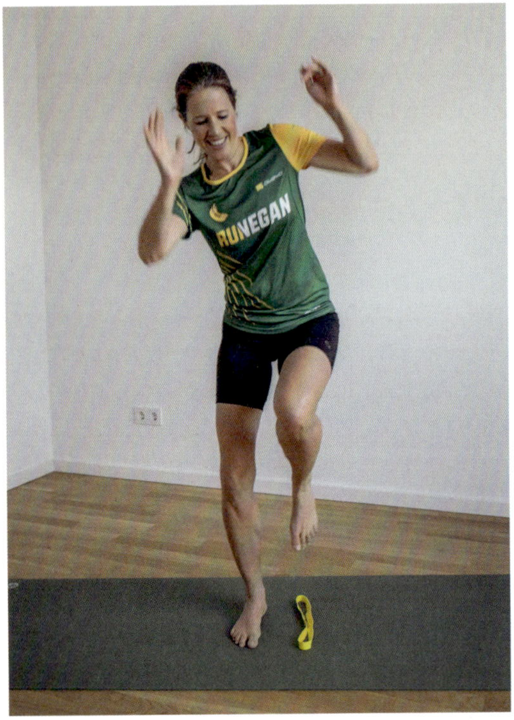

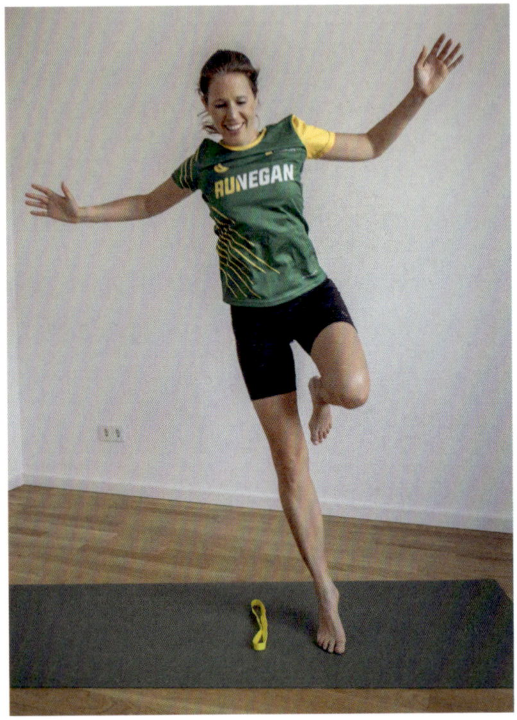

Liniensprünge

Eine herausfordernde und dynamische Übung, die gleichzeitig Kraft, Koordination und Stabilität trainiert.

Markiere eine Linie auf dem Boden bzw. auf deiner Trainingsmatte, zum Beispiel mit einem Theraband. Stell dich direkt neben die Linie, hebe dein linkes Bein an, und mach einen seitlichen Sprung über die Linie (Bild 1). Lande auf deinem rechten Bein (mit dem du abgesprungen bist) und balanciere dich kurz aus (Bild 2). Springe wieder zurück über die Linie in die Ausgangsposition. Mehrmals wiederholen und dann das Sprungbein wechseln.

Wichtig: Es geht bei dieser Übung nicht darum, möglichst weit oder hoch zu springen. Im Gegenteil: Versuche eine möglichst hohe Sprungfrequenz zu erreichen, indem du kleine Sprünge machst und nach dem Landen schnell das Gleichgewicht findest.

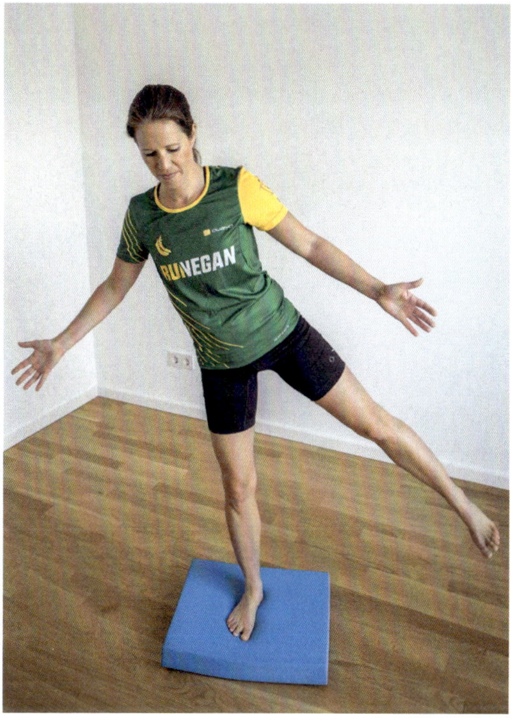

Einbeinstand

Der »Einbeinstand« trainiert deinen Gleichgewichtssinn und deine Stabilität. Du kannst ihn ohne Unterlage auf dem Boden machen oder den Schwierigkeitsgrad steigern, indem du z. B. ein Kissen oder ein Balance-Pad unterlegst.

Verlagere dein Gewicht auf dein rechtes Bein und bewege dein linkes Bein abwechselnd nach vorn, nach hinten und zur Seite. Nutze deine Arme und deinen Oberkörper, um dich in den verschiedenen Positionen auszubalancieren. Um den Schwierigkeitsgrad noch weiter zu steigern, kannst du versuchen, jeweils für einige Sekunden die Augen zu schließen.

Balanciere entweder nach einer Zeitvorgabe oder so lange, wie du Lust hast, und wechsle dann das Standbein.

Tipp: Auf **beVegt** findest du noch viele weitere Übungen für dein Kraft- und Stabilitätstraining. Wir haben sie auf der Seite zum Buch unter **bevegt.de/run-vegan/extras** für dich verlinkt.

ZIRKELTRAINING

Um den zeitlichen Aufwand für das Ergänzungstraining möglichst gering zu halten, bietet sich ein sogenanntes Zirkeltraining an. Beim Zirkeltraining durchläufst du mehrmals hintereinander die gleiche, vorher festgelegte Abfolge von Übungen. Die Pausen zwischen den Übungen reichen dabei gerade eben für den Wechsel aus, sodass du fast ununterbrochen in Bewegung bist. Das »Zirkeln« ist aber nicht nur eine sehr effiziente Art zu trainieren, sondern es macht auch richtig Spaß – vor allem, wenn du dazu deine Lieblingsmusik laufen lässt!

Aus den vorgestellten Basis-Übungen haben wir drei Zirkel-Workouts für dich zusammengestellt, mit denen du starten kannst (siehe Tabelle S. 46). Der Ablauf ist stets gleich:

- Wärme dich ein paar Minuten lang auf, zum Beispiel mit »Hampelmännern«, lockerem Seilspringen oder einem Hula-Hoop-Reifen und indem du deine Hand-, Schulter-, Hüft- und Fußgelenke kreisen lässt.
- Nach dem Aufwärmen startest du in das Zirkeltraining: Führe jede Übung hintereinander 30, 45 oder 60 Sekunden lang durch (je nach deinem aktuellem Fitnesslevel). Zwischen den Übungen hast du jeweils 15 Sekunden Pause für den Wechsel zur nächsten Übung.

Basis-Workouts

	Workout 1	Workout 2	Workout 3
Übung 1	Einbeinstand	Liniensprünge	Kungfu-Kicks
Übung 2	Kniebeugen	Ausfallschritte	Kniebeugen
Übung 3	Frontstütz	Bergsteiger	Frontstütz
Übung 4	Schwimmer	Seitstütz	Schwimmer
Übung 5	Beinsenker	Beinsenker	Bergsteiger

- Nachdem du alle Übungen einmal absolviert hast, darfst du eine Pause von 60 Sekunden einlegen oder startest direkt in die nächste Runde, wenn du die Intensität steigern möchtest.
- Bei einseitigen Übungen wie dem Seitstütz, dem Einbeinstand oder den Ausfallschritten wechselst du entweder direkt von der rechten zur linken Seite, oder du trainierst in Runde eins auf rechts, in Runde zwei auf links und so weiter.

Das komplette Zirkeltraining sollte etwa 20 bis 25 Minuten dauern. Bei fünf Übungen mit einer Übungsdauer von 45 Sekunden entspricht das in etwa vier Runden. Fünf Übungen pro Zirkeltraining klingen nach nicht viel, bieten aber unzählige Kombinationsmöglichkeiten. Bei jeder Einheit kannst du einen anderen Schwerpunkt setzen, um etwa an speziellen Schwachstellen zu arbeiten. Diese Abwechslung sorgt dafür, dass du nicht den Spaß am Training verlierst und der Körper immer neue Trainingsreize erhält.

> *AUFGABE: Plane zwei Zirkel-Workouts in deine Trainingswoche ein und führe noch heute dein erstes Workout durch! Starte mit unseren Beispielen und stell dir dann für noch mehr Abwechslung deine eigenen Workouts zusammen.*

Wenn du deine individuellen Workouts erstellst, achte darauf, dass du Übungen für verschiedene Muskelgruppen auswählst. Idealerweise sollte immer eine Übung für die Beine, für das Gesäß, den Rumpf und den Rücken mit dabei sein. Versuche außerdem, die Übungen in eine Reihenfolge zu bringen, bei der die verschiedenen Muskelgruppen im Wechsel angesprochen werden. So können sich zum Beispiel deine Bauchmuskeln erholen, während du Kniebeugen machst, und anschließend haben deine Beine kurz Pause, wenn du im Schwimmer den Rücken arbeiten lässt.

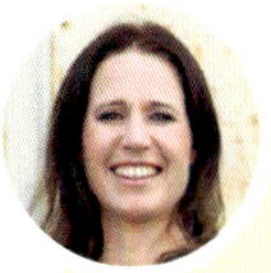

Drei Tipps für dein Ergänzungstraining

Vielen Läufer*innen fällt es schwer, sich für das Ergänzungstraining zu motivieren. Aber es ist genau wie mit dem Laufen: Wenn du es dir erstmal zur Gewohnheit gemacht hast, dann wird es viel leichter! Ich spreche aus Erfahrung und will dir deshalb noch ein paar Tipps geben, die für Daniel und mich super funktioniert haben.

Mein erster Tipp ist, dass du dir einen festen Trainingsplatz einrichtest, an dem du jederzeit sofort ins Training einsteigen kannst. Bei Daniel und mir sieht das so aus, dass wir morgens direkt nach dem Aufstehen unser Schlafzimmer in einen Trainingsraum verwandeln: Wir breiten unsere Yogamatten aus und legen unsere Faszienrollen und diverse Trainingstools bereit. Die Klimmzugstange im Türrahmen macht unser kleines Fitnessstudio komplett. Da wir mehrmals am Tag an unserer Schlafzimmertür vorbeigehen, werden wir immer wieder an das Ergänzungstraining erinnert und können später direkt loslegen, ohne erst noch etwas aufbauen und hervorholen zu müssen.

Als Nächstes solltest du dir überlegen, wie du das Ergänzungstraining zu etwas Besonderem machen kannst. Wenn du dich genauso auf dein Training freust wie auf dein morgendliches Kaffee-Ritual (oder was auch immer dir Freude bereitet), dann wirst du es im besten Falle kaum erwarten können, endlich loszulegen. Wir hören zum Beispiel während unserer Workouts (und nur dann) gemeinsam ein Hörbuch. So ist unsere Trainingszeit gleichzeitig Hörbuchzeit. Und wenn wir wissen wollen, wie es weitergeht, führt kein Weg an der nächsten Einheit vorbei! Natürlich funktioniert das auch mit deinem Lieblings-Album, einer motivierenden Playlist oder einem spannenden Podcast.

Und schließlich darfst du ruhig klein anfangen, um die Einstiegshürde so niedrig wie möglich zu halten. Denk daran, dass du eine Gewohnheit entwickeln möchtest. Dafür ist es entscheidend, dass du regelmäßig trainierst. Wie lang oder intensiv deine Workouts sind, ist dabei erstmal Nebensache. Wenn du dich partout nicht aufraffen kannst, dann nimm dir vor, zunächst nur 5 Minuten lang zu trainieren: Einmal Frontstütz, einmal Seitstütz, und dann noch ein paar Kniebeugen – du wirst sehen, dass aus den 5 Minuten schnell 10, 15 oder 20 werden. Und wenn nicht? Dann hast du immerhin dafür gesorgt, dass deine Serie nicht abreißt und du ein Kreuzchen in dein Trainingstagebuch machen kannst – und das ist VIEL besser als nichts!

MOTIVATION: WAS TREIBT DICH AN?

Wir sind jetzt fast am Ende des Laufteils in diesem Buch, aber über ein wichtiges Thema müssen wir noch sprechen: Wie schaffst du es, motiviert zu bleiben und die Laufschuhe nicht irgendwann wieder an den Nagel zu hängen?

Du erinnerst dich bestimmt an das Kapitel, mit dem wir dich auf deine Laufreise geschickt haben. Dort ging es um dein Selbstbild als Läufer*in und warum es so wichtig ist, dass du das Laufen zum Teil deiner Identität machst. Wir haben es dort schon geschrieben: Wenn du das geschafft hast, dann wird alles viel leichter, weil du nicht mehr jedes Mal aufs Neue die Frage beantworten musst, warum du jetzt laufen gehen solltest, wo du doch genauso gut die Füße hochlegen könntest.

Mit der Zeit wird noch etwas anderes passieren, das dir in die Karten spielt: Das Laufen wird zu einer Gewohnheit werden. Du wirst dich immer öfter dabei ertappen, dass du automatisch und ohne darüber nachzudenken deine Laufsachen anziehst, wenn du morgens aufstehst oder abends von der Arbeit nach Hause kommst. Weil du das eben immer so machst und es zu einem Teil deiner Routine geworden ist, genauso wie das Zähneputzen.

Je länger du dranbleibst, desto leichter wird dir also das Dranbleiben fallen. Im Umkehrschluss bedeutet das, dass die ersten Wochen und Monate oft die schwierigsten sind. In dieser kritischen Phase werfen viele Anfänger*innen das Handtuch und kommen deshalb gar nicht erst an den Punkt, an dem sich ihr Selbstbild verändern und eine Laufgewohnheit entstehen kann. Damit dir das nicht passiert, geben wir dir jetzt noch ein paar bewährte Tipps und Strategien mit auf den Weg, mit denen du jedes Motivationstief überwindest – oder es erst gar nicht so weit kommen lässt!

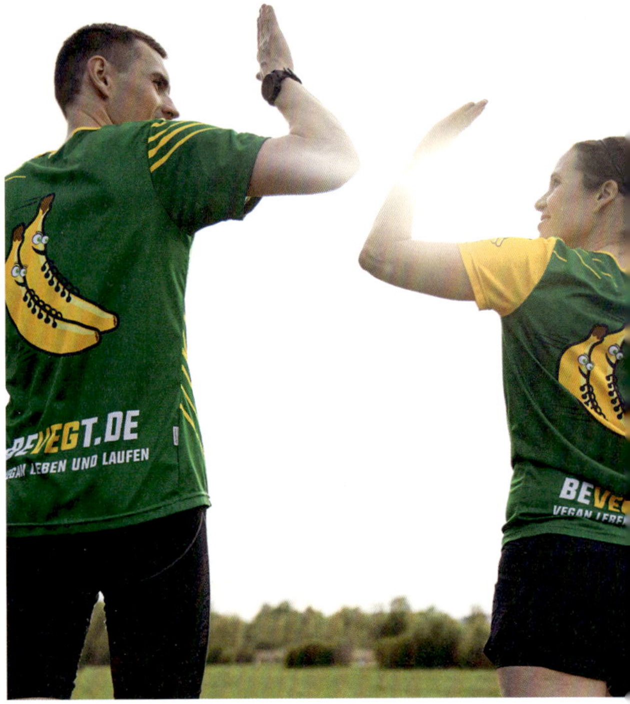

MACH DIR KLAR, WARUM DU LAUFEN MÖCHTEST

Als Erstes müssen wir ein weit verbreitetes Missverständnis aus der Welt schaffen: Motivation ist keine ominöse, unsichtbare Kraft, die du entweder besitzt oder eben nicht, oder die du mit irgendwelchen Tricks und Ritualen erst heraufbeschwören musst. Das Wort »Motivation« kommt von Motiv, dem Beweggrund. Wenn du den Wunsch hast, ein Läufer oder eine Läuferin zu sein, dann bist du deshalb der Definition nach bereits motiviert!

Das Problem ist somit nicht, dass uns die Motivation fehlt, sondern dass wir unsere Motivation mit der Zeit aus den Augen verlieren. Du kannst dem entgegenwirken, indem du einmal ganz bewusst in Worte fasst, warum du laufen möchtest. Damit du eine Vorstellung bekommst, wie das Ganze aussehen kann, wollen wir dir hier unsere eigenen Antworten auf die Frage nach dem Warum verraten:

»Ich laufe, weil ich das wohlige Gefühl der Erschöpfung nach dem Laufen liebe, weil ich meinen Körper so lange wie möglich fit halten will, weil es mir hilft den Alltagsstress hinter mir zu lassen und meine Gedanken zu sortieren, und weil ich beim Laufen immer wieder tolle Menschen kennenlerne.« (Daniel)

»Ich laufe, weil Laufen fast immer und überall möglich ist, weil ich dabei nach draußen komme und meine Umgebung entdecke, weil ich beim Laufen etwas über mich selbst lerne und meinen Körper spüre, und weil ich mich dabei gleichzeitig entspannen und auspowern kann.« (Katrin)

Deine persönliche Antwort kann zu einem Mantra werden, das du dir immer dann in Erinnerung rufst, wenn du dich lustlos fühlst und es dir schwerfällt, dich zum Laufen aufzuraffen. Außerdem hat diese kleine Übung den schönen Nebeneffekt, dass sie dir auch etwas über dich selbst verrät: Was treibt dich an? Was wünschst du dir? Was soll sich in deinem Leben verändern? Es gibt dabei kein Richtig und kein Falsch. Menschen laufen aus den verschiedensten Gründen, und das zeigt doch nur, wie vielfältig das Laufen ist!

AUFGABE: Nimm dir einen Stift und ein Blatt Papier und schreibe auf, warum du läufst bzw. warum du eine Läuferin oder ein Läufer sein möchtest. Halte dabei nichts zurück und sei ganz ehrlich zu dir selbst. Verinnerliche dein Warum, damit du es dir in schwierigen Situationen und Phasen wieder in Erinnerung rufen kannst.

LERNE, DEN ERSTEN SCHRITT ZU MACHEN

Was genau passiert eigentlich, wenn wir Motivationsprobleme haben? Wir spüren dann einen inneren Widerstand, der sich uns in den Weg stellt. Wir sind hin- und hergerissen zwischen der gemütlichen Couch auf der einen und einem schweißtreibenden Training auf der anderen Seite, vielleicht sogar bei Nieselregen, Wind und Dunkelheit.

Das Problem ist, dass wir in solchen Situationen keine objektiven Entscheidungen treffen können. Unsere Trägheit und die Gemütlichkeit unserer Wohnung sind in diesen Momenten viel stärker und greifbarer als die weiter entfernte Belohnung, die uns das Laufen verschaffen würde – zum Beispiel die Zufriedenheit, die sich einstellt, wenn wir nach dem Laufen unter der heißen Dusche stehen.

Doch sobald wir diesen inneren Widerstand überwinden und den ersten Schritt machen, dreht sich unsere Stimmung oft um 180 Grad: Schon nach wenigen hundert Metern sind wir froh, dass wir uns aufgerafft haben, und nach dem Lauf sind wir stolz auf uns und fühlen uns großartig. Es geht bei Motivationsproblemen also genau genommen immer nur um den ersten Schritt. Und das können wir beim Laufen sogar ganz wörtlich nehmen: In dem Moment, in dem du den ersten Laufschritt machst, hast du den Kampf gegen den inneren Widerstand gewonnen und wirst deinen Lauf auch zu Ende bringen. Der vegane Extremsportler Rich Roll[6] hat dieses Phänomen mit der Formel »Mood follows Action« auf den Punkt gebracht: Warte nicht, bis du in der richtigen Stimmung fürs Laufen bist, sondern laufe einfach los – dann wird sich die richtige Stimmung ganz von alleine einstellen!

Du kannst dir diese Erkenntnis mit der »Erster-Schritt-Methode« zunutze machen. Bei dieser Methode geht es nur darum, den ersten kleinen Schritt in Richtung deines Trainingslaufs zu machen, und dann den nächsten ... und den nächsten – ohne gleich an den ganzen Lauf und an die Kilometer zu denken, die heute auf deinem Plan stehen. Also: Zieh dir deine Laufklamotten an, ohne daran zu denken, dass du gleich nach draußen gehst. Dann geh nach draußen, ohne daran zu denken, dass du gleich loslaufen wirst. Laufe los, ohne daran zu denken, wie viele Kilometer nun vor dir liegen.

Es ist wie eine Meditation: Denk einfach nur bis zur nächsten Straßenecke. Du wirst sehen, dass du schon nach ein paar hundert Metern

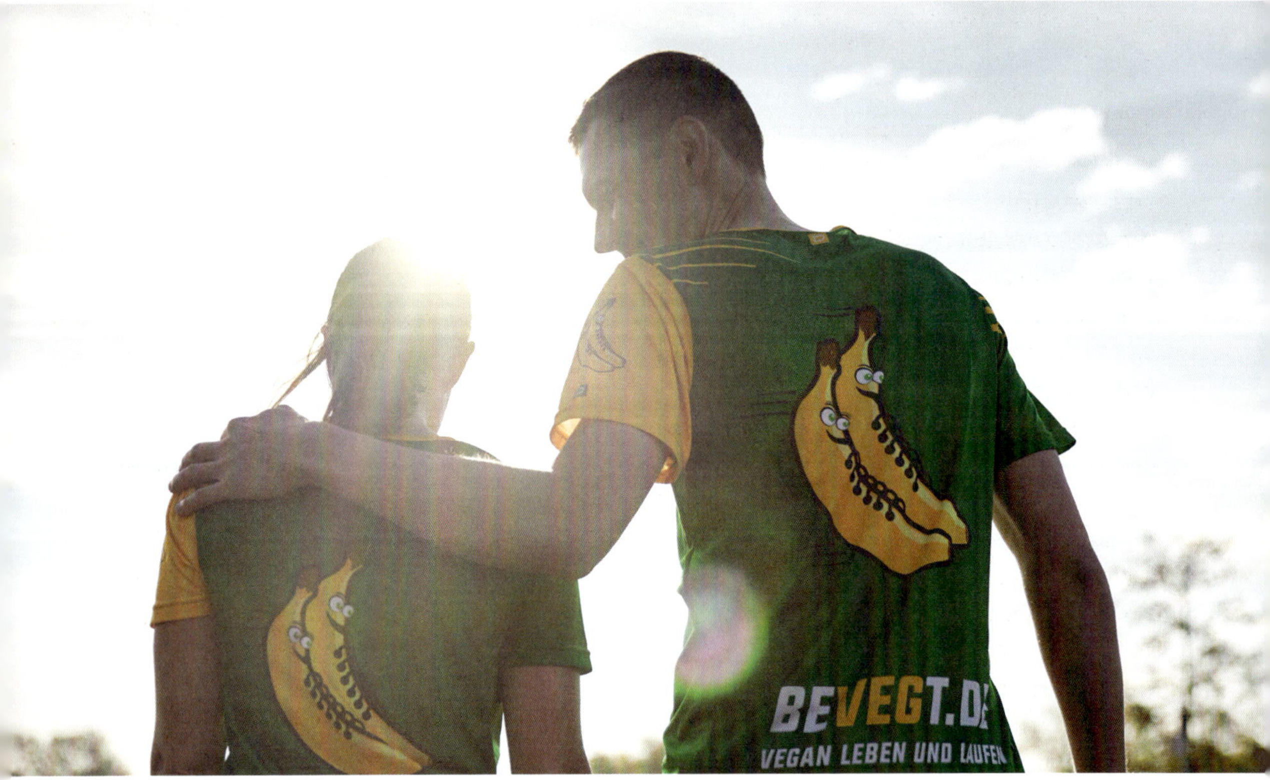

in deinen Laufflow kommst und komplett vergessen hast, wieso du dich gerade noch vor dem Laufen drücken wolltest. Die Erster-Schritt-Methode mag wie ein völlig banaler Tipp klingen. In Wahrheit ist es aber der beste Motivationstipp, den wir dir überhaupt geben können. Wenn du diese Methode verinnerlichst, wirst du nie wieder Motivationsprobleme haben!

BLEIB NICHT ALLEIN

Diesen Tipp hast du bestimmt schon einmal gehört, aber er ist so wichtig, dass er auch hier nicht fehlen darf: Bleib nicht allein, sondern umgib dich mit Menschen, die das Laufen lieben, mit denen du dich austauschen und von denen du dich inspirieren lassen kannst! Alles wird leichter, wenn wir es gemeinsam mit anderen tun, und das Laufen ist da keine Ausnahme.

Beim Laufen nicht allein zu bleiben kann bedeuten, dass du dir einen möglichst gleich starken Laufpartner oder eine Laufpartnerin suchst oder dich einer Laufgruppe anschließt. Wenn du verabredet bist und weißt, dass jemand auf dich wartet, dann lässt du ein Training nicht einfach ausfallen, nur weil du gerade keine Lust hast oder dich unmotiviert fühlst. Du wirst auch merken, dass die Zeit viel schneller vergeht, wenn du mit anderen Menschen läufst, und dass sich das Laufen durch die Ablenkung weniger anstrengend anfühlt.

Aber nicht nur die reale, sondern auch die virtuelle Welt bietet dir jede Menge Möglichkeiten, Gleichgesinnte kennenzulernen und dich als Teil der großen Laufgemeinschaft zu fühlen. Du kannst dich auf Instagram, Strava oder Facebook mit anderen Läufer*innen vernetzen oder in Online-Laufforen mitlesen und -schreiben. Unsere eigene Laufcommunity ist das **Team beVegt.de**, das du auf Facebook findest. Du bist herzlich in die Gruppe eingeladen, und kannst dort von deinen Erfolgen und Fortschritten berichten, Fragen stellen oder dich einfach von den Beiträgen und Leistungen der anderen Mitglieder inspirieren lassen.

SETZ DIR EIN ZIEL

Natürlich müssen wir in diesem Kapitel zur Motivation auch kurz über Ziele sprechen. Es gibt grundsätzlich zwei unterschiedliche Arten von Zielen, die du dir setzen kannst: Ergebnisziele und Prozessziele. Bei Ergebniszielen liegt der Fokus auf einem bestimmten Zustand oder einem Erfolg, den du irgendwann in der Zukunft erreichen möchtest. Wenn du dir zum Beispiel vornimmst, einen Marathon zu finishen oder eine neue persönliche Bestzeit aufzustellen, dann sind das Ergebnisziele. Solche Ziele verursachen im besten Fall ein Kribbeln im Bauch, wenn du an sie denkst. Sie können deshalb sehr motivierend sein! Ihr Nachteil ist, dass sie dir nichts darüber sagen, wie du sie erreichen sollst.

Hier kommen die Prozessziele ins Spiel, bei denen es um die konkreten Schritte und Dinge geht, die du tun möchtest, um ein bestimmtes Ergebnis zu erreichen. Wenn du von einem Marathon träumst, dann könnte dein Prozessziel lauten, vier Mal pro Woche laufen zu gehen und jeden Sonntag einen langen Lauf zu machen. Man könnte also sagen: Ergebnisziele führen dir vor Augen, wo du hin willst, und Prozessziele führen dir vor Augen, was du dafür tun musst.

Aber welche Art von Zielen solltest du dir nun setzen? Die Antwort: Beide! Prozess- und

Ergebnisziele gehen Hand in Hand und lassen sich perfekt miteinander kombinieren. Hier sind drei Beispiele, wie das aussehen könnte:

- »Ich werde im Sommer einen Halbmarathon finishen (Ergebnisziel), und dafür vier Mal pro Woche laufen gehen (Prozessziel).«
- »Ich will in drei Monaten 60 Minuten am Stück laufen können (Ergebnisziel), werde dafür ab sofort drei Mal pro Woche trainieren und mich langsam an immer längere Läufe herantasten (Prozessziel).«
- »Ich will meine Bestzeit über 10 Kilometer knacken (Ergebnisziel) und werde dafür jede Woche ein Tempotraining sowie zwei Kraft-Workouts durchziehen (Prozessziel).«

Der Ergebnisteil wird dich langfristig motivieren und gibt dir etwas, worauf du hinarbeiten kannst. Der Prozessteil sagt dir jeden Tag, was du konkret tun musst, um deinem Ziel wieder ein kleines Stück näher zu kommen.

> *AUFGABE: Formuliere dir ein sportliches Ziel, auf das du in den nächsten 3–6 Monaten hinarbeiten möchtest, und schreib auf, was du konkret tun wirst, um es zu erreichen.*

HAB SPASS UND VERMEIDE DIE VERGLEICHSFALLE

Unser letzter Tipp ist gleichzeitig der Wichtigste: Denk immer daran, dass das Laufen dein Hobby ist, und dass es vor allem darum geht, Spaß und positive Erlebnisse zu haben! Natürlich bedeutet das nicht, dass jedes Training eine Flut von Glückshormonen in dir auslösen muss. Aber

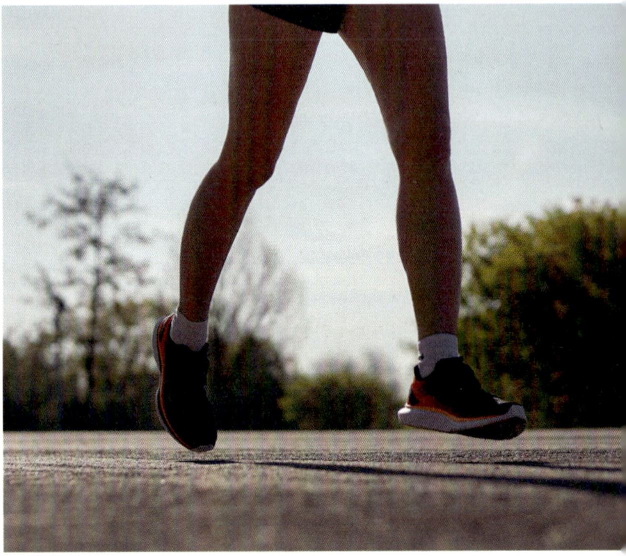

deine generelle Einstellung zum Sport sollte von Freude geprägt sein anstatt von Leistungsdenken und Verbissenheit.

Aus eigener Erfahrung und dem Austausch mit vielen anderen Läufer*innen wissen wir, dass dies leichter gesagt als getan ist. Oft nehmen wir uns unsere Misserfolge zu Herzen und ärgern uns darüber, wenn wir unseren eigenen Ansprüchen nicht genügen. Und dann ist da noch das ewige Vergleichen mit den anderen, das wir im Kapitel zu den Anfängerfehlern schon angesprochen haben.

Auf die Gefahr hin dass wir uns wiederholen: Schau vor allem auf dich selbst. Fokussiere dich immer nur auf den nächsten Schritt, den nächsten Lauf, das nächste Workout. Wenn du dich unbedingt vergleichen willst, dann vergleiche dich mit deinem früheren Ich, das noch nicht regelmäßig die Laufschuhe geschnürt hat. Aber vor allem solltest du dir deine schwachen Momente nicht allzu sehr zu Herzen nehmen, sondern stolz darauf sein, was du schon alles erreicht hast!

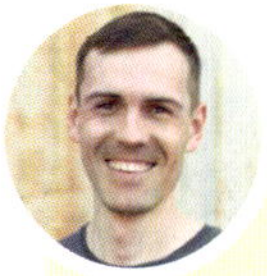

Die besten Ziele

Wenn du uns fragst, dann erkennt man die besten Ziele daran, dass sie ein Kribbeln in der Magengegend auslösen. Selbstverständlich haben auch die kleinen, realistischen, vernünftigen Ziele ihre Berechtigung – aber für uns gibt es einfach nichts Besseres als dieses aufregende Gefühl, wenn wir uns etwas richtig Großes in den Kopf gesetzt haben. Zu wissen, dass ein Scheitern im Bereich des Möglichen liegt, macht die Sache nur noch reizvoller.

Der Boston Marathon war zum Beispiel so ein Ziel, das uns gleich mehrere Jahre lang inspiriert hat (und es immer noch tut). Der Boston Marathon ist der älteste Stadtmarathon der Welt, und wenn man dort an den Start gehen will, muss man sich zunächst bei einem anderen Rennen dafür qualifizieren. Die erforderlichen Qualifikationszeiten haben es in sich und stellen für die meisten Hobbyläufer*innen ein unüberwindliches Hindernis dar. Es war deshalb ein ganz besonderer Erfolg für uns, als wir die Qualifikation endlich beide in der Tasche hatten und uns im April 2013 unseren Traum vom Boston-Finish erfüllen konnten. Leider war es das Jahr mit dem fürchterlichen Bombenanschlag, und wir haben bis heute das Gefühl, dass wir irgendwann noch einmal zurückkehren müssen, um unsere Boston-Marathon-Geschichte zu einem positiven Abschluss zu bringen. Es ist also ein Ziel, das uns immer noch begleitet!

Deine großen, aufregenden Ziele können aber auch »handgemacht« sein und direkt vor deiner Haustüre starten. Im Sommer 2013 haben wir ein paar Lauffreund*innen eingeladen, gemeinsam mit uns auf dem Frankfurter Grüngürtel die Stadt zu umrunden: 65 Kilometer anlässlich unseres gemeinsamen 65. Geburtstags. Ein wunderbares Erlebnis, bei dem wir uns gegenseitig motiviert haben und als Team über uns hinausgewachsen sind.

Eine andere verrückte Idee haben wir Anfang März 2014 in die Tat umgesetzt: In drei Tagen sind wir den 160 Kilometer langen Taunushöhenweg abgelaufen, und haben dabei unsere gesamte Verpflegung und Wechselkleidung auf dem Rücken getragen. Völlig am Ende unserer Kräfte, mit müden Beinen und schmerzenden Füßen standen wir schließlich wieder vor unserer Haustür – aber die Erinnerung an dieses Abenteuer wird uns ewig erhalten bleiben!

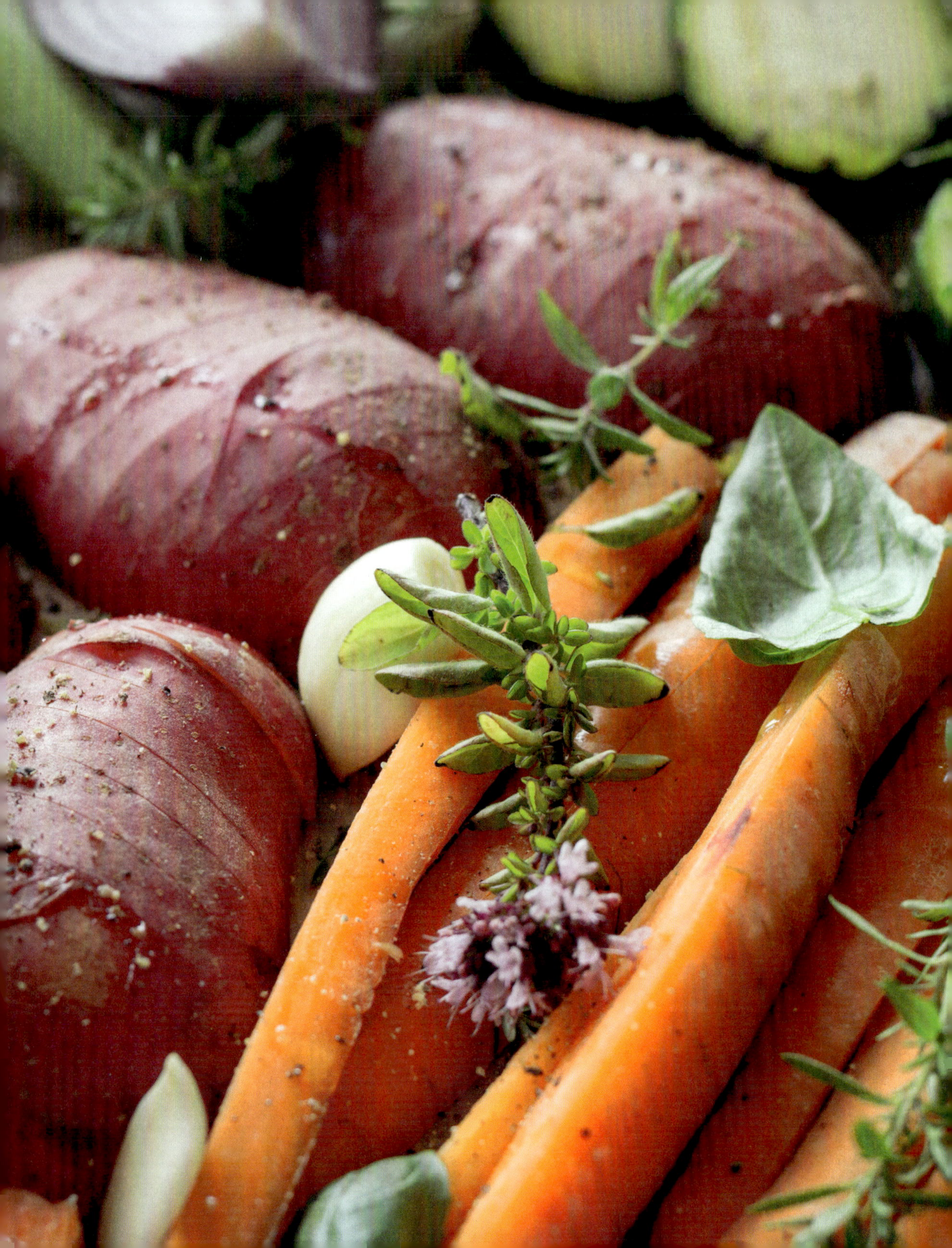

VEGAN

VEGAN

Mach dich bereit für eine vegane Entdeckungsreise! Im zweiten Teil dieses Buchs befassen wir uns mit den wichtigsten pflanzlichen Lebensmitteln und den Grundlagen einer gesunden veganen Ernährung. Du wirst mit der Formel für das perfekte pflanzliche Gericht experimentieren, dein Nährstoffwissen auffrischen und die Basics der veganen Sporternährung kennenlernen.

WARUM ÜBERHAUPT VEGAN LEBEN?

Lass uns mit einer grundlegenden Frage starten: Warum sollte man sich überhaupt vegan ernähren? Oder sogar vegan leben, also zum Beispiel auch auf Schuhe aus Leder, Pullis aus Schurwolle oder Zoobesuche verzichten? Wenn du deine persönliche Antwort auf diese Frage bereits kennst, dann kannst du dieses Kapitel natürlich überspringen. Auf der anderen Seite kann es – genau wie beim Laufen – eine gute Idee sein, sich hin und wieder ganz bewusst mit der eigenen Motivation auseinanderzusetzen. Wir laden dich deshalb ein, mit uns zusammen noch einmal einen kurzen Blick auf die verschiedenen Gründe für eine vegane Ernährungs- und Lebensweise zu werfen.

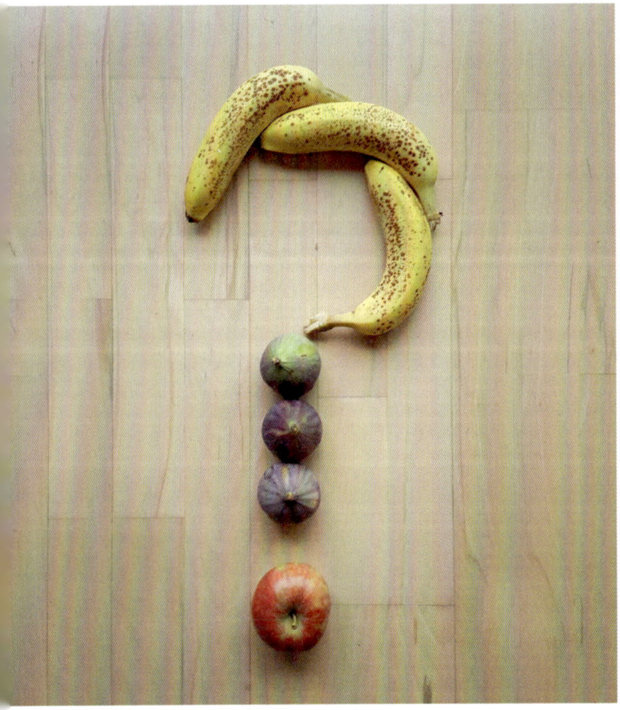

ETHIK

Der von Veganer*innen in Umfragen am häufigsten genannte Beweggrund ist das Tierleid, das bei der Herstellung tierischer Lebensmittel und anderer Konsumprodukte, aber auch in Zoos oder in Zirkussen mit (Wild-)tieren verursacht wird.[7] Viele vegan lebende Menschen möchten nicht länger dafür verantwortlich sein, dass Tiere für ihren persönlichen Nutzen leiden und sterben müssen.

Diese ethische bzw. moralische Begründung ist für den klassischen Veganismus so zentral, dass sie sogar im Mittelpunkt einer häufig zitierten Definition der Vegan Society steht, der ältesten veganen Gesellschaft der Welt. Die Vegan Society versteht Veganismus als ...

»... eine Philosophie und Lebensweise, die versucht – soweit wie möglich und praktikabel – alle Formen der Ausbeutung von und Grausamkeit gegenüber Tieren für Essen, Kleidung und andere Zwecke zu vermeiden.«[8]

Unnötiges Tierleid zu vermeiden ist auch für uns beide bis heute der wichtigste Grund, vegan zu leben. Natürlich wussten wir auch früher schon, dass für das Fleisch und die Wurst auf unserem Teller Tiere geschlachtet werden – aber wie die meisten anderen Menschen haben wir das lange Zeit erfolgreich ausgeblendet. Oder besser gesagt: Wir fanden es völlig normal und haben es nie in Frage gestellt. Das änderte sich erst im Jahr 2010, als wir durch verschiedene Zufälle anfingen, uns näher mit unserer Ernährung und der Herkunft unserer Lebensmittel zu beschäftigen.

Was wir damals aus Blogs, Büchern und Filmen über die Zustände in der Massentierhaltung und über den Umgang mit den sogenannten Nutztieren lernten, hat uns richtig schockiert:

Zum Beispiel, dass allein in Deutschland mehr als 700 Millionen Tiere pro Jahr geschlachtet werden.[9] Oder dass die männlichen »Geschwister« der Legehennen direkt nach dem Schlüpfen getötet werden, weil sie keinen wirtschaftlichen Wert haben. Oder dass wir nur deshalb Kuhmilch trinken können, weil die Milchkühe nahezu durchgängig trächtig gehalten werden und man die Kälber kurz nach der Geburt schon wieder von ihren Müttern trennt, um sie zu mästen und zu Kalbfleisch zu verarbeiten. Nachdem wir diese Dinge erfahren hatten, war uns klar, dass wir nicht einfach weitermachen konnten wie bisher, und dass wir dieses System nicht länger unterstützen wollten. Das war der Beginn unseres eigenen veganen Weges.

ÖKOLOGIE UND WELTHUNGER

Die Entscheidungen, die wir hinsichtlich unserer Ernährung treffen, wirken sich aber nicht nur auf die Tiere, sondern auch auf die Umwelt aus. Die Tierhaltung verursacht heutzutage mehr Treibhausgasemissionen als das gesamte, weltweite Transportwesen, einschließlich des Flugverkehrs.[10] Ein großer Teil der globalen Getreide- und Sojaernte wird an Nutztiere verfüttert. Dieser Umweg über das Tier – man spricht dabei auch von »Veredelung« – ist unglaublich ineffizient und verschwenderisch: Um ein Kilogramm tierisches Protein zu erzeugen müssen im Fall von Rindfleisch beispielsweise bis zu 17 Kilogramm pflanzliches Protein eingesetzt werden.[11] Die an die Tiere verfütterten Kalorien stehen dann nicht mehr als Nahrung für den Menschen zur Verfügung, sodass die Nutztierhaltung auch zur Welthungerproblematik beiträgt. Und schließlich fallen bei der Intensivtierhaltung enorme Mengen an Gülle an, deren Entsorgung höchst problematisch ist. In vielen Fällen wird einfach mehr Gülle auf die Felder ausgebracht als diese aufnehmen können, was zur Übersäuerung der Böden und einer erhöhten Nitratbelastung des Grundwassers führt.[12]

Das ökologische Problem wird dadurch verschärft, dass der weltweite Fleischkonsum aufgrund des Bevölkerungswachstums und steigender Einkommen auf absehbare Zeit weiter zunehmen wird. Für viele Veganer*innen ist deshalb auch der Wunsch, den eigenen ökologischen Fußabdruck zu reduzieren, ein wichtiger Beweggrund für eine pflanzliche Ernährung.

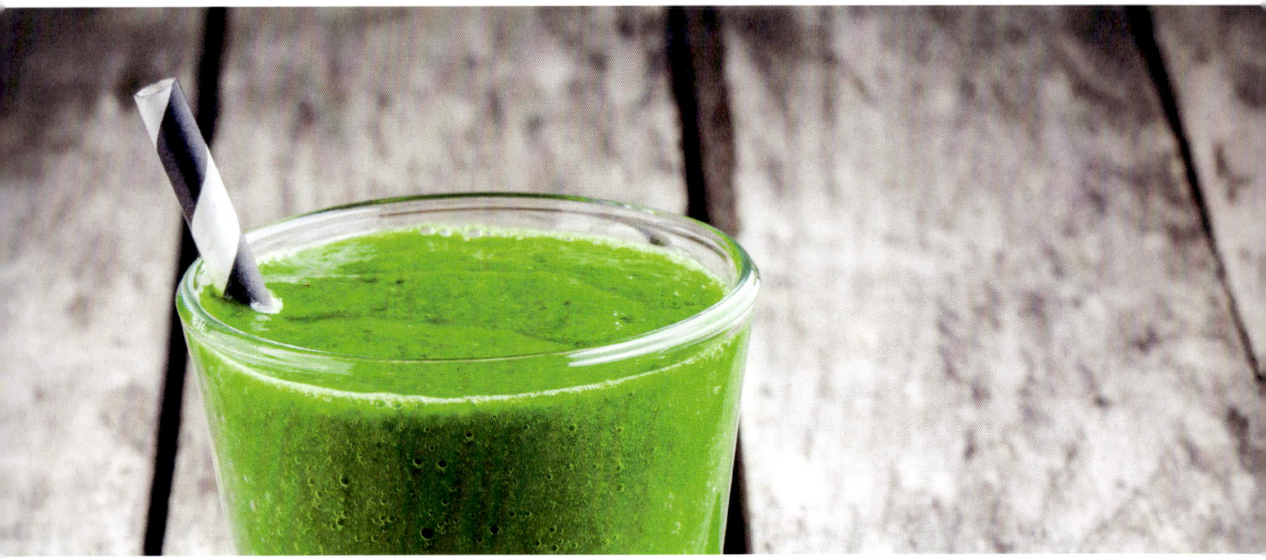

GESUNDHEIT

Ein weiteres, sehr häufig genanntes Motiv ist die eigene Gesundheit. Für Menschen, die sich noch nie mit der veganen Ernährung beschäftigt haben, ist das wahrscheinlich etwas überraschend – schließlich ist ja die Vorstellung immer noch weit verbreitet, dass eine Ernährung ohne Fleisch, Milch und Co. fast schon zwangsläufig zu einem Nährstoffmangel führen muss. Dass diese Annahme unbegründet ist, bestätigen inzwischen aber viele bedeutende Ernährungsorganisationen aus der ganzen Welt, darunter die Academy of Nutrition and Dietetics (USA), die Dieticians of Canada, das National Health and Medical Research Council of Australia oder die British Nutrition Foundation.[13]

Die Diskussion über den gesundheitlichen Wert einer veganen Ernährung wird dadurch erschwert, dass dabei häufig Extrembeispiele herangezogen werden, und zwar von beiden Seiten: Eine abwechslungsreiche pflanzliche Ernährung mit der typischen, auf Fast- und Convenience Food basierenden westlichen Zivilisationskost zu vergleichen ist genauso unsinnig wie der umgekehrte Vergleich zwischen einer vollwertigen Mischkost und einer »Puddingveganer-Ernährung« aus veganen Süßigkeiten und Fertigprodukten. Fakt ist, dass man sich sowohl vegan als auch mischköstlich sehr gesund oder eben auch sehr ungesund ernähren kann, und dass weder die eine noch die andere Ernährungsweise aus gesundheitlicher Sicht grundsätzlich besser ist.

Es steht aber außer Frage, dass sich der Umstieg auf eine pflanzliche Ernährung positiv auf die Gesundheit auswirken kann. Wir haben zum Beispiel damals nicht einfach nur aufgehört, tierische Lebensmittel zu essen, sondern uns auch zum ersten Mal ganz bewusst mit unserer Ernährung auseinandergesetzt. Wir hatten richtig Lust, neue Lebensmittel und Gerichte auszuprobieren, und lernten dabei viel über das Kochen mit frischen Zutaten. Plötzlich landeten auch häufiger Vollkorn- statt Weißmehlprodukte auf unserem Teller. Wir entdeckten unsere bis heute anhaltende Liebe zu Hülsenfrüchten und schafften auf einmal spielend die von der Deutschen Gesellschaft für Ernährung empfohlenen[14] 5 Portionen Obst und Gemüse am Tag.

Aus dem Austausch mit anderen Veganer*innen wissen wir, dass viele von ihnen das ganz ähnlich erlebt haben wie wir – mit der Folge, dass sie sich heute bewusster ernähren als früher, und auch besser über die Grundlagen einer gesunden Ernährung Bescheid wissen. In diesem Sinne kann der Schritt zu einer pflanzlichen Ernährung also auf jeden Fall auch ein Schritt zu einem gesünderen Leben sein!

GIBT ES BESSERE UND SCHLECHTERE GRÜNDE FÜR DEN VEGANISMUS?

Studien zeigen, dass die meisten Veganer*innen von verschiedenen Beweggründen angetrieben werden.[15] Bei uns ist es genauso: Wir leben zwar vor allem aus ethischen Gründen vegan, aber wir freuen uns auch darüber, dass wir durch die pflanzliche Ernährung unseren ökologischen Fußabdruck reduzieren können und uns die Umstellung dazu gebracht hat, dass wir uns heute viel abwechslungsreicher und vollwertiger ernähren als früher.

Aber spielt es überhaupt eine Rolle, aus welchen Gründen man sich dazu entschließt, vegan zu leben? Gibt es sozusagen bessere und schlechtere Gründe für den Veganismus? Du hast wahrscheinlich gemerkt, dass einige der vorgestellten Beweggründe unserer Meinung nach handfester und schwerer zu widerlegen sind als andere. Wir finden das ethische Argument zum Beispiel sehr stark, weil wohl nur die wenigsten Menschen abstreiten würden, dass Tiere Schmerzen empfinden können und wir ihnen kein unnötiges Leid zufügen sollten. Das Gesundheitsargument für den Veganismus ist dagegen leichter zu entkräften, weil eine gesunde Ernährung eben auch mit einem gewissen Anteil an tierischen Lebensmitteln möglich ist, und man ja auch einfach sagen könnte, dass einem der Genuss eines Steaks wichtiger ist als ein möglichst langes und gesundes Leben.

Wenn wir sagen, dass einige Gründe für den Veganismus stärker sind als andere, dann meinen wir damit aber ausschließlich, dass sie sich unseres Erachtens besser eignen, um für eine vegane Lebensweise zu argumentieren. Es heißt nicht, dass es besser ist, aus dem einen Grund vegan zu werden als aus dem anderen. Für uns steht zwar die ethische Motivation im Vordergrund, aber es ist uns ziemlich egal, warum sich andere Menschen für eine vegane Ernährung oder Lebensweise entscheiden. Genauso wie es dem Schwein, dem Huhn oder dem Rind egal sein dürfte, aus welchen Gründen es nicht gegessen wird.

Ganz gleich also ob du dich aus ethischen, ökologischen, gesundheitlichen oder anderen Gründen für eine vegane Ernährung entscheidest: Die Hauptsache ist, dass es dir damit gut geht, dass du Freude an deiner Ernährung hast und auch der Genuss nicht zu kurz kommt. All das ist möglich, und es ist noch nicht einmal besonders kompliziert. In den nächsten Kapiteln zeigen wir dir Schritt für Schritt, wie es geht!

> *AUFGABE: Nimm dir einen Moment Zeit und denke darüber nach bzw. schreibe auf, warum du vegan leben möchtest (oder es bereits tust).*

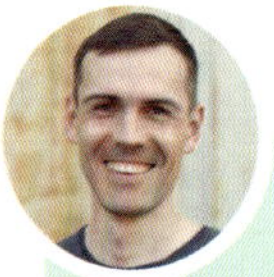

Das vegetarische Selbstexperiment

Frag 100 Menschen, wie sie zur veganen Lebensweise gekommen sind, und du wirst 101 Geschichten hören. Unsere beginnt im Sommer 2010 mit einer Karotte mit Schweißband und Laufschuhen – dem Logo des amerikanischen Blogs »No Meat Athlete« von Matt Frazier.[16] Ich war auf der Suche nach Erfahrungsberichten zu einem Trinkrucksack ganz zufällig über die Seite gestolpert und irgendwie dort hängengeblieben. Matt war damals gerade zum Vegetarier geworden und hatte im Jahr zuvor mit der Qualifikation für den prestigeträchtigen Boston Marathon sein großes sportliches Ziel erreicht.

In seinen Beiträgen berichtete Matt auf sehr sympathische Weise über seinen Weg zur »BQ«, wie die erfolgreiche Boston-Qualifikation in Insiderkreisen auch genannt wird. Aber er schrieb auch über die Gründe, warum er als leidenschaftlicher Hobbykoch und bekennender Fleischliebhaber den Entschluss gefasst hatte, zum vegetarischen (und später veganen) »No Meat Athlete« zu werden. Und er ließ seine Leser*innen mit unterhaltsamen Texten und unkomplizierten Rezepten an seinen ersten pflanzlichen Kochversuchen teilhaben.

Für mich war Matt das perfekte Vorbild: Er war mir sowohl als Läufer als auch in Sachen Ernährung jeweils einen kleinen Schritt voraus, aber weder ein unerreichbarer Superathlet noch ein unfehlbarer Ernährungsguru. Er war einfach jemand, dem es Spaß machte, Dinge auszuprobieren, sich zu verändern und sich immer wieder neue persönliche und sportliche Ziele zu stecken. Damit konnte ich mich zu 100 Prozent identifizieren, und so gab Matt mir damals den entscheidenden Anstoß für eine der größten Veränderungen meines bisherigen Lebens: Den Schritt hin zu einer vegetarischen und schließlich veganen Ernährung.

Und Matt lieferte mir auch gleich das ideale Werkzeug für diese Veränderung, denn ich lernte auf seinem Blog das Prinzip des Selbstexperiments kennen. Bei einem Selbstexperiment geht es darum, für einen vorher festgelegten Zeitraum – oft sind es vier Wochen oder ein Monat – genau eine Sache anders zu machen als sonst. Das Ziel ist gar nicht unbedingt, dass man die Veränderung anschließend auf jeden Fall beibehält, sondern es geht vor allem ums Ausprobieren und Lernen. Auf diese Weise nimmt einem das Selbstexperiment den Druck, sich endgültig von liebgewonnenen Gewohnheiten verabschieden zu müssen, weil es eben immer die Hintertür offen lässt, dass man am Ende ja einfach wieder alles zurück auf Anfang stellen kann.

Das Spannende ist aber, dass Selbstexperimente häufig eine überraschende Eigendynamik entwickeln. So war es auch bei meinem eigenen vegetarischen Selbstexperiment, das am 15. August 2010 begann. Ursprünglich war mein Plan, einen Monat lang kein Fleisch zu essen und zu sehen, wie ich mich damit fühlen würde. Katrin schloss sich mir nach der ersten Woche an, und dann nahm die Sache plötzlich richtig Fahrt auf: Gemeinsam lasen wir uns immer tiefer in die ethischen, ökologischen und gesundheitlichen Hintergründe unserer Ernährung ein, schauten uns Dokumentationen über die Nutztierhaltung an, probierten neue Lebensmittel aus und versuchten uns (mal mehr und mal weniger erfolgreich) an der noch etwas ungewohnten Zubereitung vegetarischer und veganer Gerichte. Noch vor Ablauf unseres Selbstexperiments war uns klar, dass es kein Zurück mehr für uns gab, und dass wir diesen Weg sogar noch weiter gehen wollten und zukünftig vegan leben würden.

Rückblickend war das eine unglaublich aufregende Zeit, in der wir viele Dinge aus einer neuen Perspektive betrachteten und echte Aufbruchstimmung verspürten. Wir haben damals erfahren, dass Veränderung nichts ist, wovor man Angst haben muss, sondern dass sie im Gegenteil unser Leben bereichern kann. Dass es nicht weh tut, sich selbst zu hinterfragen und – wenn einem nicht gefällt, was man dabei entdeckt – einen neuen Kurs einzuschlagen. Wenn du also mal das Gefühl hast, dass dir eine Veränderung zu groß erscheint und dich überfordert, dann denk daran, dass du einfach ein Selbstexperiment mit offenem Ausgang daraus machen kannst. Stell das Ausprobieren, Lernen und Entdecken in den Vordergrund, und dann kannst du eigentlich überhaupt nicht scheitern, weil du immer irgendetwas für dich mitnehmen wirst. ■

DIE WICHTIGSTEN VEGANEN LEBENSMITTEL

Kommen wir jetzt aber mal so langsam von der Theorie zur Praxis. Wenn andere Menschen erfahren, dass wir uns vegan ernähren, dann stellen sie uns oft als erstes diese Frage: »Ihr seid vegan? Was könnt ihr dann eigentlich noch essen?« Unsere Antwort: »Zum Glück jede Menge!« Und auch die folgende Frage haben wir tatsächlich schon gehört: »Wo kauft man denn vegane Lebensmittel ein?« Dahinter verbirgt sich wohl die Vorstellung, dass Veganer*innen sich nur von exotischen Superfoods oder speziell für sie angefertigten Ersatzprodukten ernähren können.

Aber das ist natürlich Unsinn. Wir essen ganz normale Lebensmittel, die wir in ganz normalen Super- oder Biomärkten kaufen. In diesem Kapitel wollen wir dir einen Überblick über die wichtigsten Vorräte und frischen Lebens-

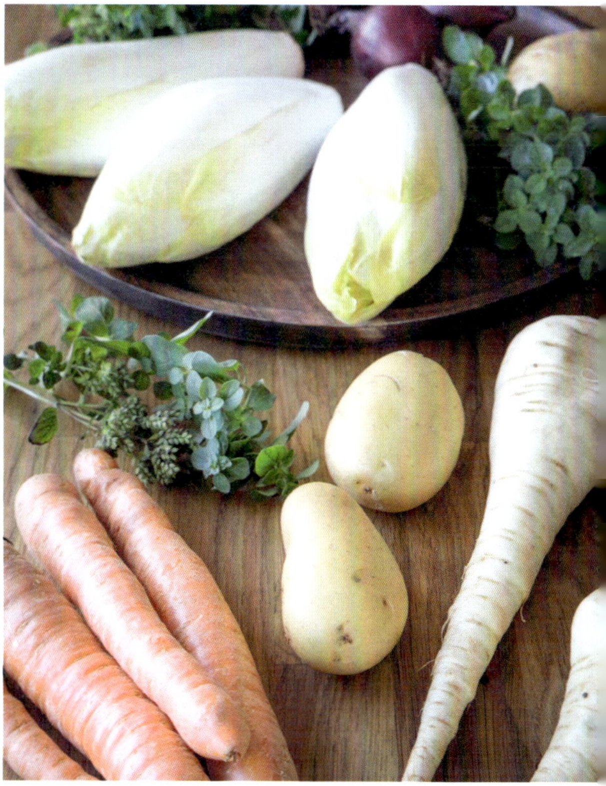

mittel geben, die wir eigentlich immer zu Hause haben. Mit dieser Grundausstattung kannst du dir jederzeit leckere, nährstoffreiche Gerichte zubereiten und auch zwischendurch deinen Hunger stillen.

Natürlich handelt es sich hier nicht um eine erschöpfende Auflistung. Wenn man alle existierenden pflanzlichen Lebensmittel auf ein paar wenigen Seiten unterbringen könnte, wäre das in der Tat ziemlich enttäuschend. Es ist deshalb gut möglich, dass du einige Dinge auf unserer Liste vermissen wirst und andere überflüssig findest. Das ist völlig okay und zeigt nur, dass auch im Rahmen einer veganen Ernährung ausreichend Platz für unterschiedliche Geschmäcker ist. Nutze diese Liste also am besten wie einen Basis-Einkaufszettel und verändere bzw. ergänze sie ganz nach deinen persönlichen Bedürfnissen und Vorlieben.

GEMÜSE

Beim Gemüsekauf lässt du dich am besten vom Saisonkalender leiten, denn saisonale Sorten schmecken nicht nur besser, sondern haben oft auch eine bessere Klimabilanz als Lagerware.[17] Außerdem sorgst du so ganz automatisch für Abwechslung im Jahresverlauf. Wenn dir das schwer fällt und du aus Gewohnheit immer wieder zu den gleichen Sorten greifst, dann probiere es doch mal mit einem saisonalen Gemüseabo, bei dem du regelmäßig eine bunt gemischte Gemüsekiste erhältst – oft sogar inklusive passender Rezeptvorschläge. Wir haben das mehrere Jahre lang gemacht und dabei viele neue Sorten entdeckt und lieben gelernt. Inzwischen sind wir Mitglieder in einer solidarischen Landwirtschaft[18], wo wir uns einmal in der Woche unseren Anteil an der jeweiligen Ernte abholen dürfen.

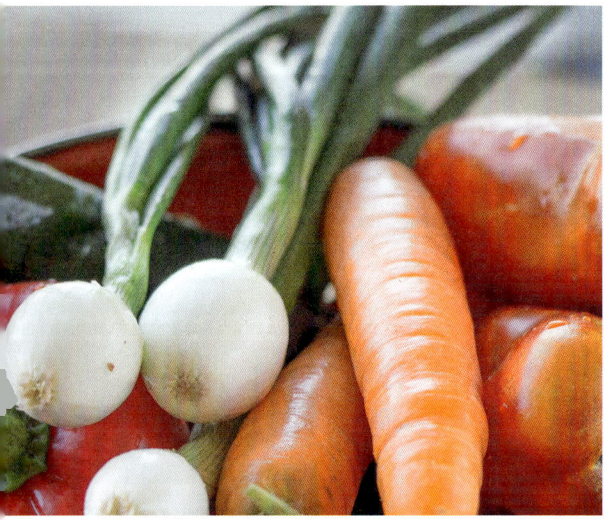

- Frisches saisonales Gemüse, z. B. Kartoffeln, Karotten, Brokkoli, Tomaten, Gurken, Sellerie, Zucchini, Kürbis, Paprika, Weißkohl, Rotkohl, Grünkohl, Spitzkohl, Rote Bete, Knoblauch, Zwiebeln, Lauch, Mangold, Fenchel, Radieschen, Pilze, Kohlrabi und verschiedene Salatsorten
- Passierte, geschälte und getrocknete Tomaten sowie Tomatenmark

Eine Notfallration an Tiefkühlware[19] sorgt dafür, dass du immer Gemüse zu Hause hast und dir jederzeit ein schnelles Gericht zubereiten kannst – auch wenn du mal einige Tage lang nicht zum Einkaufen gekommen bist.

GETREIDE UND PSEUDOGETREIDE

Getreide und die daraus hergestellten Lebensmittel sind nicht nur unglaublich vielseitig, sondern oft auch lange haltbar und deshalb perfekt für die

Vorratshaltung geeignet. Als Getreide im eigentlichen Sinn bezeichnet man die Körnerfrüchte von Pflanzen aus der Familie der Süßgräser. Daneben gibt es noch die sogenannten »Pseudogetreide«, die nicht zu den Süßgräsern gehören, aber ganz ähnlich verwendet werden können. Die Pseudogetreide enthalten im Gegensatz zum »echten« Getreide kein Gluten, was sie zu guten Alternativen für Menschen mit einer Zöliakie macht.

Grundsätzlich gilt, dass Getreide umso gesünder ist, je weniger es verarbeitet wurde. Ideal sind deshalb Vollkornprodukte, in denen alle Bestandteile des Korns inklusive der Schale enthalten sind, und die somit einen höheren Gehalt an Ballast- und Nährstoffen aufweisen. Du wirst in unserer Liste aber auch einige stärker verarbeitete Getreideprodukte finden, die wir ebenfalls gerne verwenden – und zwar ganz ohne schlechtes Gewissen.

- Vollkornpasta aus verschiedenen Getreidesorten, z. B. Weizen, Dinkel, Mais oder Buchweizen (Sobanudeln)
- Vollkornreis, Jasminreis, Basmatireis, Milchreis, Sushireis, Reisflocken (für schnellen Milchreis)
- Hirse, Couscous, Bulgur, schnellkochender Dinkel, Weizen- und Dinkelgrieß (für Grießbrei), Maisgrieß (für Polenta)
- Getreideflocken für Müsli und Porridge, z. B. Haferflocken, Dinkelflocken, Hirseflocken etc.
- Pseudogetreide wie Quinoa, Amaranth und Buchweizen
- Weizen-, Dinkel- und Roggenvollkornmehl

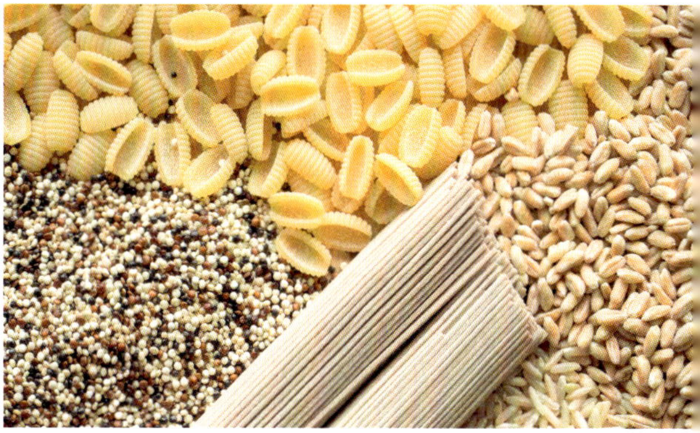

HÜLSENFRÜCHTE

Wenn du bei Hülsenfrüchten erstmal nur an grüne Erbsen, braune Linsen und vielleicht noch Kidneybohnen denkst, dann wirst du überrascht sein, wie bunt und vielfältig diese wichtige Lebensmittelgruppe auf den zweiten Blick ist. Um Müll und Geld zu sparen, kannst du Bohnen und Kichererbsen als Trockenware kaufen, über Nacht einweichen und anschließend selbst kochen – im Tiefkühlfach halten sie sich dann mehrere Wochen bis Monate.

- Rote und gelbe Linsen, schwarze Linsen (Belugalinsen), Berglinsen, Tellerlinsen
- Kidneybohnen, schwarze Bohnen, weiße Bohnen, Edamame (junge Sojabohnen), grüne Bohnen (Stangenbohnen)
- Kichererbsen, grüne Erbsen
- Naturtofu, Räuchertofu, gewürzter Tofu, Seidentofu
- Tempeh (aus fermentierten Sojabohnen)
- Texturiertes Soja (auch als Sojafleisch oder Soja-Schnetzel bekannt, zum Beispiel für Chili sin Carne, Pasta Bolognese oder veganes Gulasch)

OBST

Obst in allen Formen und Farben ist ein perfekter Snack für zwischendurch, ein leckerer Nachtisch und ein idealer Energielieferant für Training und Wettkampf. Neben frischem Obst haben wir immer tiefgekühlte Beeren vorrätig, mit denen wir auch außerhalb der Saison unsere Smoothies und unser Frühstück aufwerten können.

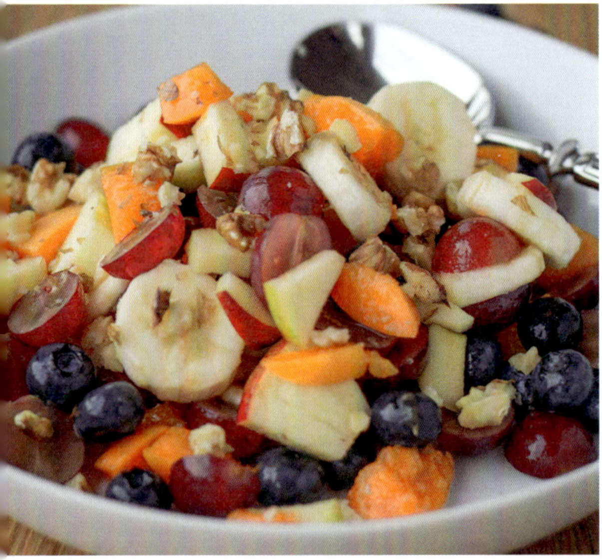

- Das ganze Jahr über: Bananen, Äpfel, Zitronen
- Je nach Saison: Orangen, Feigen, Birnen, Melonen, Pfirsiche, Nektarinen, Erdbeeren, Heidelbeeren, Himbeeren, Brombeeren
- Trockenfrüchte wie Rosinen, Aprikosen, Datteln, Feigen und Trockenpflaumen – hervorragende Energiespender für Wanderungen, Fahrradtouren und längere Trainingsläufe

NÜSSE, KERNE UND SAMEN

Nüsse, Kerne und Samen eignen sich hervorragend für Müslis, als Zugabe in Smoothies, Brot, Muffins und Kuchen, als Topping für Suppen, Salate und andere Gerichte – oder auch einfach als schneller Snack für zwischendurch. Wir kaufen sie immer in der ganzen bzw. ungemahlenen Form, weil sie dann länger haltbar sind. Leinsamen kannst du übrigens ganz einfach selbst mit einem Mixer schroten und sie anschließend noch mindestens ein bis zwei Wochen in einem Schraubglas im Kühlschrank aufbewahren.

- Nüsse: Walnüsse, Mandeln, Haselnüsse, Paranüsse, Pekannüsse, Erdnüsse (zählen botanisch genau genommen zu den Hülsenfrüchten)
- Muse und Pasten: Erdnuss-, Mandel- und Haselnussmus, Tahini (Sesampaste)
- Kerne: Sonnenblumenkerne, Kürbiskerne, Cashewkerne
- Samen: Sesam, Leinsamen, Chiasamen

ÖLE

Fett ist nicht nur ein Geschmacksträger, sondern auch wichtig für die Aufnahme der fettlöslichen Vitamine aus der Nahrung. Aufgrund ihres günstigen Fettsäureprofils verwenden wir zum Braten und auch für die meisten Salatdressings entweder raffiniertes Rapsöl oder Olivenöl. Andere Öle setzen wir eher sparsam und ganz gezielt ein, um bestimmten Gerichten eine besondere Note zu verleihen.

- zum Braten: raffiniertes Rapsöl, Olivenöl, Kokosöl
- für Salate und zum Verfeinern von Speisen: Olivenöl, Sesamöl, Kürbiskernöl, Leinöl
- zum Backen: geschmacksneutrales Speiseöl wie z. B. Raps- oder Sonnenblumenöl

GEWÜRZE, KRÄUTER UND SAUCEN

Was wäre das Kochen für eine traurige Angelegenheit, wenn es keine Gewürze gäbe? Neben getrockneten Gewürzen zählen wir auch frische Kräuter und Würzsaucen zu dieser Kategorie.

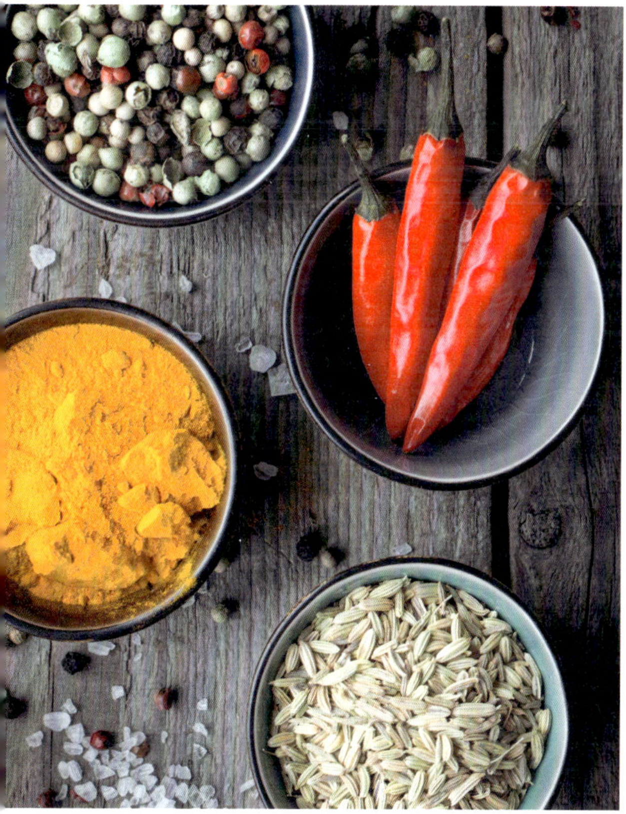

Wir bewahren unsere gemahlenen, getrockneten oder gerebelten Gewürze in kleinen Gläsern mit Schraubverschluss auf, die wir wiederum in einer Gewürzschublade direkt neben dem Kochfeld verstauen. Frische Kräuter schmecken nicht nur toll, sondern lassen auch jedes Gericht gleich viel appetitlicher aussehen. Wir pflanzen sie im Sommer auf unserem Balkon an, aber für deinen eigenen kleinen Kräutergarten reicht sogar schon eine sonnige Fensterbank.

- Gemüsebrühe (als Pulver oder selbstgemachte Paste)
- Gewürz-Basics: Pfeffer, Oregano, Thymian, Rosmarin, Basilikum, Paprika (edelsüß und geräuchert), Kurkuma, Kümmel, Kreuzkümmel, Fenchelsamen, Chiliflocken, Cayennepfeffer, Zimt, getrocknete Kaffir-Limettenblätter (wichtige Zutat in Thai-Curries für das authentische Aroma)
- Gewürzmischungen: Currypulver, rote und gelbe Currypaste, Garam Masala, Ras el-Hanout, Kräuter der Provence, italienische Kräutermischung
- Frischer Ingwer und frische Kräuter wie Basilikum, Koriander, Petersilie, Minze, Rosmarin, Thymian und Oregano
- Würzsaucen und -pasten: Sojasoße, Sambal Oelek (indonesische Chilisauce), Ajvar (Paprikamus), Miso (eine Paste aus fermentierten Sojabohnen), Senf
- Essig: Apfelessig, Balsamessig (Aceto balsamico), heller Essig (Condimento bianco)

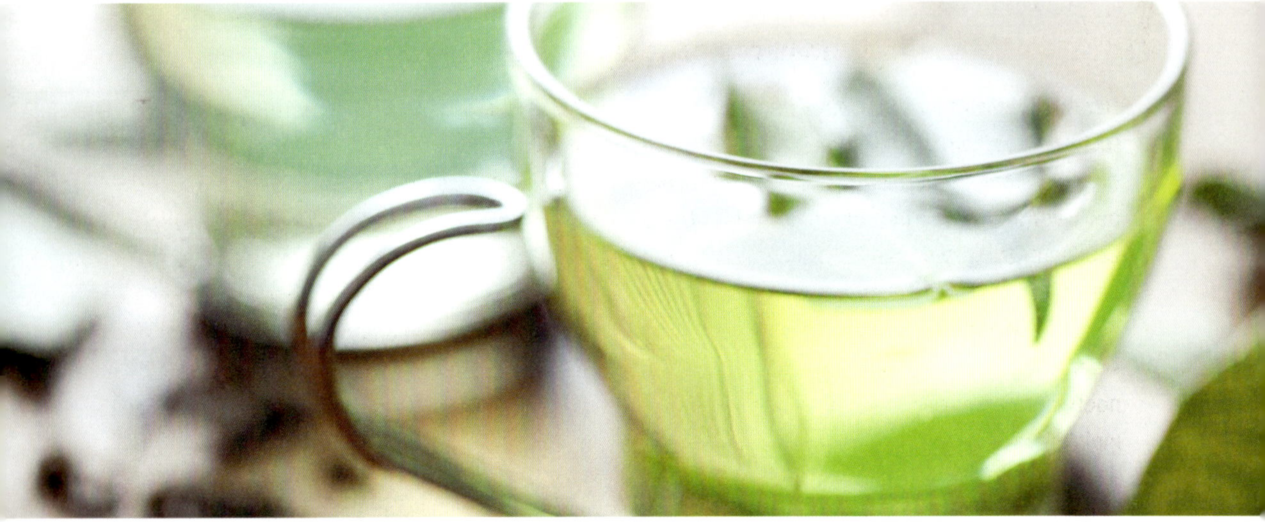

SONSTIGE LEBENSMITTEL

Neben den bisher vorgestellten Basics gibt es noch einige weitere Lebensmittel, die wir immer zu Hause haben, die aber in keine der anderen Kategorien so richtig reinpassen:

- Kokosflocken, Kokosmilch (für asiatische Gerichte, Smoothies und Desserts)
- Hefeflocken (ideal als Parmesan-Alternative und als Grundzutat für Hefeschmelz, siehe Rezept auf Seite 196)
- Kakaopulver, rohe Kakaosplitter (toll als Topping für selbstgemachtes Bananeneis)
- Zum Süßen: Agavendicksaft, Ahornsirup, Zuckerrübensirup

GETRÄNKE

Wir trinken überwiegend pures Leitungswasser und Tee. Seit einem Urlaub in Vietnam lieben wir außerdem Ingwertee, den wir als Aufguss aus in feine Scheiben geschnittenem Ingwer selbst zubereiten. Die Schale darf bei Ingwer aus ökologischem Anbau übrigens mit rein!

- Kräuter-, Früchte- und Grüntee (lose und im Beutel)
- Pflanzliche Milchalternativen: Wir verwenden am liebsten Sojamilch (hoher Eiweißgehalt) und Hafermilch (toller Geschmack und sehr gute Ökobilanz)
- Kaffee (als Alternative auch gerne mal Lupinen- oder Dinkelkaffee)

> *AUFGABE: Mach eine Bestandsaufnahme in deiner Küche! Stocke deine Vorräte an haltbaren und frischen Lebensmitteln auf und nutze die Gelegenheit, um neue Ordnung in deine Vorratsschränke zu bringen.*

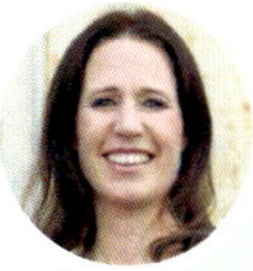

Unsere vegane Entdeckungsreise

Der amerikanische Autor Jonathan Safran Foer rechnet in seinem Buch »Tiere Essen« aus, dass die Amerikaner*innen weniger als 0,25 Prozent der bekannten essbaren Dinge auf der Erde als Lebensmittel verwenden.[20] Wir können uns gut vorstellen, dass man diese Zahl problemlos auch auf Deutschland übertragen kann. Aber selbst wenn wir großzügig aufrunden, bleiben immer noch zigtausende Lebensmittel übrig, die niemals auf unserem Teller landen – und von denen wir vermutlich auch nie etwas erfahren werden.

Wir finden diesen kleinen »Fun Fact« total spannend, weil er die weit verbreitete Vorstellung, dass man als Veganer*in kaum noch etwas essen kann, in einem ganz neuen Licht erscheinen lässt. Die Angst, dass mit den vertrauten tierischen Lebensmitteln auch der Genuss und die Vielfalt aus dem Leben verschwindet, ist einer der häufigsten Gründe, weshalb sich Menschen gegen eine vegane Ernährung entscheiden. Und auch wir hatten ehrlicherweise diese Befürchtung im Hinterkopf, als wir im Spätsommer und Herbst unsere ersten veganen Gehversuche machten.

Was wir dann aber erlebten, war das genaue Gegenteil und kam fast einer kulinarischen Erleuchtung gleich: Plötzlich wurde uns nämlich bewusst, wie sehr wir bis zu diesem Zeitpunkt in eingefahrenen Ernährungsroutinen gefangen gewesen waren. Im Prinzip hatten wir immer wieder die gleichen Lebensmittel eingekauft, und uns daraus die gleichen Gerichte zubereitet. Da dies jetzt nicht mehr möglich war, führte uns die Umstellung dazu, im wahrsten Sinne des Wortes über den Tellerrand hinauszuschauen.

Tatsächlich waren wir überrascht, was es alles zu entdecken gab! Einige Lebensmittel wie Tempeh, pflanzliche Joghurtalternativen oder Quinoa hatten wir vorher nicht einmal wahrgenommen. Um andere wie zum Beispiel Grünkohl, Fenchel, Sellerie, Hirse, Dinkel oder Buchweizen hatten wir bislang einen großen Bogen gemacht – doch nun landeten sie regelmäßig in unserem Einkaufskorb. Wir stellten fest, dass es neben Kidneybohnen noch jede Menge anderer Hülsenfrüchte gab, und dass man aus Linsen mehr machen konnte als immer nur Linsensuppe. Wir lernten viele tolle Gerichte aus der orientalischen, indischen und asiatischen Küche kennen, die immer schon vegan waren, und trauten uns auch an eigene kreative Kochexperimente heran.

Kurzum: Mit Verzicht hatte das alles wirklich überhaupt nichts zu tun. Es gab überraschenderweise auch nichts, was wir vermisst hätten – was wohl auch daran lag, dass wir vor lauter neuen Eindrücken und Geschmackserlebnissen gar keine Gelegenheit dazu hatten. Wenn wir danach gefragt werden, wie wir uns an diese Zeit erinnern, dann sprechen wir deshalb immer von unserer veganen Entdeckungsreise. Das Schöne ist, dass diese Entdeckungsreise bis heute andauert, weil wir immer noch regelmäßig neue Lebensmittel kennenlernen und nach wie vor Spaß am Ausprobieren und Entwickeln neuer Gerichte haben. ■

10 GOLDENE REGELN EINER GESUNDEN VEGANEN ERNÄHRUNG

Wie sieht jetzt also eine gesunde vegane Ernährungsweise aus? Hier kommt die gute Nachricht: Wir können dieses Kapitel ziemlich kurz halten, weil es wirklich keine Raketenwissenschaft ist. Alles was du wissen und beachten solltest, wenn du dich vegan ernährst, lässt sich in zehn goldenen Regeln auf den Punkt bringen.

Überrascht dich das? Das können wir gut verstehen! Schließlich kann man angesichts der vielen Ernährungsratgeber, immer neuer Diät-Trends und hitzig geführter Diskussionen zwischen den Anhänger*innen verschiedener Ernährungskonzepte den Eindruck gewinnen, man benötige ein ernährungswissenschaftliches Studium, um halbwegs den Durchblick zu bewahren.

Wenn wir in den mehr als zehn Jahren seit wir vegan leben aber eines gelernt haben, dann das: Gesunde Ernährung ist viel einfacher als es oft erscheint. Dies gilt ohne Einschränkungen auch für eine gesunde vegane Ernährung. Du musst dafür weder Zutaten abwiegen, noch Kalorien »tracken« oder die Zufuhrempfehlungen für die verschiedenen Nährstoffe auswendig lernen. Es reicht vielmehr, wenn du dich in deinem Ernährungsalltag an ein paar ganz einfachen Richtlinien orientierst, die wir dir im Folgenden vorstellen möchten. Diese goldenen Regeln sind die Essenz aus allem, was wir bis heute über die vegane Ernährung gelernt haben.

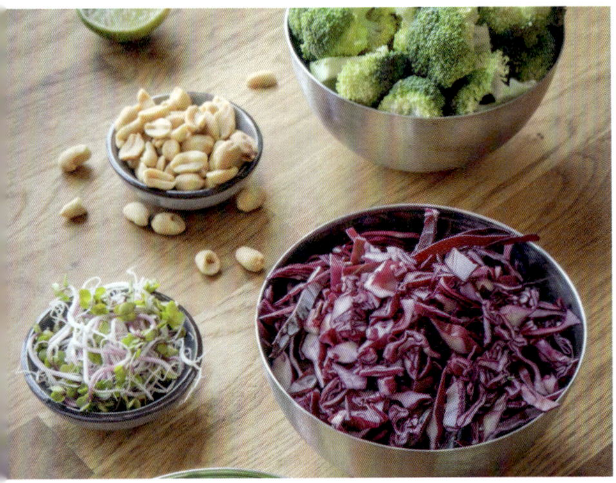

1. KOCHE SELBST MIT FRISCHEN ZUTATEN

Das ist unserer Meinung nach das Beste, was du für eine gesunde Ernährungsweise tun kannst: Bereite dir so oft es geht deine Gerichte aus frischen Zutaten selbst zu. Dann weißt du genau, was drin ist – und was nicht. Dass Kochen gar nicht kompliziert sein muss (und sogar Spaß machen kann), zeigen wir dir gleich im nächsten Kapitel, wenn wir dir die geniale Grain-Green-Bean-Formel für das perfekte vegane Gericht vorstellen. Diese Formel wird dir ständig neue Ideen für deine Kochexperimente liefern, und dir auch dabei helfen, die nächsten drei Grundregeln umzusetzen.

2. ISS JEDEN TAG GEMÜSE

Gemüse ist kalorienarm und gleichzeitig reich an Ballaststoffen, Vitaminen und Mineralien. Es ist deshalb die perfekte Grundlage für deine Ernährung, und du darfst so viel davon essen wie du möchtest! Neben Klassikern wie Tomaten, Karotten und Paprika sind besonders Sorten aus der Familie der Kreuzblütler wie Brokkoli, Grünkohl oder Rosenkohl sehr empfehlenswert. Sie versorgen dich unter anderem mit Eisen und Calcium und enthalten unzählige weitere Inhaltsstoffe, denen eine positive Wirkung auf die Gesundheit zugeschrieben wird.

3. ISS JEDEN TAG HÜLSENFRÜCHTE

Hülsenfrüchte gehören nicht nur zu den besten pflanzlichen Eiweißquellen, sondern liefern auch wichtige Ballaststoffe und jede Menge Mineralstoffe wie zum Beispiel Eisen. Darüber hinaus haben sie einen niedrigen glykämischen Index und wirken sich dadurch regulierend auf deinen Blutzuckerspiegel aus. In anderen Worten: Hülsenfrüchte machen dich lange satt und verhindern die gefürchteten Heißhungerattacken. Diese regulierende Wirkung erstreckt sich sogar noch auf die nachfolgende Mahlzeit – man spricht deshalb auch vom »Second-Meal-Effekt«.[21] Auch aus diesem Grund dürfen und sollten Hülsenfrüchte möglichst täglich auf deinem Speiseplan stehen!

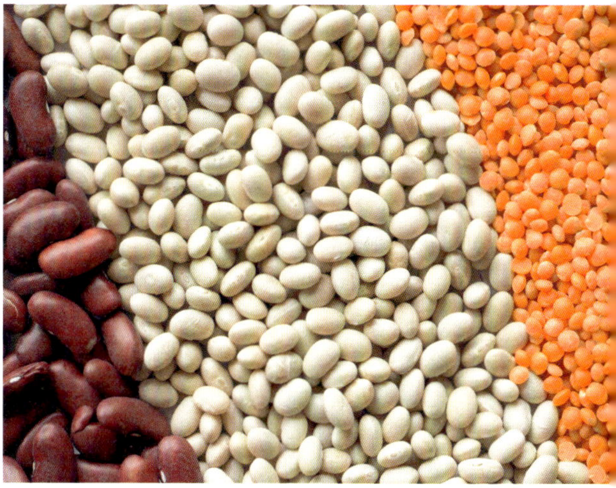

4. ISS JEDEN TAG VOLLKORNPRODUKTE

Die Angst vor Kohlenhydraten ist weit verbreitet – und völlig unbegründet. Produkte aus Vollkorngetreide wie Pasta, Hirse, Reis, Hafer oder Vollkornbrot sind tolle Energie- und Nährstofflieferanten. Sie eignen sich perfekt als Basis für sättigende Gerichte. Im Gegensatz zu stark verarbeiteten Getreideprodukten wie hellen Nudeln, Weißbrot oder Auszugsmehlen enthalten Vollkornprodukte alle Bestandteile des Getreidekorns – also neben der Stärke auch Ballaststoffe, Vitamine und Mineralstoffe. Die Aminosäuren (Bausteine der Proteine) aus Getreide ergänzen sich außerdem ideal mit den Aminosäuren aus Hülsenfrüchten, wodurch sich deren biologische Wertigkeit erhöht und der Körper das Protein besser verwerten kann.

5. HAB KEINE ANGST VOR SOJA

Über Sojabohnen und daraus hergestellte Produkte wie Tofu, Sojamilch oder Sojajoghurt sind allerhand Mythen und Falschinformationen im Umlauf. Lass dich davon nicht verunsichern: Soja ist ein vielseitig einsetzbares und gesundes Lebensmittel, das jeden Speiseplan bereichern kann.[22] Tofu, Tempeh und Sojamilch gehören zu den eiweißreichsten pflanzlichen Lebensmitteln überhaupt, und bestimmte Tofusorten sowie angereicherte Sojamilch sind außerdem sehr gute Quellen für Calcium. Solange du also nicht an einer (seltenen) Sojaallergie leidest, gibt es keinen Grund, auf diese tollen Lebensmittel zu verzichten.

6. SNACKE OBST, NÜSSE, SAMEN UND KERNE

Obst in allen Formen und Farben eignet sich hervorragend als Snack für zwischendurch sowie als nährstoffreiche Zutat fürs Frühstück, in Salaten oder Desserts. Auch Nüsse, Samen und Kerne sind tolle Snacks. Zudem sorgen sie in Smoothies oder als Topping auf deinem Frühstück und diversen Hauptgerichten für mehr Biss und einen zusätzlichen Nährstoff-Kick. Sie liefern unter anderem hochwertige Fette, Eiweiß sowie Vitamine und Mineralstoffe.

7. ISS MÖGLICHST ABWECHSLUNGSREICH UND SAISONAL

Ernähre dich möglichst abwechslungsreich und nutze das gesamte Spektrum pflanzlicher Lebensmittel, um die jeweiligen Vorzüge der verschiedenen Lebensmittelgruppen voll auszukosten. Wenn du dich beim Einkauf nach dem Saisonkalender richtest, sorgst du ganz automatisch für mehr Abwechslung in deiner Ernährung. Außerdem kannst du dir vornehmen, möglichst bunt zu essen und in deinen Gerichten Lebensmittel mit unterschiedlichen Farben zu kombinieren. Auch das bringt Abwechslung auf den Teller, und ist zudem noch schön anzusehen. Das Auge isst schließlich mit!

8. TRINKE VOR ALLEM WASSER UND TEE

Leitungswasser und ungesüßte Kräutertees sind ideale, kalorienfreie Durstlöscher, dazu noch günstig und äußerst praktisch, denn du musst dafür keine schweren Kisten nach Hause schleppen. Alle zuckerhaltigen Getränke – dazu gehören auch Säfte und Saftschorlen – solltest du hingegen eher als Genussmittel statt als Durstlöscher betrachten. Es ist völlig okay, ab und zu mal ein Glas Saft, einen gezuckerten Kaffee oder einen Softdrink zu genießen. Weil diese Getränke aber vor allem »leere« Kalorien liefern (viel Energie, wenige Nährstoffe), sind sie nicht dazu geeignet, den täglichen Flüssigkeitsbedarf zu decken.

9. SUPPLEMENTIERE VITAMIN B_{12}

Das Vitamin B_{12} wird durch Bakterien in unserem Verdauungstrakt und auf der Oberfläche einiger Pflanzen gebildet. Leider können wir – anders als Wiederkäuer wie Kühe oder Schafe – dieses körpereigene B_{12} nicht in ausreichender Menge

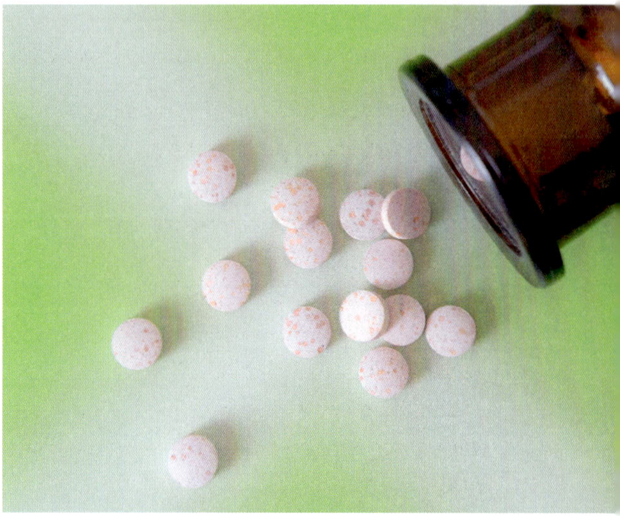

aufnehmen, sodass wir es über unsere Nahrung zuführen müssen.[23] Da es zumindest nach bisherigem Kenntnisstand keine verlässlichen pflanzlichen Quellen für Vitamin B_{12} gibt, solltest du bei einer veganen Ernährung auf jeden Fall ein Supplement verwenden, um einem Mangel vorzubeugen.

10. BEHALTE WEITERE KRITISCHE NÄHRSTOFFE IM AUGE

Neben dem Vitamin B_{12} gibt es noch einige weitere potenziell kritische Nährstoffe, die du im Auge behalten solltest, wenn du dich vegan ernährst. Potenziell kritisch bedeutet, dass es grundsätzlich möglich ist, den Bedarf auch über pflanzliche Lebensmittel zu decken. Es kann aber aus verschiedenen Gründen schwierig sein, die Zufuhrempfehlungen zu erreichen, sodass unter bestimmten Umständen eine Unterversorgung nicht ausgeschlossen ist. Welche Nährstoffe in diese Kategorie fallen und worauf du achten solltest, um gut versorgt zu sein, erfährst du später im Kapitel zur Nährstoffversorgung.

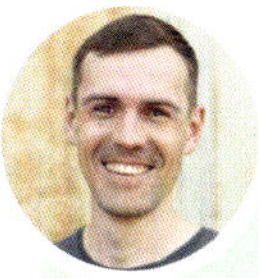

Die »Möglichst-Diät«

Vor einigen Jahren haben wir für einen Beitrag auf beVegt unsere persönliche Ernährungsphilosophie zusammengefasst. Beim Korrekturlesen ist uns aufgefallen, dass wir dabei ständig das Wörtchen »möglichst« verwendet hatten: »Koche *möglichst* oft selbst.« »Iss *möglichst* abwechslungsreich.« »Verwende *möglichst* unverarbeitete Zutaten.«

Uns ist damals die Idee gekommen, dass wir unsere Ernährungsweise doch mit einem Augenzwinkern als »die Möglichst-Diät«[24] bezeichnen könnten. Je länger wir darüber nachdachten, desto besser gefiel uns dieser Name, weil er deutlich macht, dass es nicht darum geht, perfekt zu sein, und dass zu einer gesunden Ernährung auch eine gesunde *Einstellung* zur Ernährung gehört.

Das ist die Kernaussage der Möglichst-Diät: Du solltest kein schlechtes Gewissen haben, wenn du mal von den Grundregeln abweichst. Wenn du ein paar Tage lang nicht dazu kommst, selbst zu kochen, und deshalb in der Kantine isst oder dir etwas vom Imbiss holst, dann wird das deine Lebenszeit vermutlich nicht spürbar verkürzen. Das Gleiche gilt auch für die anderen Regeln, die wir dir im letzten Kapitel vorgestellt haben. Solange du nach solchen Tagen oder Phasen wieder in den »Normalzustand« zurückkehrst, ist doch alles okay! ■

DIE GRAIN-GREEN-BEAN-FORMEL

Hier ist unsere Vorstellung vom perfekten Gericht: Es muss natürlich gut schmecken – logisch! Außerdem sollte es nicht zu kompliziert sein und möglichst viele Nährstoffe liefern. Und wenn es dann auch noch leicht abzuwandeln ist, damit es nicht langweilig wird, wäre es wirklich unschlagbar. Du ahnst es vielleicht schon: Wir haben dieses perfekte Gericht für uns bereits gefunden. Genau genommen ist es aber kein Gericht, sondern eine Formel: »A Grain, a Green and a Bean« – ein Getreide, etwas Grünzeug und eine Hülsenfrucht. Wie der Name schon sagt, beinhaltet ein Gericht nach der Grain-Green-Bean-Formel immer:

- **A Grain:** ein Getreide oder ein stärkehaltiges Gemüse, wie Pasta, Reis, Quinoa, Hirse, Bulgur, Couscous, Vollkornmehl wie z. B. in Brot oder Pizzateig, (Süß-)Kartoffeln, Kürbis usw.
- **a Green:** ein (grünes) Gemüse, wobei wir die Definition hier etwas ausweiten und generell alle Gemüsesorten einschließen, z. B. Spinat, Mangold, Pak Choi, Grünkohl, Weißkohl, Spitzkohl, Wirsing, Chinakohl, Brokkoli und Rosenkohl sowie die Klassiker Tomaten, Paprika, Karotten, Zucchini usw.
- und **a Bean:** eine Hülsenfrucht, also Linsen, Bohnen, Kichererbsen oder grüne Erbsen. Wir zählen aber auch andere eiweißreiche pflanzliche Fleischalternativen zu dieser Kategorie wie etwa Lupinenprodukte, Tofu, Tempeh, texturiertes Soja, Seitan usw.

Das Grain-Green-Bean-Konzept

1. A Grain für komplexe Kohlenhydrate	+	2. A Green für Vitamine und Mineralstoffe	+	3. A Bean für pflanzliches Eiweiß
Pasta		Spinat		Linsen
Reis		Brokkoli		Erbsen
Quinoa		Grünkohl		Kidneybohnen
Buchweizen		Mangold		grüne Bohnen
Dinkel		Pak Choi		Kichererbsen
Hirse		Wirsing		Adzukibohnen
Couscous		Rosenkohl		weiße Bohnen
Bulgur		Chinakohl		Tofu
(Süß-)Kartoffeln		»klassisches« Gemüse		Tempeh

Auch wenn man es auf den ersten Blick gar nicht glauben mag, bietet diese Formel so viele Variationsmöglichkeiten, dass du die nächsten hundert Jahre täglich »A Grain, a Green and a Bean« zubereiten könntest, ohne zweimal dasselbe zu kochen: Pasta- und Reisgerichte, Curries, Suppen, Aufläufe, Salate, ja sogar Pizza und Quiche lassen sich auf dieser Grundlage zubereiten und bekommen durch die Wahl der drei Hauptzutaten und verschiedene Gewürze jedes Mal einen ganz anderen Charakter.

DIE VORTEILE DER GRAIN-GREEN-BEAN-FORMEL

»A Grain, a Green and a Bean« kommt unserer Vorstellung von einem perfekten Gericht gleich aus mehreren Gründen ziemlich nahe:

Nie mehr »keine Ideen«

Kennst du das Gefühl, wenn du vor einem prall gefüllten Vorratsschrank stehst, und dich die Auswahl geradezu überfordert? Aus all den möglichen Kombinationen von Lebensmitteln eine auszusuchen, die schmeckt, satt macht und auch noch gesund ist, kann nach einem anstrengenden Tag zu einer echten Herausforderung werden. Wir haben dann oft keine spontanen Ideen, was wir kochen könnten. Mit der Grain-Green-Bean-Formel wird alles viel einfacher: Du musst dich jetzt nur noch für ein Getreide, mindestens ein Gemüse und eine Sorte Hülsenfrüchte entscheiden. Dieses Grundgerüst hilft uns dabei, unsere Entscheidungsblockade zu überwinden, und bringt unsere Kreativität in Schwung.

Unkomplizierte Gerichte

Vielleicht gibt es irgendwo auf der Welt tatsächlich Menschen, die es in Sachen Ernährung möglichst kompliziert und aufwändig mögen. Wir gehören aber nicht zu dieser Sorte. Wir wollen beim Kochen schnell zu einem befriedigenden Ergebnis kommen, denn auch wenn wir wirklich gerne kochen, macht uns das Essen und Genießen immer noch deutlich mehr Spaß! Auch hier kann die Grain-Green-Bean-Formel punkten: Für ein simples Grain-Green-Bean-Gericht brauchst du weder besonders ausgefallene Zutaten, noch viel Zeit oder sogar Kochtalent. Ganz im Gegenteil – auch wenn man durchaus anspruchsvolle Grain-Green-Bean-Gerichte zubereiten kann, schmecken uns die einfachsten oft am besten.

Die Austauschbarkeit der einzelnen Zutaten macht die Grain-Green-Bean-Formel außerdem sehr flexibel: Es spielt überhaupt keine Rolle, ob du Couscous oder Quinoa oder Hirse nimmst, ob du Rosenkohl nicht ausstehen kannst und deshalb lieber Brokkoli verwendest, oder ob du anstelle von Kidneybohnen die restlichen Linsen von gestern Abend verarbeitest. Die meisten Lebensmittel aus den drei Gruppen harmonieren geschmacklich super miteinander, sodass du keine Angst vor misslungenen Experimenten haben musst.

Ausgewogene, nährstoffreiche Gerichte

Ganz automatisch sorgt die Formel schließlich dafür, dass du dir ausgewogene Gerichte zubereitest, die dir ein breites Spektrum an Nährstoffen liefern. Getreide, Gemüse und Hülsenfrüchte haben jeweils unterschiedliche Nährstoffprofile, die sich in einem Grain-Green-Bean-Gericht wunderbar ergänzen:

- Die Grain-Komponente sorgt vor allem für komplexe Kohlenhydrate, Eiweiß, Ballaststoffe und Mineralstoffe und ist in der Regel der Haupt-Energielieferant des Gerichts.
- Die Green-Komponente steuert Vitamine, Mineralstoffe und zahlreiche weitere sogenannte sekundäre Pflanzenstoffe bei, denen eine positive gesundheitliche Wirkung zugeschrieben wird.
- Die Bean-Komponente liefert pflanzliches Eiweiß, aber auch Mineralstoffe wie Calcium und Eisen sowie Ballaststoffe.

> *AUFGABE: Bereite dir ein Gericht nach der Grain-Green-Bean-Formel zu. Du kannst entweder ein Rezept aus diesem Buch nachkochen, eines deiner Lieblingsgerichte an die Formel anpassen oder richtig kreativ werden und dir etwas ganz Neues einfallen lassen!*

Ganz ehrlich: Die Grain-Green-Bean-Formel hat unsere Ernährung geradezu revolutioniert! In den letzten Jahren haben wir unzählige Grain-Green-Bean-Gerichte gekocht, und einige davon sind zu Dauerbrennern in unserer Küche geworden. Viele der Hauptgerichte und auch Salate im Rezeptteil am Ende des Buchs basieren auf der Grain-Green-Bean-Formel. Lass dich gerne von ihnen inspirieren, hab aber auch keine Angst, von den Vorgaben abzuweichen und die einzelnen Komponenten zu verändern. Es wird sicher trotzdem super schmecken. Und wer weiß: Vielleicht entdeckst du auf diese Weise ja deine ganz eigene Lieblingskreation.

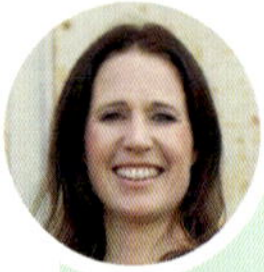

Unser Küchen-Workflow

Wir werden häufig gefragt, wie wir auf die Ideen für die Rezepte kommen, die wir auf unserem Blog und in unseren Kochbüchern veröffentlichen. Wir finden das ehrlich gesagt ziemlich amüsant, weil unser kreativer Prozess in der Küche viel unspektakulärer ist als du es dir vielleicht vorstellst. Er beginnt meistens mit einem Blick in den Kühlschrank: Was gibt das Gemüsefach gerade her, und was davon muss als erstes weg, weil es vielleicht schon ein paar schrumpelige Stellen hat? Als nächstes überlegen wir, auf welche Art von Grains wir gerade die größte Lust haben: Pasta? Reis? Oder doch lieber Hirse, Quinoa oder Dinkel?

Und dann fehlen uns nur noch Hülsenfrüchte, um die Grain-Green-Bean-Formel zu komplettieren. Hier entscheiden wir uns in der Regel ganz spontan und versuchen über die Woche hinweg möglichst viele verschiedene Sorten zu verwenden. Meistens haben wir vorgekochte Kidneybohnen, Kichererbsen oder schwarze Bohnen im Tiefkühlfach, die wir besonders gerne zu Gemüsepfannen und Pastagerichten essen. Rote und gelbe Linsen nehmen wir am liebsten für Gerichte mit einer Tomaten- oder Currysoße, weil man sie direkt in der Soße mitköcheln lassen kann. Bei asiatischen Gerichten kommen häufig Tofu und Tempeh zum Einsatz.

Das Kochen selbst fängt bei uns fast immer damit an, dass wir Zwiebeln und oft auch Knoblauch glasig anschwitzen. Wir lieben einfach diese röstige Grundnote! Je nach Sorte geben wir dann nach und nach die Hülsenfrüchte und das Gemüse in die Pfanne. Karotten, Pastinaken oder Champignons braten wir gerne etwas länger an, weil sie dann erst ihr volles Aroma entfalten. Brokkoli, Grünkohl oder Spinat schmecken uns am besten, wenn wir sie erst ganz zum Schluss noch für 1–2 Minuten mit dazu geben.

Als Soße verwenden wir häufig passierte oder stückige Tomaten mit getrockneten Kräutern, Kokosmilch mit Currypaste oder eine selbstgemixte Cashewsahne mit Paprikapulver, etwas Salz und Pfeffer. Wenn wir uns kreativ fühlen, probieren wir auch mal etwas Neues aus: Aktuell haben wir zum Beispiel die Kombination aus Sojasoße und Erdnussmus für uns entdeckt. Durch den Austausch mit den beVegt-Leser*innen wissen wir übrigens, dass sich an der optimalen Soßenmenge die Geister scheiden. Wir selbst brauchen oft gar nicht so viel Soße, und bei manchen Gerichten reicht uns sogar ein kleiner Spritzer Oliven- oder Sesamöl völlig aus.

Nach dem Anrichten sorgen wir dann meistens noch mit frischen Kräutern, gerösteten Nüssen und Kernen oder Würzhefeflocken für das i-Tüpfelchen. Es ist wirklich kaum zu glauben, wie sehr selbst das einfachste Topping ein Gericht nicht nur geschmacklich, sondern auch optisch aufwerten kann. Aber keine Angst: Wenn wir für uns selbst kochen, sieht das Ergebnis normalerweise lange nicht so ansprechend aus wie auf den Rezeptfotos in diesem Buch, für die wir uns natürlich besonders viel Mühe gegeben haben. ■

NÄHRSTOFFVERSORGUNG

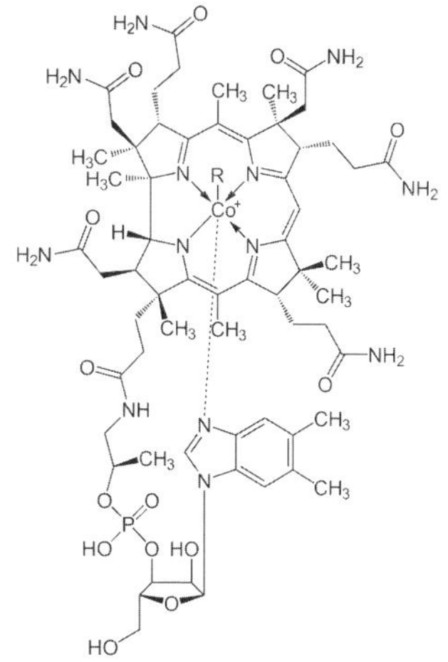

Unsere wichtigste Botschaft hast du inzwischen bestimmt schon zwischen den Zeilen herausgelesen: Du musst keine Wissenschaft aus deiner Ernährung machen! Es reicht völlig, wenn du die zehn goldenen Regeln beherzigst, die wir dir vorgestellt haben, und dich beim Kochen an der Grain-Green-Bean-Formel orientierst. Auf diese Weise wirst du deinen Bedarf an fast allen Nährstoffen problemlos decken.

Trotzdem gibt es durchaus einige Nährstoffe, denen du etwas mehr Aufmerksamkeit widmen darfst, wenn du dich gesund vegan ernähren möchtest. Diese potenziell kritischen Nährstoffe sind entweder nur in geringen Mengen in pflanzlichen Lebensmitteln enthalten, oder ihre Aufnahme wird durch verschiedene Faktoren beeinflusst, sodass eine bedarfsgerechte Versorgung zwar möglich, aber eben kein Selbstläufer ist.

In diesem Kapitel vermitteln wir dir ein Grundwissen zu diesen Nährstoffen und zeigen dir, worauf du jeweils achten kannst, um deinen Bedarf zu decken. Wenn du noch tiefer in die Materie einsteigen willst, dann lies dir gerne auch unsere umfassenden Nährstoffratgeber auf beVegt durch, die wir immer auf dem neuesten Wissensstand halten und in denen du die jeweils aktuellen Empfehlungen zur Supplementation findest. Wir haben sie auf der Seite zum Buch unter **bevegt.de/run-vegan/extras** für dich verlinkt.

VITAMIN B_{12}

Nach derzeitigem Wissensstand gibt es keine sicheren pflanzlichen Quellen für das lebenswichtige Vitamin B_{12}. Bei dem in bestimmten pflanzlichen Lebensmitteln wie fermentiertem Gemüse (Sauerkraut, Kimchi usw.) oder Algen nachweisbaren Vitamin B_{12} handelt es sich in den meisten Fällen um sogenannte »B_{12}-Analoga«, die unser Körper nicht verwerten kann. Dass es trotzdem in den allermeisten Fällen nicht schon kurz nach der Ernährungsumstellung zu einem Mangel kommt, liegt daran, dass erwachsene Menschen über einen B_{12}-Speicher verfügen, der im Idealfall für mehrere Jahre ausreicht. Da du aber nicht wissen kannst, wie gut dein körpereigener Speicher gefüllt ist (eine Unterversorgung ist auch bei omnivorer Ernährung nicht ausgeschlossen), solltest du dennoch frühzeitig mit der Supplementation beginnen. Die Folgen eines Vitamin B_{12}-Mangels können schwerwiegend und dauerhaft sein.

In Supplementen und angereicherten Lebensmitteln kommen vier verschiedene Formen des Vitamin B_{12} zum Einsatz, nämlich Cyanocobalamin, Hydroxocobalamin, Methylcobalamin und Adenosylcobalamin. Es ist grundsätzlich egal, welche Form du supplementierst: Sie funktionieren alle! Was die Darreichungsform betrifft, hast du die Wahl zwischen Lutschtabletten, Kapseln, Tropfen, Zahnpasta, Spritzen oder sogar Nasensprays. Auch hier gilt: Sie erfüllen alle ihren Zweck, sodass es letztendlich eine Frage des persönlichen Geschmacks ist. Entscheide dich für eine Variante, die für dich im Alltag funktioniert, damit du das Supplement auch regelmäßig einnimmst.

Für Jugendliche und Erwachsene ab 13 Jahren empfiehlt die Deutsche Gesellschaft für Ernährung (DGE) derzeit eine Zufuhr von 4 Mikrogramm Vitamin B_{12} pro Tag.[25] Um diese mit Supplementen zu erreichen, musst du allerdings – je nach Einnahmehäufigkeit – eine zum Teil wesentlich höhere Dosierung wählen. Der Grund dafür ist, dass unser Körper pro Mahlzeit (oder Supplement) jeweils nur etwa 1,5 – 2,5 Mikrogramm plus ein bis drei Prozent der zugeführten Gesamtmenge an Vitamin B_{12} aufnehmen kann.[26] Der Rest wird ungenutzt wieder ausgeschieden.

Auf dieser Grundlage sind verschiedene Strategien für die Supplementation möglich, die alle zum Ziel führen. Bei der Berechnung gehen wir zur Sicherheit vom schlechtesten Fall aus, bei dem nur 1,5 Mikrogramm plus 1 Prozent der zugeführten Menge aufgenommen werden:

- zweimal täglich (morgens und abends): jeweils 50 Mikrogramm Vitamin B_{12}
- einmal täglich: 250 Mikrogramm Vitamin B_{12}
- zweimal wöchentlich: jeweils 1.500 Mikrogramm Vitamin B_{12}

Diese Empfehlungen kannst du als Orientierung verwenden, wenn du gerade erst mit der Supplementierung beginnst. Du solltest auf jeden Fall regelmäßig (etwa einmal pro Jahr) deinen B_{12}-Serumspiegel sowie den sogenannten Holo-TC-Wert bestimmen lassen, um zusammen mit deinem Hausarzt oder deiner Hausärztin die für dich optimale Dosierung zu ermitteln.

VITAMIN D

Vitamin D ist auch als das Sonnenvitamin bekannt, weil unser Körper es selbst produziert, wenn genügend Sonnenlicht auf unsere nackte Haut fällt. Im Sommer reicht unter optimalen Bedingungen bereits ein ca. 5- bis 10-minütiger Aufenthalt pro Tag unter freiem Himmel mit leichter Bekleidung aus, um die Vitamin-D-Versorgung zu sichern. Aus verschiedenen Gründen kann die Versorgung allein über den Weg des Sonnenlichts aber in vielen Fällen nicht gedeckt werden:

- In Mitteleuropa und noch nördlicheren Regionen reicht die Sonneneinstrahlung im Winterhalbjahr nicht aus, um genügend Vitamin D zu bilden. In Berlin wird beispielsweise nur von April bis September ein UV-Index von 3 oder höher erreicht, der als das Minimum für eine ausreichende Eigensynthese gilt.
- Die meisten Menschen verbringen berufsbedingt auch im Sommer die meiste Zeit in geschlossenen Gebäuden, insbesondere in den Mittagsstunden, wenn die optimalen Bedingungen für ein Sonnenbad herrschen.
- Bei dunkelhäutigen Menschen, Senioren und stark übergewichtigen Personen ist die Vitamin D-Produktion über die Haut reduziert. Sie gehören deshalb zu den Risikogruppen für einen Vitamin-D-Mangel – genauso wie Menschen, die aus kulturellen, religiösen oder beruflichen Gründen langärmelige Bekleidung, Ganzkörperschleier und dergleichen tragen.

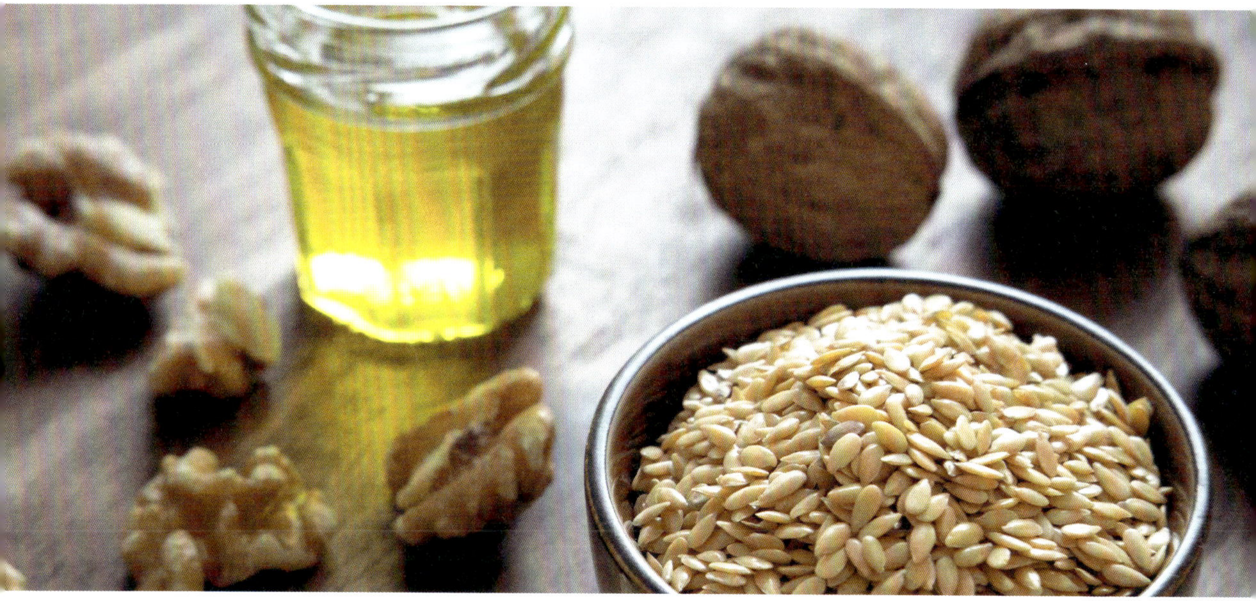

Darüber hinaus gibt es leider nur sehr wenige Lebensmittel, die nennenswerte Mengen an Vitamin D enthalten – insbesondere sind das fettreiche Fische wie Heringe, Aale oder Lachse, die bei einer veganen Ernährung natürlich keine Option sind. Es kann deshalb sinnvoll sein, wenigstens in der dunklen Jahreshälfte von Anfang Oktober bis Ende März Vitamin D zu supplementieren. Das gut wirksame Vitamin D_3 ist dafür am besten geeignet. Es wird häufig aus Lanolin (Wollfett) gewonnen, kann mittlerweile aber auch aus Flechten gewonnen und somit vegan hergestellt werden.

OMEGA-3-FETTSÄUREN

Wenn von der Versorgung mit Omega-3-Fettsäuren die Rede ist, dann geht es genau genommen immer um die Eicosapentaensäure (kurz EPA) sowie die Docosahexaensäure (kurz DHA). Sie werden manchmal auch als semi-essenzielle oder halbessenzielle Fettsäuren bezeichnet, weil unser Körper sie aus einer anderen Omega-3-Fettsäure, der alpha-Linolensäure, selbst herstellen kann.

Damit das reibungslos funktioniert, muss unsere Nahrungsaufnahme insgesamt aber ein ganz bestimmtes Verhältnis von Omega-6- zu Omega-3-Fettsäuren aufweisen, das idealerweise bei etwa 5:1 liegt. Tatsächlich nehmen die meisten Menschen aber im Verhältnis deutlich mehr Omega-6-Fettsäuren zu sich. Bei Veganer*innen beträgt das Verhältnis im Durchschnitt etwa 14–20:1, bei Vegetarier*innen 10–16:1 und bei Mischköstler*innen <10:1.[27] Jede Ernährungsgruppe hat also Potenzial nach oben, aber vegan lebende Menschen sind (im Durchschnitt) am weitesten vom Optimum entfernt. Die Folge ist, dass die Umwandlung von alpha-Linolensäure in EPA und DHA ausgebremst wird, weil die dafür benötigten Enzyme – stark vereinfacht formuliert – von den Omega-6-Fettsäuren in Anspruch genommen werden. Darüber hinaus sind pflanzliche Quellen für EPA und DHA äußerst rar, sodass Veganer*innen auch über die Nahrung nur geringe Mengen dieser Fettsäuren aufnehmen.

Interessanterweise gibt es bislang aber noch keinen Beleg dafür, dass die geringe Aufnahme von EPA und DHA gesundheitlich überhaupt von Bedeutung ist. Andererseits sind die positiven Effekte von EPA und DHA für Herz und Gefäße gut belegt. Es ist also nicht auszuschließen, dass auch Veganer*innen von einer ausreichenden Versorgung mit diesen beiden Omega-3-Fettsäuren profitieren könnten und eine Supplementation daher sinnvoll wäre.

Unabhängig davon kannst und solltest du natürlich versuchen, das Omega-6-zu-3-Verhältnis in deiner Ernährung möglichst in Richtung des wünschenswerten Verhältnisses von 5:1 zu verschieben. Erhöhe den Anteil an Omega-3-Fettsäuren in deiner Ernährung, indem du beim Braten und Backen zu raffiniertem Rapsöl greifst und Omega-3-reiche Lebensmittel wie Walnüsse und Leinsamen verwendest. Gleichzeitig solltest du eher sparsam mit pflanzlichen Ölen wie Sonnenblumen- oder Distelöl umgehen, die ein ungünstiges Verhältnis von Omega-6- zu Omega-3-Fettsäuren aufweisen.

Wenn du dich (so wie wir) für eine Supplementation von EPA und DHA entscheidest, kannst du mittlerweile gleich zwischen mehreren Supplementen auf Algenbasis wählen, die kein Fischöl enthalten und somit vegan sind.

CALCIUM

Studien zeigen, dass Veganer*innen im Durchschnitt weniger Calcium zu sich nehmen als Menschen, die Milchprodukte konsumieren.[28] Das bedeutet allerdings nicht, dass eine ausreichende Calciumversorgung auf rein pflanzlicher Basis nicht möglich oder besonders schwer zu erreichen wäre. Es bedeutet lediglich, dass sich die Calciumzufuhr reduziert, wenn man auf Milchprodukte verzichtet, ohne sie mit geeigneten pflanzlichen Calciumlieferanten zu ersetzen.

Die von der DGE empfohlene Zufuhrmenge für Erwachsene ab 19 Jahren liegt bei 1.000 mg Calcium pro Tag.[29] Diese Menge kann auch mit einer pflanzlichen Ernährung erreicht werden, wenn du verschiedene Calciumquellen in deine tägliche Ernährung einbaust:

- Wann immer möglich, solltest du auf mit Calcium angereicherte Pflanzenmilchsorten zurückgreifen, die circa 120 mg Calcium pro 100 ml enthalten. Auf diese Weise kannst du schon mit deinem Frühstücksporridge oder einem großen Smoothie etwa ein Drittel deines Tagesbedarfs decken.

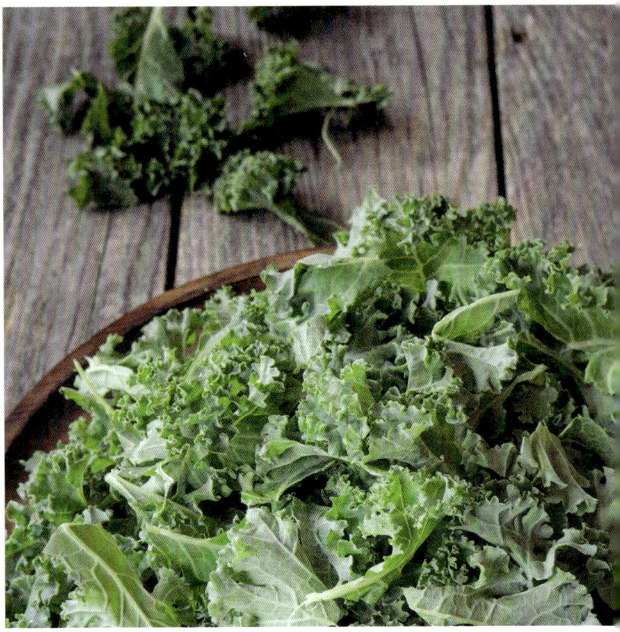

- Oxalsäurearme, calciumreiche Gemüsesorten wie Grünkohl, Rucola oder Brokkoli bieten sich als Bestandteil eines Grain-Green-Bean-Gerichts an. Oxalsäurereiche Gemüse wie Spinat oder Mangold haben hingegen eine sehr geringe Bioverfügbarkeit und sind deshalb als Calciumquellen eher ungeeignet (was sie natürlich nicht generell zu schlechten Lebensmitteln macht).
- Calciumreiche Samen und Nüsse wie Sesam, Chiasamen, Leinsamen, Mandeln, Haselnüsse, Pistazien oder Walnüsse können als Beigabe zum Müsli oder Smoothie, als Topping für warme Gerichte und Salate oder pur als Snack zur Calciumversorgung beitragen.
- Auch Tofu kann eine tolle Calciumquelle sein – insbesondere wenn als Gerinnungsmittel Calciumsulfat verwendet wird (auf der Zutatenliste ausgewiesen).
- Wenn du möchtest, kannst du auch ein calciumreiches Mineralwasser trinken. Bei besonders calciumreichen Sorten lässt sich theoretisch allein auf diese Weise schon der Tagesbedarf decken.
- Die Rotalge Lithothamnium calcareum ist mit 300–350 mg pro Gramm extrem calciumreich. Sie ist in Form eines feinen, geschmacksneutralen Pulvers erhältlich, das du in deine Gerichte einrühren kannst, um praktisch jede beliebige Mahlzeit aufzuwerten.

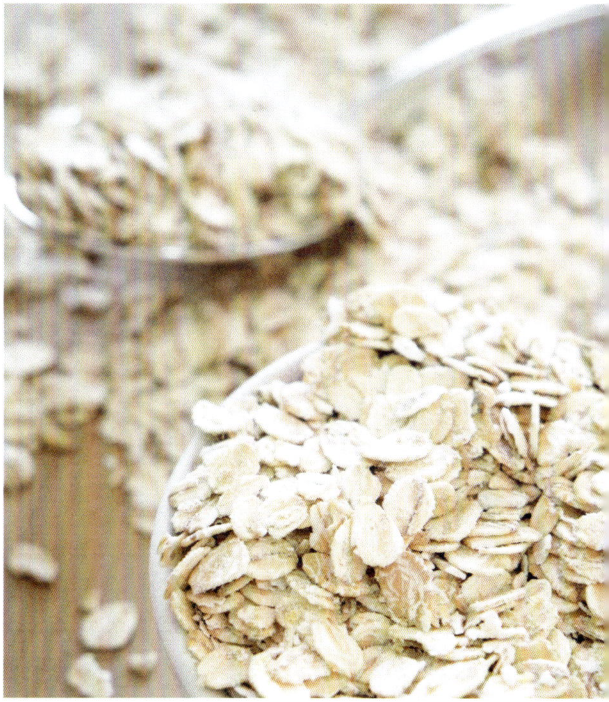

EISEN

Bei einer omnivoren Ernährung werden durchschnittlich etwa 15–18 Prozent des Eisens aus der Nahrung aufgenommen. Bei einer vegetarischen oder rein veganen Ernährung sind es hingegen nur etwa 8–10 Prozent.[30] Die unterschiedlich hohe Aufnahmequote hängt damit zusammen, dass das für den Körper besser verfügbare sogenannte Häm-Eisen ausschließlich in tierischen Lebensmitteln und vor allem in rotem Fleisch enthalten ist. In pflanzlichen Lebensmitteln kommt hingegen nur das Nicht-Häm-Eisen vor, das vom Körper etwas schlechter aufgenommen werden kann. Somit ist es für unseren Körper tatsächlich schwieriger, das Eisen aus pflanzlichen Lebensmitteln zu nutzen. Andererseits enthalten viele Pflanzen mengenmäßig sogar mehr Eisen als Fleisch, wodurch die geringere Bioverfügbarkeit zum Teil bereits ausgeglichen wird.

Der Schlüssel für eine ausreichende Eisenversorgung ist, dass du dich möglichst abwechslungsreich ernährst und darauf achtest, in jede deiner Mahlzeiten wenigstens eine gute Eisenquelle einzubauen. Dazu zählen zum Beispiel:

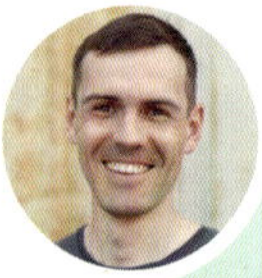

Wie wir supplementieren

Bestimmt möchtest du jetzt wissen, wie wir beide unsere Nährstoffversorgung sicherstellen und welche Supplemente wir selbst verwenden. Der einzige Nährstoff, den wir wirklich seit Beginn unseres veganen Lebens ohne Unterbrechung supplementiert haben, ist das Vitamin B_{12}. Hier gibt es auch kaum etwas zu diskutieren, denn die Aussagen der Ernährungswissenschaft zu diesem Thema sind eindeutig: Wenn du dich rein pflanzlich ernährst, nimmst du keine vom Körper verwertbare Form dieses Vitamins zu dir, sodass es mit der Zeit zu einer Entleerung des B_{12}-Speichers kommt und ein hohes Risiko für bleibende neurologische Schäden besteht. Wir haben Vitamin B_{12} schon als Tropfen, in Form einer Zahnpasta und als (Lutsch-) Tablette supplementiert, und unser Spiegel lag bei den Bluttests, die wir einmal pro Jahr durchführen lassen, immer im grünen Bereich.

Bei einer dieser Blutuntersuchungen haben wir 2013 auch zum ersten Mal unseren Vitamin-D-Status überprüfen lassen. Wir waren damals ziemlich überrascht, dass unsere Werte deutlich unterhalb des optimalen Bereichs lagen – schließlich waren wir durch das Laufen und als bekennende Naturliebhaber viel im Freien unterwegs. Aber offensichtlich reichte das nicht aus, um unsere Versorgung zu sichern, sodass wir seitdem auch Vitamin D supplementieren. In den ersten Jahren haben wir das nur in der dunklen Jahreshälfte von Anfang Oktober bis Ende März getan, aber inzwischen supplementieren wir das ganze Jahr über, weil wir herausgefunden haben, dass wir unsere Spiegel nur auf diese Weise dauerhaft im grünen Bereich halten können.

Neben Vitamin B_{12} und Vitamin D haben wir viele Jahre lang keine weiteren Supplemente verwendet. Dass es uns heute immer noch gut geht und wir in diesem Buch davon erzählen können, sollte dir zeigen, dass dir auch die sogenannten kritischen Nährstoffe keine schlaflosen Nächte bereiten müssen. Selbst wenn du die von der DGE empfohlenen Zufuhrmengen über deine Ernährung nicht erreichst, heißt das nicht, dass du automatisch krank wirst oder deine Leistungsfähigkeit darunter leidet. Die offiziellen Referenzwerte und Zufuhrempfehlungen beinhalten jeweils einen großzügigen Puffer und sind so ausgelegt, dass sie den Bedarf eines Großteils der Bevölkerung nach heutigem Wissensstand sicher decken. Dein individueller Bedarf kann aber durchaus geringer oder (in sehr seltenen Fällen) auch höher sein.

Trotzdem ist es natürlich sinnvoll, sich Gedanken darüber zu machen, wie man die eigene Nährstoffversorgung optimieren kann. Auch wir haben das in den letzten Jahren getan und verwenden inzwischen einen veganen Multinährstoff, der alle oben genannten potenziell kritischen Nährstoffe mit Ausnahme der Omega-3-Fettsäuren enthält. Für uns ist das einfach die bequemste Lösung, die uns die Sicherheit gibt, rundum gut versorgt zu sein. Darüber hinaus haben wir uns auch für eine Supplementation der Omega-3-Fettsäuren DHA und EPA entschieden, die von vielen veganen Ernährungsexpert*innen sicherheitshalber empfohlen wird. Und schließlich lassen wir weiterhin einmal jährlich unsere Blutwerte checken (insbesondere Vitamin B_{12}, Vitamin D und Eisen), um eine Rückmeldung darüber zu bekommen, ob wir mit unserer Ernährung und Supplementation nach wie vor auf dem richtigen Weg sind. ■

- Samen wie Kürbiskerne, Sesam, Hanf- und Leinsamen
- Nüsse wie Pistazien, Mandeln und Haselnüsse
- Vollkorngetreide und Pseudogetreide wie Haferflocken, Hirse, Amaranth und Quinoa
- Hülsenfrüchte wie Soja, Linsen, Kichererbsen und weiße Bohnen
- Dunkles Blattgemüse und Kräuter wie Grünkohl, Rucola, Basilikum und Petersilie
- getrocknete Früchte wie Aprikosen

Die Polyphenole in Kaffee, Schwarz- und Grüntee hemmen die Eisenaufnahme erheblich. Wenn du einen niedrigen Eisenspiegel hast, solltest du deshalb in der Stunde vor und zwei Stunden nach einer eisenhaltigen Mahlzeit auf Kaffee und grünen oder schwarzen Tee verzichten. Vitamin C verbessert hingegen die Eisenaufnahme aus der Nahrung, weshalb wir zum Beispiel immer eine Orange oder Zitrone mit in unsere grünen Smoothies geben. Auch Hummus, der durch Kichererbsen, Petersilie und Sesampaste viel Eisen enthält, wird mit einem Schuss Zitronensaft zu einem noch besseren Eisenlieferanten.

ZINK

Die in vielen Pflanzen enthaltene Phytinsäure kann mit der Nahrung aufgenommene Mineralstoffe wie Zink, aber auch Eisen oder Calcium an sich binden und auf diese Weise deren Aufnahme im Körper hemmen. Bei einer phytinsäurereichen Ernährung mit einem hohen Anteil an Vollkorngetreide und Hülsenfrüchten empfiehlt die DGE deshalb eine um bis zu 5 mg erhöhte Zinkzufuhr von 16 mg pro Tag für Männer beziehungsweise 10 mg für Frauen ab 19 Jahren.[31]

Auch diese Mengen kannst du mit einer pflanzlichen Ernährung grundsätzlich erreichen, wenn du regelmäßig zinkreiche Lebensmittel wie Vollkorn- und Pseudogetreide, Hülsenfrüchte, Nüsse und Samen verwendest. Mit speziellen Zubereitungsmethoden wie dem Keimen (Getreide und Hülsenfrüchte), dem Einweichen (Hülsenfrüchte und Nüsse) oder dem Backen mit Sauerteig kannst du außerdem den Phytingehalt dieser Lebensmittel weiter reduzieren.

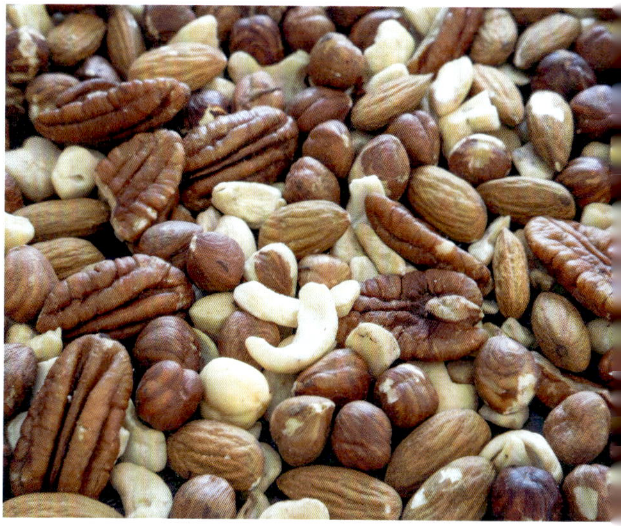

Neben der Phytinsäure hemmen auch polyphenolreiche Getränke wie Kaffee oder Tee die Zinkaufnahme, weshalb du sie idealerweise immer mit etwas zeitlichem Abstand zu deinen Mahlzeiten zu dir nehmen solltest. Umgekehrt wirken sich organische Säuren wie Zitronensäure und Milchsäure positiv auf die Zinkaufnahme aus. Diese finden sich unter anderem in Zitrusfrüchten, Äpfeln, Kirschen, Himbeeren (Zitronensäure) oder in fermentierten Lebensmitteln wie Sauerkraut, Kimchi, Miso und Kombucha (Milchsäure).

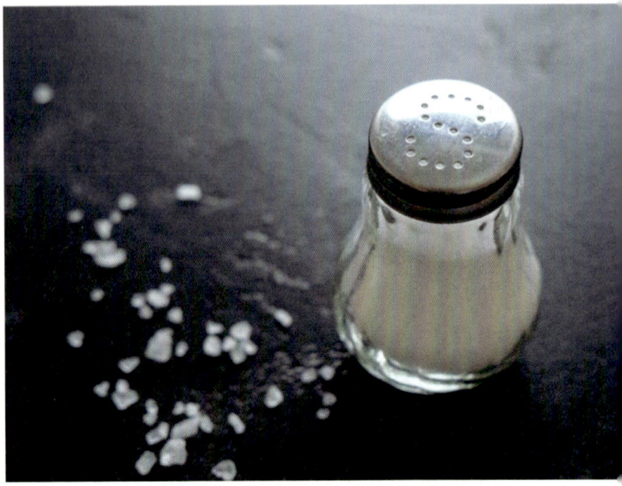

JOD UND SELEN

Auch Jod und Selen gehören zu den potenziell kritischen Nährstoffen bei einer veganen Ernährung. Das liegt vor allem daran, dass der Nährstoffgehalt von Lebensmitteln von den regionalen Gegebenheiten abhängt und die Böden in Mitteleuropa nur recht wenig Jod und Selen enthalten.

> *AUFGABE: Stelle sicher, dass du ausreichend mit Vitamin B_{12} versorgt bist. Überlege dir außerdem, wie du deine Versorgung mit den anderen potenziell kritischen Nährstoffen optimieren kannst, und ob du neben dem B_{12} gegebenenfalls noch weitere Nährstoffe supplementieren möchtest.*

Da bei einer veganen Ernährung Fisch als Jodquelle wegfällt, ist es sehr schwierig, allein über (regionale) pflanzliche Lebensmittel die von der DGE empfohlenen 200 Mikrogramm Jod pro Tag[32] zu sich zu nehmen. Aus diesem Grund solltest du ein jodiertes Speisesalz verwenden, mit dem du bei einem empfohlenen täglichen Salzkonsum von circa 5 Gramm etwa die Hälfte deines Jodbedarfs decken kannst. Jodreiche Algen und Seetang wie zum Beispiel Nori, Kombu oder Wakame eignen sich hingegen nicht für die regelmäßige Jodversorgung, weil sie sehr hohe Mengen an Jod enthalten können und deshalb das Risiko einer Überdosierung besteht.

Für die Selenversorgung gilt ebenfalls, dass es zwar grundsätzlich viele gute pflanzliche Quellen gibt, der Selengehalt aber starken Schwankungen unterliegt und bei in Europa angebauten Lebensmitteln eher gering ist. Als besonders gute Selenlieferanten gelten Paranüsse – allerdings kann schon eine einzige Paranuss ein Mehrfaches der als sicher geltenden maximalen Tagesdosis enthalten, weshalb sie sich eher nicht zum täglichen Verzehr eignen. Wenn du dich aus ökologischen Gründen vor allem für regionale Lebensmittel entscheidest, kann es somit sinnvoll sein, eine Supplementierung in Betracht zu ziehen.

VEGANE SPORTERNÄHRUNG

Vielleicht wird dich das überraschen, aber wenn du mit dem Laufen anfängst, musst du deine Ernährungsweise nicht komplett verändern. Alles was du bis hierhin über eine gesunde vegane Ernährung gelernt hast, gilt unabhängig davon, ob du Sport treibst oder nicht. Ein ausgewogener Mix aus Kohlenhydraten, Proteinen, Fetten, Ballaststoffen, Vitaminen und Mineralstoffen ist die Grundlage für einen gesunden und damit auch leistungsfähigen Körper. Wenn wir über Sporternährung sprechen, dann meinen wir deshalb etwas anderes.

Es geht um die speziellen Herausforderungen, die du als Läufer*in in Sachen Ernährung meistern musst: Wie sorgst du dafür, dass du weder hungrig noch mit vollem Magen in deinen Lauf starten kannst? Wie kannst du dich bei längeren Trainingseinheiten und Wettkämpfen optimal verpflegen? Was gibt es an warmen Tagen bei der Flüssigkeitsversorgung zu beachten? Und wie kannst du mit der richtigen Ernährung nach dem Training deine Regeneration unterstützen? Diese Fragen werden wir im Folgenden der Reihe nach beantworten. Und schließlich erhältst du noch einen Einblick in den Alltag von fünf erfahrenen veganen Sportler*innen, die uns verraten haben, wie ihre Ernährung an einem typischen Trainingstag aussieht.

UNTERZUCKERUNG UND VÖLLEGEFÜHL VERMEIDEN

Vielleicht hast du es schon mal erlebt, dass du dich plötzlich unterzuckert gefühlt hast: Dir tritt der kalte Schweiß auf die Stirn, du wirst zittrig und bekommst Heißhunger auf alles, was irgendwie nach schnell verfügbarer Energie aussieht. Und der umgekehrte Fall ist dir wahrscheinlich auch bekannt: Du hast zu viel, zu fettig oder zu salzig gegessen. Jetzt liegt dir deine letzte Mahlzeit schwer im Magen und du fühlst dich träge und aufgebläht. Du kannst dir sicher vorstellen, dass diese beiden Zustände beim Laufen nicht gerade angenehm sind, sodass der Laufspaß darunter ziemlich leiden kann. Das Ziel ist deshalb, dass du dich während deiner Läufe vom ersten Schritt an ausreichend mit Energie versorgt fühlst, ohne dass dir die Quelle dieser Energie dabei im Magen liegt. Ein Balanceakt, der ein wenig Grundwissen und etwas Übung erfordert.

Wenn du direkt morgens nach dem Aufstehen laufen gehst, dann wird dir in den meisten Fällen schon ein kleiner Snack reichen, um mit einem guten »Bauchgefühl« durch deine Trainingsrunde zu kommen. Manche Läufer*innen können morgens auch komplett nüchtern loslaufen. Probieren geht über Studieren! Und

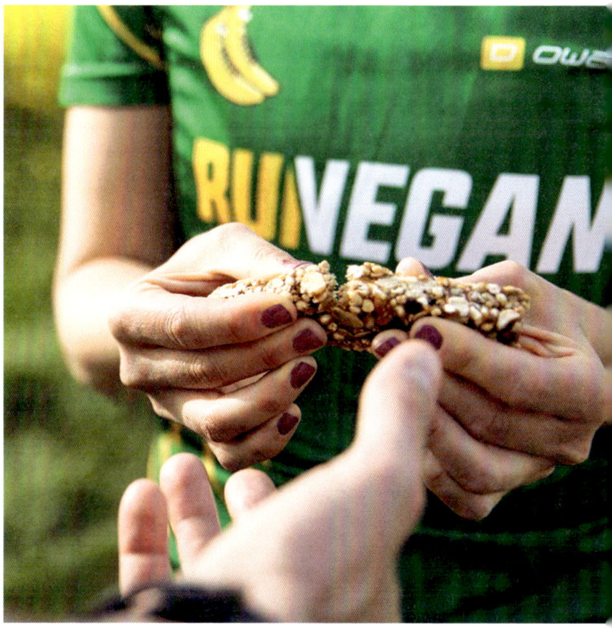

wenn du erst später am Tag oder abends laufen gehst? Dann solltest du auf jeden Fall nicht erst kurz vor dem Training darüber nachdenken, wie du jetzt noch möglichst schnell den tagsüber angesammelten Hunger stillen könntest. Mach es stattdessen wie wir: Starte morgens mit einem sättigenden Frühstück und nimm ein Mittagessen zu dir. Zwischendurch helfen dir kleine Snacks wie etwas Obst, rohes Gemüse oder Nüsse dabei, deinen Blutzuckerspiegel konstant zu halten und Heißhunger zu vermeiden. Wenn du abends laufen gehst, hast du mit dieser Strategie meistens schon genügend Kalorien zu dir genommen, um gut durch deinen Trainingslauf zu kommen. In jedem Fall bist du nicht mehr darauf angewiesen, kurz vor dem Training noch eine große Mahlzeit zu dir zu nehmen: Ein leichter, leicht verdaulicher Snack reicht aus, um ein eventuell noch vorhandenes Hungergefühl zu stillen.

Wenn du vor dem Laufen das Gefühl hast, noch etwas snacken zu müssen, dann greif am besten zu kohlenhydratreichen, gut verdaulichen Lebensmitteln wie Obst oder Toast mit etwas Marmelade. Auf besonders säurehaltige Obstsorten (z.B. Äpfel, Orangen, Kiwi oder Grapefruit) solltest du unmittelbar vor dem Training eher verzichten, weil sie manchmal nicht so gut vertragen werden – es sei denn, du hast das getestet und es funktioniert für dich. Der Erfahrungsaustausch mit anderen Läufer*innen zeigt uns immer wieder, dass jeder in dieser Hinsicht ein bisschen anders tickt und andere Snacks verträgt. Probiere deshalb einfach mal verschiedene Dinge aus. Dann wirst du schnell herausfinden, was für dich am besten funktioniert.

Hier sind unsere persönlichen Lieblingssnacks vor dem Laufen:

- **Smoothies** sind schnell zubereitet und leicht verdaulich. Weil sie vor allem aus Früchten und Wasser bestehen, liefern sie viele Kohlenhydrate und nur wenig Fett (und natürlich Flüssigkeit, was vor allem an warmen Tagen ein weiterer Pluspunkt ist). Wir verwenden Wasser oder Pflanzenmilch und eine Banane als Basis und geben dann zum Beispiel noch Beeren, Melone oder Mango dazu.
- **Bananen** sind vielleicht der perfekte Sportsnack. Ein paar Bissen reichen meist aus, um das Hungergefühl zu stillen. Der Rest wird nach dem Training zu einem Regenerations-Smoothie verarbeitet. Für eine kleine Extraportion Energie in Form von Protein und Fett (oder auch einfach nur weil es so gut schmeckt) kannst du die Banane noch mit ein wenig Erdnussmus bestreichen.
- **Wasserreiches Obst** wie Melonen, Mangos, Papayas, Birnen, Nektarinen und Pfirsiche: Diese Früchte haben einen hohen Wasseranteil und liefern schnell verfügbare Energie, ohne schwer im Magen zu liegen.

VERPFLEGUNG WÄHREND DES LAUFENS

Wenn du die Tipps für die Ernährung vor dem Training berücksichtigst, solltest du auf kürzeren bis mittellangen Läufen keinerlei Verpflegung benötigen. Ab einer gewissen Trainingsdauer reichen die Energievorräte des Körpers aber unter Umständen nicht mehr aus. Dann bist du gut beraten, wenn du einen Snack dabei hast, der dir zusätzliche Kalorien liefert. Um als

Verpflegung für Training und Wettkampf geeignet zu sein, sollte sich ein Snack gut transportieren lassen, eine möglichst hohe Energiedichte haben – und natürlich gut schmecken. Mit den folgenden Energielieferanten haben wir bislang die besten Erfahrungen gemacht:

- **Medjool-Datteln** sind ohne Zweifel einer der besten Sportsnacks, den die Natur uns geschenkt hat. Sie bestehen fast ausschließlich aus Zucker (= schnell verfügbare Energie), schmecken einfach herrlich nach Karamell, haben eine optimale Portionsgröße und lassen sich sehr gut transportieren.
- **Rosinen** sind eine tolle Alternative zu Medjool-Datteln. Genau wie diese bestehen sie zum großen Teil aus Zucker, lassen sich super in einer kleinen Tüte transportieren und man bekommt sie auch bei fortgeschrittener Erschöpfung noch gut runter.
- **Energy-Gels** enthalten maximal viele Kohlenhydrate auf kleinstmöglichem Raum, sind praktisch zu transportieren, gut portionierbar und durch die flüssige Konsistenz mit etwas Wasser schnell runtergespült. Geschmacklich gibt es große Unterschiede zwischen den verschiedenen Sorten, sodass du dich erstmal durchprobieren musst. Die allermeisten Gels sind vegan, aber einige enthalten tierische Aminosäuren. Im Zweifelsfall den Hersteller anschreiben!
- **Fruchtmus** aus Äpfeln, Birnen oder Bananen ist eine günstige Alternative zu Energy-Gels, wenn es nicht unbedingt auf eine maximale Energiedichte ankommt. Du kannst es direkt in praktischen Quetschpäckchen mit Schraubverschluss kaufen, aber auch selbst in wiederverwendbare Plastikfläschchen füllen, um Verpackungsmüll zu sparen.
- **Salzkartoffeln** bieten eine angenehm herzhafte Abwechslung zur sonst doch eher süßen Sportverpflegung und helfen außerdem gerade an warmen Tagen dabei, den Salzverlust durchs Schwitzen auszugleichen. Wir kochen dafür eine möglichst kleine Kartoffelsorte mit wenig Wasser und mindestens 2–3 Esslöffeln Salz pro 500 g Kartoffeln.
- **Reisbällchen** fallen in eine ähnliche Kategorie wie die Salzkartoffeln. Sie benötigen nur ein bisschen mehr Vorbereitungszeit. Unser Basisrezept findest du im Rezeptteil auf Seite 175.
- **Energieriegel** sind sehr praktisch und es sind in den letzten Jahren auch immer mehr vegane Sorten auf den Markt gekommen. Alternativ kannst du dir natürlich auch deine eigenen Riegel backen und hast dann die volle Kontrolle über die Zutaten. Unser Lieblingsrezept für knusprig-leckere Walnuss-Cranberry-Flapjacks findest du auf Seite 179.

DIE FLÜSSIGKEITSVERSORGUNG BEIM LAUFEN

Unser Körper verliert über Urin und Verdauung, die Schweißproduktion und die Atmung stän-

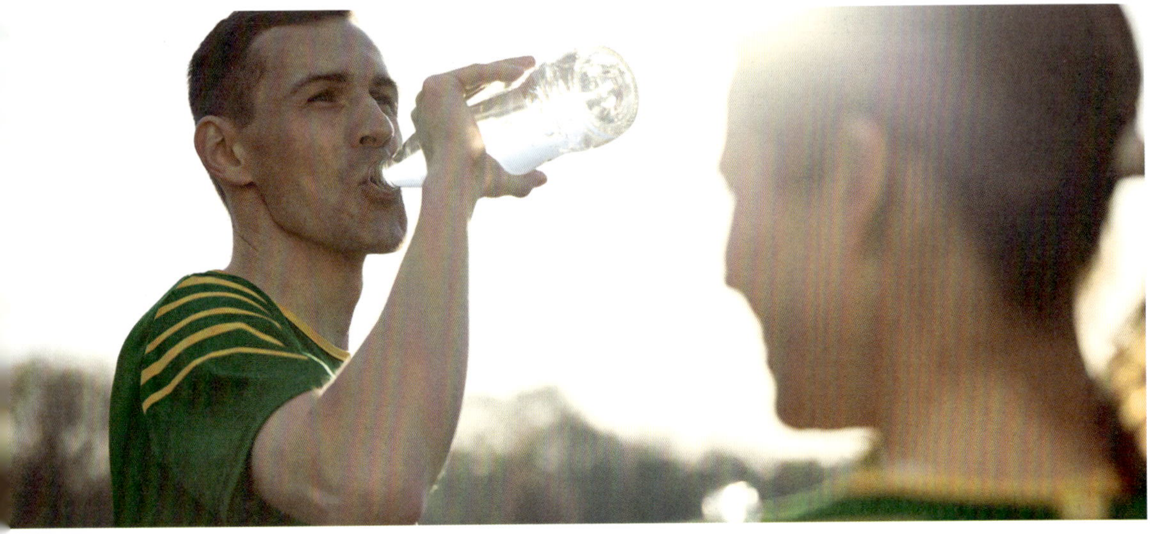

dig Flüssigkeit und kann nur dann einwandfrei funktionieren, wenn wir unseren Flüssigkeitshaushalt ausgeglichen halten. Das ist auch schon die erste Funktion, die das Trinken während des Laufens erfüllt: Es verhindert, dass wir dehydrieren, beziehungsweise verringert es das Ausmaß, in dem wir dehydrieren. Insbesondere bei hohen Temperaturen und intensiven Läufen kann unser Körper gar nicht so viel Flüssigkeit aufnehmen, wie er verliert. Beim Laufen auch ans Trinken zu denken ist aber noch aus zwei weiteren Gründen sinnvoll:

- Zum einen kannst du Kalorien in Form von Kohlenhydraten in dein Sportgetränk mischen und dadurch deine Energieversorgung unterstützen.
- Zum anderen kannst du dem durch das Schwitzen erhöhten Mineralstoffverlust entgegenwirken, indem du dein Getränk entsprechend mit Mineralien anreicherst.

Der Flüssigkeitsbedarf beim Laufen hängt unter anderem von der Temperatur, der Trainingsintensität, der Luftfeuchtigkeit und der Trainingsdauer ab. Das Zusammenspiel dieser Faktoren kann je nach Situation zu einem sehr unterschiedlichen Flüssigkeitsbedarf führen. An den meisten kühlen oder milden Tagen und selbst bei kürzeren Läufen an warmen Tagen wirst du wahrscheinlich überhaupt nichts trinken müssen. Bei längeren Läufen und insbesondere an sehr heißen Tagen können hingegen ein bis zwei Liter (oder mehr) nötig sein, um keine unschönen Überraschungen wie Schwindel, Übelkeit oder Kreislaufprobleme zu erleben. Du musst aber auch nicht vor jedem Lauf irgendwelche Berechnungen anstellen. Es reicht völlig, wenn du deinen gesunden Menschenverstand benutzt und im Zweifelsfall lieber etwas zu viel als zu wenig Flüssigkeit mitnimmst. Du wirst schnell ein Gespür dafür entwickeln, wie viel Flüssigkeit du in verschiedenen Situationen brauchst.

Bei der Wahl deines Getränks kommt es darauf an, welchen Zweck es erfüllen soll (siehe oben). Hier sind einige Möglichkeiten, mit denen du experimentieren kannst:

- Die einfachste Variante ist pures Leitungswasser oder eine stark verdünnte Saftschorle (Verhältnis 1:3 Saft zu Wasser) mit einer Messerspitze Salz zum Ausgleich des Natriumverlusts über den Schweiß.
- Mit Maltodextrin, Wasser und etwas Salz kannst du dir selbst ein kalorienhaltiges Sportgetränk herstellen. Maltodextrin ist ein fast geschmacksneutrales Kohlenhydratgemisch aus Malz- und Traubenzucker, das aufgrund der fehlenden Süße auch in größeren Mengen von den meisten Sportler*innen gut vertragen wird. Die Empfehlungen für den Anteil an Kohlenhydraten pro Liter Flüssigkeit liegen zwischen 30 bis 80 Gramm.
- Natürlich kannst du auch Sportgetränke-Fertigmischungen verwenden, die neben Kohlenhydraten Mineralstoffe enthalten und (wenn du dich an die Dosierempfehlung hältst) isotonisch sind, wodurch sie besonders gut vom Körper aufgenommen werden.

Im Zusammenhang mit der Flüssigkeitszufuhr beim Laufen wird immer wieder auf die Gefahr einer Hyponatriämie hingewiesen. Dieser medizinische Fachbegriff bezeichnet einen zu niedrigen Natriumspiegel im Blut. Dazu kann es in seltenen Fällen kommen, wenn man zum Beispiel während eines langen Trainingslaufs oder Marathons zu viel natriumarmes (salzarmes) Wasser trinkt. Du musst dir um eine Hyponatriämie keine Gedanken machen, wenn du dich an eine einfache Daumenregel hältst: Trinke an heißen Tagen, an denen du lange unterwegs bist, nicht ausschließlich pures Leitungswasser, sondern reichere es wie oben beschrieben mit etwas Salz oder einem Sportgetränkepulver an. Wenn du weißt, dass du nur wenig Flüssigkeit zu dir nehmen wirst (zum Beispiel an milderen Tagen oder bei kürzerer Trainingsdauer), dann kannst du grundsätzlich auch pures Wasser ohne zugesetztes Salz verwenden.

ERNÄHRUNG NACH DEM TRAINING

Eine intensive Trainingseinheit verlangt dem Körper einiges ab. Die Folge sind entleerte Energiespeicher sowie zerstörte Muskelstrukturen und kleinste Muskelverletzungen, die sich später als Muskelkater bemerkbar machen können. In der anschließenden Regenerationsphase füllt der Körper seine Speicher wieder auf und repariert die entstandenen Schäden. Um den Körper dabei optimal zu unterstützen, solltest du bereits kurz nach Ende des Trainings etwas trinken und einen ersten Snack zu dir nehmen. Direkt nach dem Training ist der Körper nämlich besonders gut in der Lage, über die Nahrung zugeführte Kohlenhydrate aufzunehmen und in Form von Glykogen in der Muskulatur zu speichern.[33]

Um diesen Prozess nochmals zu beschleunigen, darfst du dabei zu kurzkettigen Kohlenhydraten greifen (etwa in Form von Früchten, Trockenobst und Fruchtsäften), die besonders schnell ins Blut und in die Energiespeicher gelangen. Einige längerkettige Kohlenhydrate, zum Beispiel in Form von Haferflocken oder

Vollkornbrot, sorgen für eine Stabilisierung des Blutzuckerspiegels. Dein Regenerations-Snack sollte neben Kohlenhydraten außerdem auch etwas Protein enthalten. Protein wird nicht nur für die Reparatur des Muskelgewebes benötigt, sondern es unterstützt auch die Einlagerung der Kohlenhydrate in die Glykogendepots.[34] Gute Proteinlieferanten nach dem Sport sind z. B. Erdnüsse, Mandeln, Sojamilch, Hanfsamen und Kürbiskerne oder auch Proteinpulver auf Reis-, Hanf- oder Sojabasis.

> *AUFGABE: Hast du beim Laufen oft Probleme mit Unterzuckerung oder einem schweren Magen? Dann geh auf Ursachensuche, optimiere deine Ernährungsstrategie vor dem Training und teste, welche Lebensmittel du vor dem Laufen gut verträgst und welche eher nicht. Beginne außerdem damit, nach intensiveren Einheiten zeitnah einen kleinen Regenerations-Snack zu dir zu nehmen.*

Genaue Kalorienvorgaben für den Regenerations-Snack machen keinen Sinn, denn der Bedarf ist individuell und hängt unter anderem von deiner Körpergröße, deinem Gewicht, deinem Trainingszustand und nicht zuletzt von der Trainingseinheit ab, die hinter dir liegt. Es geht auch nicht darum, direkt nach dem Laufen schon wieder so viele Kalorien zu dir zu nehmen wie du gerade verbrannt hast – ein Imbiss reicht schon, um den Regenerationsprozess anzustoßen. Ganz allgemein sollte die Menge natürlich in etwa zu dem Training passen, das du absolviert hast: Je intensiver und länger du trainiert hast, desto größer darf auch dein Regenerations-Snack sein! Nach einem normalen Dauerlauf reicht schon ein halber Apfel oder eine kleine Banane mit etwas Erdnussbutter; nach einem harten Tempotraining, einem langen Lauf oder einem Wettkampf darf es gerne auch ein großer Smoothie sein. Unser Rezept für einen leckeren Beeren-Regenerations-Smoothie findest du im Rezeptteil auf Seite 185.

SPORTERNÄHRUNG IN DER PRAXIS: 5 BEISPIELE

Zum Abschluss dieses Kapitels werfen wir jetzt noch einen Blick auf die vegane (Sport-)Ernährung in der Praxis. Wir haben fünf sehr erfahrene vegane Ausdauersportler*innen gebeten, uns ihre Ernährung an einem typischen Tag zu beschreiben. Im dritten Teil des Buchs wirst du die fünf dann noch näher kennenlernen und etwas über ihre Motivation, ihren sportlichen und veganen Weg sowie ihre Tipps für den Einstieg ins Laufen und ins vegane Leben erfahren.

Beim Betrachten der Übersicht fällt dir wahrscheinlich sofort ins Auge, wie unterschiedlich die Mahlzeiten und Gewohnheiten teilweise ausfallen. Zum einen liegt das natürlich daran, dass jeder einen etwas anderen Tagesablauf hat und zum Beispiel zu unterschiedlichen Zeiten laufen geht. Zum anderen zeigt es aber auch, dass es nicht nur die eine, optimale Ernährung für Sportler*innen gibt, sondern dass viele Wege zum Ziel führen können, die durchaus Raum für persönliche Vorlieben lassen. Du darfst diese Beispiele deshalb vor allem als Inspiration für dich betrachten sowie als Orientierung bei der Suche nach den Dingen, die für dich selbst funktionieren.

Ernährungsalltag von fünf veganen Sportler*innen

	Björn Esser	Rebecca Itta	Johannes Licht	Franzi Conrad	Andrea Klein
Morgens	Bulletproof Coffee, Overnight Oats, Smoothies, Nüsse und Trockenfrüchte	Müsli mit Obst und Pflanzenmilch, am Wochenende Kaiserschmarrn mit Apfelmus	Haferflocken mit Hafermilch, Obst und Nüssen	Porridge, Milchreis oder Grießbrei mit verschiedenem Obst, Brot	Bulletproof Coffee (200 ml Kaffee mit 1 EL Mandelmus und 1 EL MCT Öl), Fasten bis 12 oder 13 Uhr
Mittags	Grain-Green-Bean-Gerichte mit Kartoffeln, Nudeln oder Reis, Salate	Wrap mit veganem Hack, Bohnen, Mais, Salat, Avocado und Tomatensalsa	Neue oder bewährte Gerichte, meistens nach der Grain-Green- Bean-Formel	Sandwich, Rohkost, Obst (Frühstück und Mittagessen fallen bei mir meistens zusammen)	Wrap mit Salat, Tomaten, Avocado und Quinoa, Overnight Oats mit Haferjoghurt, Hanfsamen, Beeren und Haselnussmus
Abends	Proteinreiches Gericht, z. B. mit Linsensprossen oder anderen Hülsenfrüchten	Vollkornreis mit Rote-Linsen-Spinat-Curry	Reste vom Mittagessen oder selbst gebackenes Brot	Ein Gericht nach der Grain-Green-Bean-Formel, z. B. Suppe, Pasta, Kartoffeln	Gemüse in allen Variationen, gerne Curry
Snacks	Nüsse, getrocknete Mangostreifen, Riegel, Smoothies	Maiswaffel mit Nussmus und Apfelmus	Schokolade, Kekse, Kuchen	Brot, Brötchen, Riegel, Nüsse, Smoothies	wenn ich snacke, dann meistens Kuchen aus einem veganen Cafe um die Ecke
vor dem Laufen	morgens Bulletproof Coffee oder ich laufe nüchtern	Medjool-Dattel mit Nussmus und Nüssen	Kaffee und bei längeren Läufen ein Energieriegel	meistens nüchtern, ansonsten Mais- bzw. Reiswaffel mit Erdnussbutter und Marmelade	gar nichts, am liebsten trainiere ich mit leerem Magen
nach dem Laufen	Nüsse, Smoothies, Protein-Shakes	Alkoholfreies Radler	Smoothie oder Reste vom Mittag-/Abendessen	Frühstück (siehe oben), am Wochenende mit Pfannkuchen oder Rührtofu	irgendwas mit Erdnussmus, ein Shake, eine Banane oder auch mal ein Löffel Erdnussmus pur

Und schließlich wirst du sehen, dass es wirklich keinen Unterschied zwischen einer normalen Ernährung und einer Sporternährung gibt – außer dass Björn, Rebecca, Johannes, Franzi und Andrea vermutlich intuitiv etwas mehr essen, um die beim Training verbrannten Kalorien auszugleichen. Ein weiterer Beleg dafür, dass du mit unseren zehn goldenen Regeln und der Grain-Green-Bean-Formel bereits eine optimale Grundlage für deine sportliche Leistungsfähigkeit schaffen kannst!

TIPPS FÜR DEN UMSTIEG

Lass uns einen kurzen Blick auf die Dinge werfen, mit denen wir uns bis hierhin beschäftigt haben: Wir haben uns verschiedene Gründe angeschaut, aus denen sich Menschen für eine vegane Lebensweise entscheiden und die wichtigsten pflanzlichen Lebensmittel kennengelernt. Wir haben dir unsere zehn goldenen Regeln einer gesunden pflanzlichen Ernährung vorgestellt, und dir gezeigt, wie du dir mit der Grain-Green-Bean-Formel ausgewogene und nährstoffreiche Gerichte zubereiten kannst. Und schließlich sind wir noch ein bisschen tiefer in die Materie eingestiegen, indem wir uns mit einigen potenziell kritischen Nährstoffen und den Grundlagen der veganen Sporternährung auseinandergesetzt haben.

Wir würden sagen: Das ist so ziemlich alles, was du über die vegane Ernährung wissen musst. Uns ist aber klar, dass zwischen »wissen« und »machen« ein Unterschied besteht, und dass du auf deinem veganen Weg sicher auch auf das ein oder andere Hindernis treffen wirst. Wenn wir an unsere eigene vegane Anfangszeit zurückdenken, sind wir allerdings immer wieder überrascht, wie leicht uns der Umstieg damals gefallen ist. Natürlich mussten wir uns umgewöhnen und ein paar Sachen neu lernen. Wir hatten aber nie das Gefühl, auf irgendetwas zu verzichten. Wir hatten keine Gelüste auf bestimmte Lebensmittel, die jetzt nicht mehr auf unserem Speiseplan standen. Es war nicht komplizierter als vorher, und wir mussten auch keine besondere Willenskraft dafür aufbringen.

Warum hat die Ernährungsumstellung bei uns so gut geklappt? Wir haben uns das auch gefragt. Dabei sind wir auf fünf Dinge gestoßen, die wir damals wohl ohne darüber nachzudenken genau richtig gemacht haben und dir jetzt noch mit auf den Weg geben möchten. Einiges davon wird dir bekannt vorkommen, weil wir bereits an anderer Stelle im Buch darüber gesprochen haben. Aber es schadet ganz sicher nicht, wenn wir unsere besten Tipps für den Umstieg jetzt noch einmal auf den Punkt bringen.

1. GEH GANZ LOCKER AN DIE SACHE RAN

Wie wir schon berichtet haben, startete unser veganes Leben mit einem Selbstexperiment. Wir hatten uns damals vorgenommen, erstmal nur einen Monat lang vegetarisch zu leben und zu sehen, wie wir uns damit fühlen würden. Auf diese Weise konnten wir uns voll aufs Entdecken und Ausprobieren konzentrieren, statt uns gedanklich sofort und für immer von vertrauten und liebgewonnenen Lebensmitteln sowie Gerichten verabschieden zu müssen. Es ist etwas ganz anderes, wenn du von vornherein sagst: Nie wieder Fleisch, Fisch, Milch, Käse, Quark! Das weckt Verlustängste und erzeugt Bilder von einem freudlosen Leben, weil du ja die ganzen veganen Alternativen noch nicht kennst und nicht weißt, dass die Auswahl an rein pflanzlichen Gerichten und Genüssen schier endlos ist.

Es erwartet auch niemand von dir, dass du gleich von Anfang an zu 100 Prozent vegan lebst (was nebenbei bemerkt auch gar nicht möglich ist[35]). Geh diesen Weg also ruhig in deinem eigenen Tempo und setz dich nicht unter Druck. Wir haben das damals genauso gemacht und uns in den ersten Monaten noch einige Ausnahmen erlaubt, ohne ein schlechtes Gewissen dabei zu haben. Wenn du ganz locker an die Sache herangehst, wirst du sehen, dass sich die meisten Fragezeichen und Hürden mit der Zeit ganz von alleine in Luft auflösen.

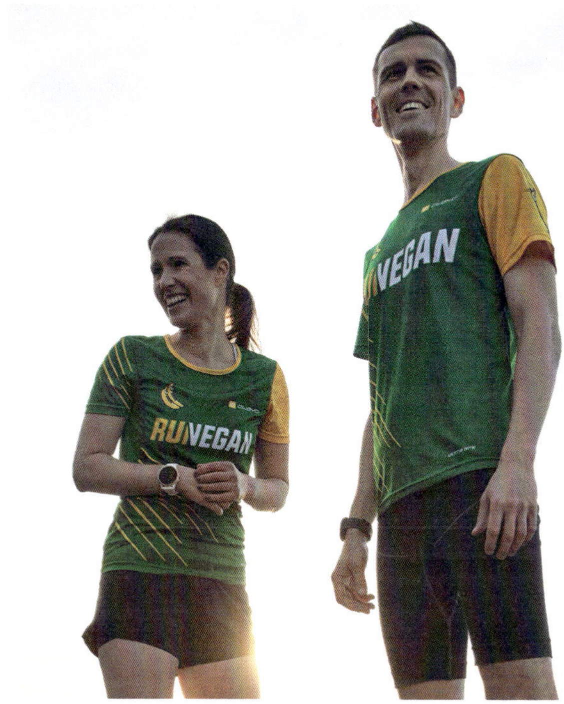

2. MACH EINE VEGANE ENTDECKUNGSREISE

Es stimmt: Sich vegan zu ernähren bedeutet, dass man eine ganze Reihe an Lebensmitteln aus dem Speiseplan streicht. Aber was macht es für einen Sinn, dieses Weglassen in den Mittelpunkt zu stellen, wenn man gleichzeitig jeden Tag neue Lebensmittel und Gerichte entdecken kann, die man vorher noch nie ausprobiert hat? Wenn du uns fragst: keinen!

Wir empfehlen dir deshalb einen Perspektivwechsel: Sieh die vegane Ernährung nicht als Verzicht auf tierische Lebensmittel, sondern als Möglichkeit, über den sprichwörtlichen Tellerrand zu schauen und aus eingefahrenen Ernährungsgewohnheiten auszubrechen. Brich zu einer veganen Entdeckungsreise auf und freu dich darüber, jeden Tag etwas Neues zu lernen!

3. FÜHRE DIR DEINE MOTIVATION VOR AUGEN

Es gibt kaum etwas, das wir Menschen ohne einen Grund tun: Wir schlafen, weil wir müde sind. Wir essen, weil wir Hunger haben. Wir laufen Marathons, weil es uns Spaß macht, oder uns befriedigt, oder weil uns der Schmerz das Gefühl gibt, wirklich am Leben zu sein.

Und das ist auch bei der Umstellung auf die vegane Ernährung nicht anders. Wenn du nicht weißt, warum du dich vegan ernähren willst, dann wirst du kaum langfristig dabei bleiben. Du hast in diesem Buch bereits verschiedene gute Gründe dafür kennengelernt, keine tierischen Lebensmittel mehr zu essen. Wenn du deinen eigenen Grund kennst und ihn dir immer wieder vor Augen führst, dann wird es dich nicht aus der Bahn werfen, wenn du mal auf ein Hindernis triffst.

Wir selbst haben in unserer veganen Anfangszeit eine Menge Bücher und Filme über die ökologischen, ethischen und gesundheitlichen Aspekte der Ernährung verschlungen, und das hat unsere Überzeugung immer weiter gefestigt, dass wir nicht mehr zu unseren alten Ernährungsgewohnheiten zurückkehren wollten.

4. BLEIB NICHT ALLEIN

Bleib nicht allein! Diesen Tipp haben wir dir schon fürs Laufen gegeben, und er ist beim Start in ein veganes Leben fast noch wichtiger. Wir müssen ja nicht drum herumreden: Als Veganer*in gehörst du zu einer gesellschaftlichen Minderheit, und es ist gut möglich, dass du mit deiner neuen Leidenschaft für knusprig angebratenen Tofu nur auf wenig Gegenliebe in deinem Umfeld stoßen wirst. Wenn dann sogar im engsten Freundes- und Familienkreis das Verständnis fehlt, kann man sich schnell wie der einsamste Mensch der Welt fühlen.

Aber zum Glück ist es inzwischen sehr einfach, mit anderen Veganer*innen in Kontakt zu kommen. Für uns ist das bis heute einer der schönsten Nebeneffekte des Veganseins: dass wir dadurch schon so viele tolle Menschen kennengelernt und zahlreiche Freundschaften geknüpft haben. Schau dich zum Beispiel nach veganen Gruppen und Stammtischen in deiner Nähe um, oder besuche vegane Kochkurse, bei denen man schnell miteinander ins Gespräch kommt. Eine großartige Möglichkeit, vegane Läufer*innen zu treffen, sind außerdem die Gu-

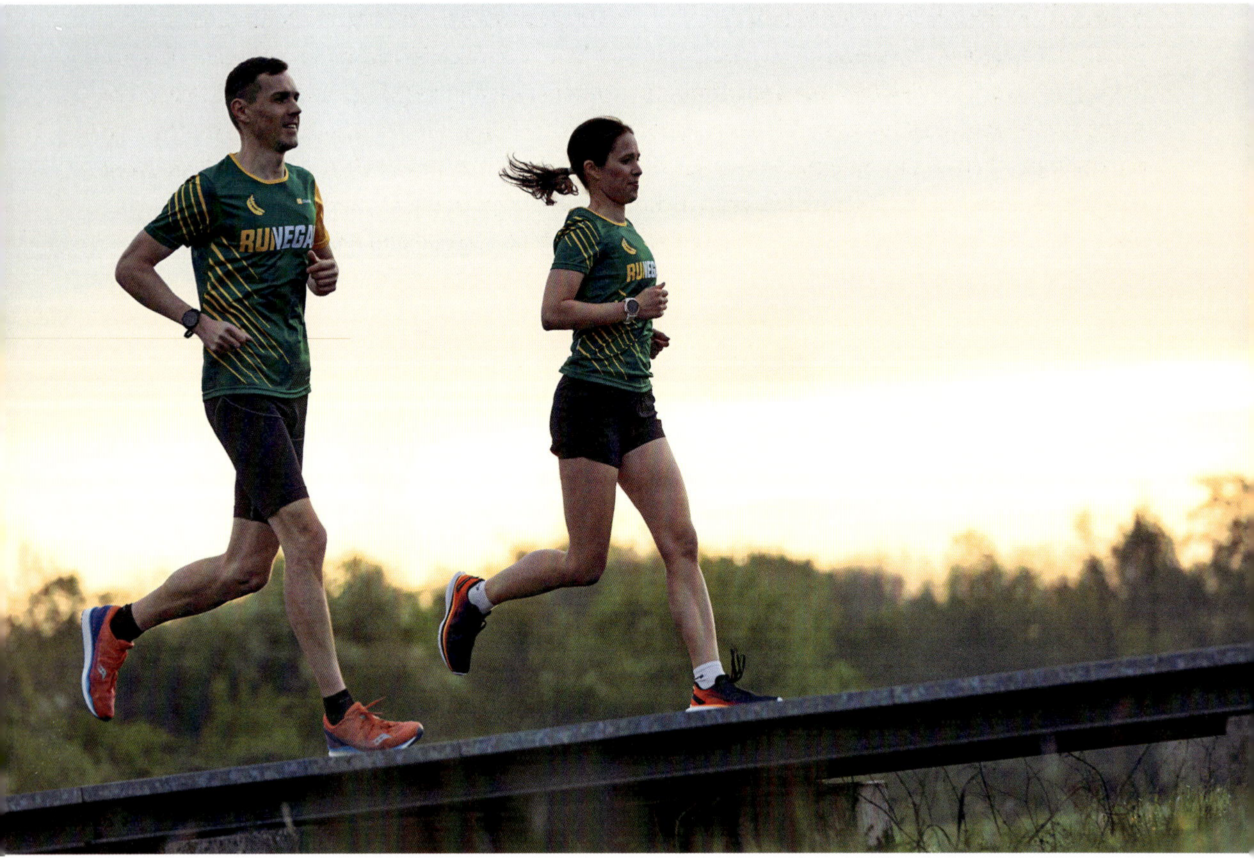

tenachtläufe von »Laufen gegen Leiden«, die bereits in mehr als 50 Städten immer an Vollmondabenden stattfinden.[36]

Und dann gibt es natürlich noch das Internet! In Online-Foren und via Social Media kannst du Kontakte knüpfen, um dich mit Gleichgesinnten auszutauschen. Wir laden dich herzlich in unsere eigene Facebook-Gruppe »Team beVegt.de« ein, in der wir nicht nur übers Laufen sprechen, sondern auch unsere Lieblingsrezepte miteinander teilen und uns über Fragen rund ums vegane Leben austauschen. Den direkten Link zur Gruppe findest du auf der Seite zum Buch unter **bevegt.de/run-vegan/extras**.

5. ENTDECKE DEN SPASS AM ANDERSSEIN

Es ist nicht immer angenehm, aus der Masse herauszufallen. Es ist leichter, mit dem Strom zu schwimmen und unsichtbar zu bleiben. Wenn du anfängst, dich vegan zu ernähren, wirst du hier und da anecken. Es lässt sich einfach nicht vermeiden. Einige Menschen werden deine Entscheidungen (oder sogar deine geistige Gesundheit) in Frage stellen. Du wirst in Situationen kommen, in denen du erklären musst, dass du keine tierischen Lebensmittel isst. Dies sind Momente, in denen dein Selbstbewusstsein auf eine harte Probe gestellt wird, weil du zu einer Überzeugung stehen musst, die von den meisten Menschen um dich herum nicht geteilt wird.

Auch für uns war dieser Punkt am Anfang eine große Herausforderung. Aber irgendwann ist etwas passiert: Wir haben festgestellt, dass es uns gefällt, in dieser Hinsicht anders als die anderen zu sein und unseren eigenen Weg zu gehen. Unsere Entscheidung, vegan zu leben, hat unsere Identität geschärft, und es macht uns inzwischen gar nichts mehr aus, unsere Sichtweise auch öffentlich zu vertreten. Deshalb lautet unser letzter Tipp, dass du stolz auf deine Entscheidung für ein veganes Leben sein solltest. Sieh den Gegenwind als eine Möglichkeit zu wachsen und dich weiterzuentwickeln. Und hab dabei so viel Spaß wie möglich!

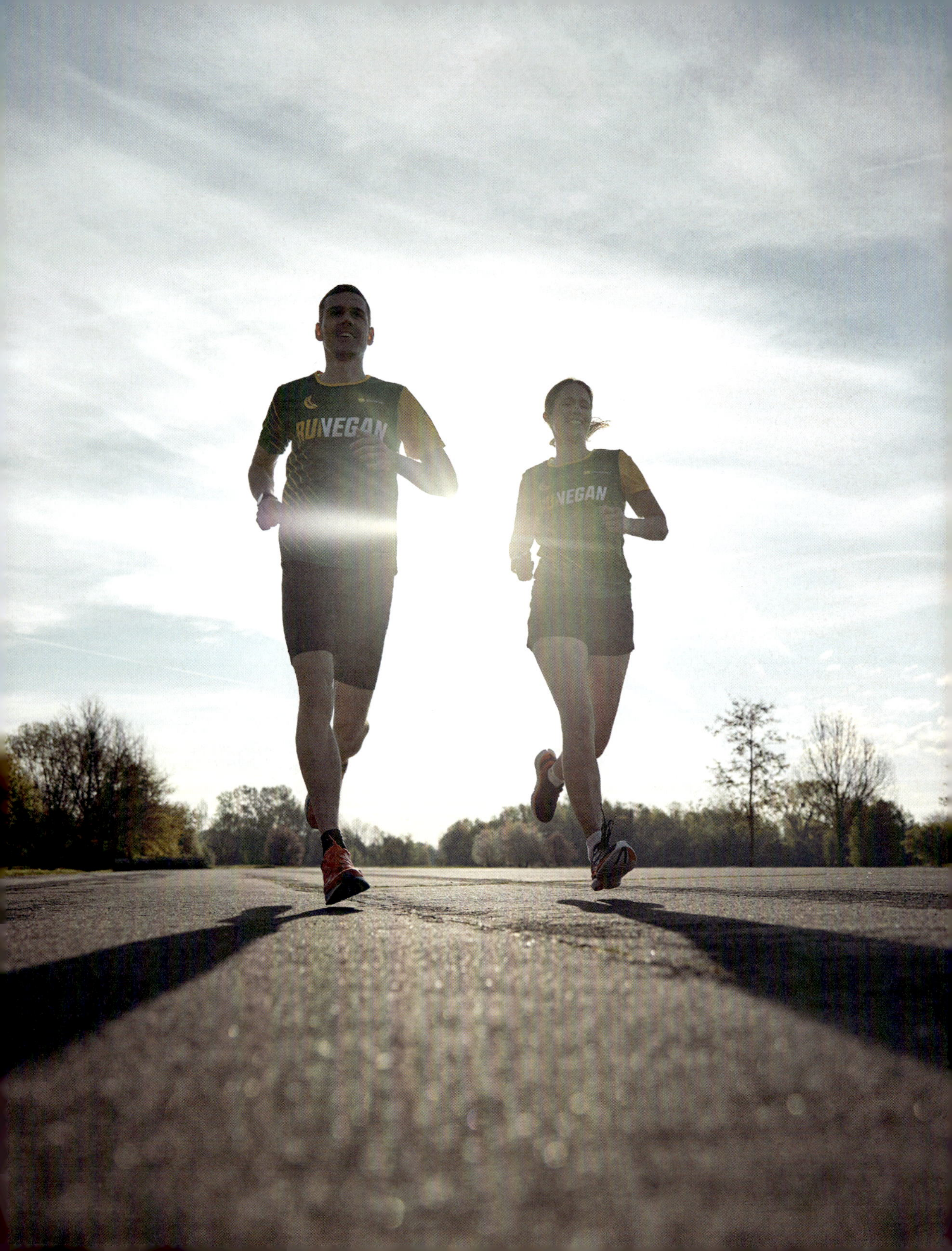
RUNVEGAN
RUNVEGAN

RUN VEGAN

RUN VEGAN

*RUN VEGAN bedeutet mehr als vegan zu leben und zu laufen. Es ist eine Bewegung, die immer größer wird und viele Möglichkeiten bietet, sich einzubringen. Im dritten Teil dieses Buchs erzählen wir dir, wie aus einem Hobbyblog eine riesige vegane Laufcommunity geworden ist. Du lernst fünf inspirierende vegane Läufer*innen kennen und erfährst, wie du als Athletivist*in »laufend« die Welt verändern kannst.*

VOM HOBBYBLOG ZUR GRÖSSTEN VEGANEN LAUFCOMMUNITY

Als wir im Spätsommer und Herbst 2010 nach und nach vegan wurden, fühlten wir uns zunächst ein bisschen wie Bonnie und Clyde gegen den Rest der Welt. Wir kannten ja keine anderen Veganer*innen persönlich, von veganen Läufer*innen ganz zu schweigen! Natürlich hatten wir das große Glück, diesen Weg gemeinsam gehen zu können, aber der Austausch mit Gleichgesinnten fehlte uns damals schon ein bisschen. Unser veganes Universum drehte sich in der Anfangszeit vor allem um Matt Fraziers Blog »No Meat Athlete«, dem wir den letzten Anstoß für unser vegetarisch-veganes Selbstexperiment zu verdanken hatten. Wir fanden bei Matt aber nicht nur Ernährungstipps und Rezeptideen, sondern wir spürten, dass dort auch ganz langsam so etwas wie eine Community heranwuchs: eine virtuelle Gemeinschaft von Läuferinnen und Läufern, die sich aus verschiedenen Gründen für die vegane Lebensweise interessierten und sich stolz als »No Meat Athletes« bezeichneten. Das zu sehen gab uns das schöne Gefühl und die Gewissheit, dass da draußen noch viele andere Menschen so dachten wie wir.

No Meat Athlete war der erste Blog, den wir ganz bewusst gelesen und verfolgt haben. Wir können ohne zu übertreiben sagen, dass er unser Leben positiv verändert hat, und dass wir ohne Matt heute nicht die Menschen wären, die wir sind. Uns hat das damals vor Augen geführt, welche großartigen Möglichkeiten das Internet bietet, Erfahrungen zu teilen, Hilfestellung zu geben, andere zu inspirieren und das Leben von Menschen zu beeinflussen, die man möglicherweise niemals im in der Offline-Welt kennenlernt. Wir fingen an, auch Blogs zu anderen Themen wie Minimalismus, Unternehmertum und Persönlichkeitsentwicklung zu lesen. Je sicherer wir uns in unserer neuen Lebensweise fühlten, desto konkreter wurde der Wunsch, selbst einen Blog auf die Beine zu stellen – eine Art deutschsprachige Version von No Meat Athlete, die es unseres Wissens damals noch nicht gab. Wir hofften, auf diese Weise mit anderen veganen Läufer*innen aus dem deutschsprachigen Raum in Kontakt zu kommen, wollten aber auch etwas zurückgeben und anderen mit unseren Erfahrungen auf ihrem eigenen veganen Weg helfen.

Im Laufe des nächsten Jahres bereiteten wir alles vor, legten einen Wordpress-Blog an, dachten uns einen Namen für unser Projekt aus, schrieben die ersten Artikel. Schließlich brauchten wir noch eine letzte Bestätigung dafür, dass die Kombination »vegan leben und laufen« wirklich funktioniert und wir unsere zukünftigen Leser*innen nicht auf einen Holzweg führen würden. Diese Bestätigung war für uns dann der Frankfurt Marathon 2011, bei dem Daniel zum ersten Mal unter der magischen Marke von 3 Stunden blieb, und wir uns beide die Qualifikation für den Boston Marathon sicherten. Wir ernährten uns zu diesem Zeitpunkt seit mehr als einem Jahr vegan, was unserer sportlichen Entwicklung keinen Abbruch getan hatte. Im Gegenteil: Wir waren so fit wie nie zuvor und rannten von einer Bestzeit zur nächsten.

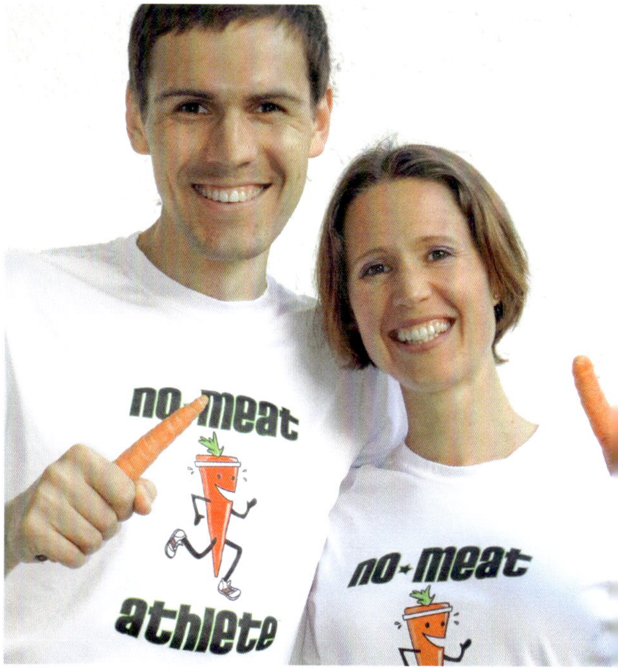

Als symbolträchtiges Datum für den Start von beVegt wählten wir den 1. November 2011, den Weltvegantag. Als wir zum ersten Mal auf »veröffentlichen« klickten, war das ein sehr aufregendes Gefühl – und dann passierte erstmal nichts. Mehrere Wochen lang nahm niemand Notiz von unserem Blog. Die Statistik zeigte bloß unsere eigenen Besuche auf der Seite an. Okay, vielleicht auch die unserer Eltern und Geschwister, denen wir als einzigen etwas von unserem neuen Projekt erzählt hatten. Natürlich hatten wir nicht mit riesigen Besucherströmen aus dem Nichts gerechnet und veröffentlichten einfach weiter ein bis zwei neue Beiträge pro Woche. Mal ein neues Rezept, mal Tipps rund um die vegane Ernährung oder das Lauftraining, mal etwas Motivierendes oder auch persönliche Erfahrungen, die wir auf unserem veganen Weg gesammelt hatten.

Nach ein paar Wochen schlug der Besucherzähler immer häufiger nach oben aus und wir erhielten die ersten Kommentare zu unseren Beiträgen. Zum ersten Mal bekamen unsere Leser*innen einen Namen und manchmal auch ein Gesicht, was uns damals sehr zum Weitermachen motivierte. In den folgenden Jahren wuchs beVegt immer weiter, wir knüpften Online-Freundschaften mit anderen veganen Läufer*innen und lernten einige von ihnen auch im richtigen Leben kennen. Ein erstes echtes Highlight war 2013 die vegane »Ultramarathonstaffel B_{12}« von »Laufen gegen Leiden« (inzwischen ein eingetragener Verein), bei der wir zusammen mit vielen anderen veganen Sportler*innen die 450 km lange Bundesstraße 12 im südlichen Bayern als Staffel abliefen. Jede Staffelgruppe hatte dabei eine Strecke von 50 Kilometern und somit einen Ultramarathon zu bewältigen, womit wir

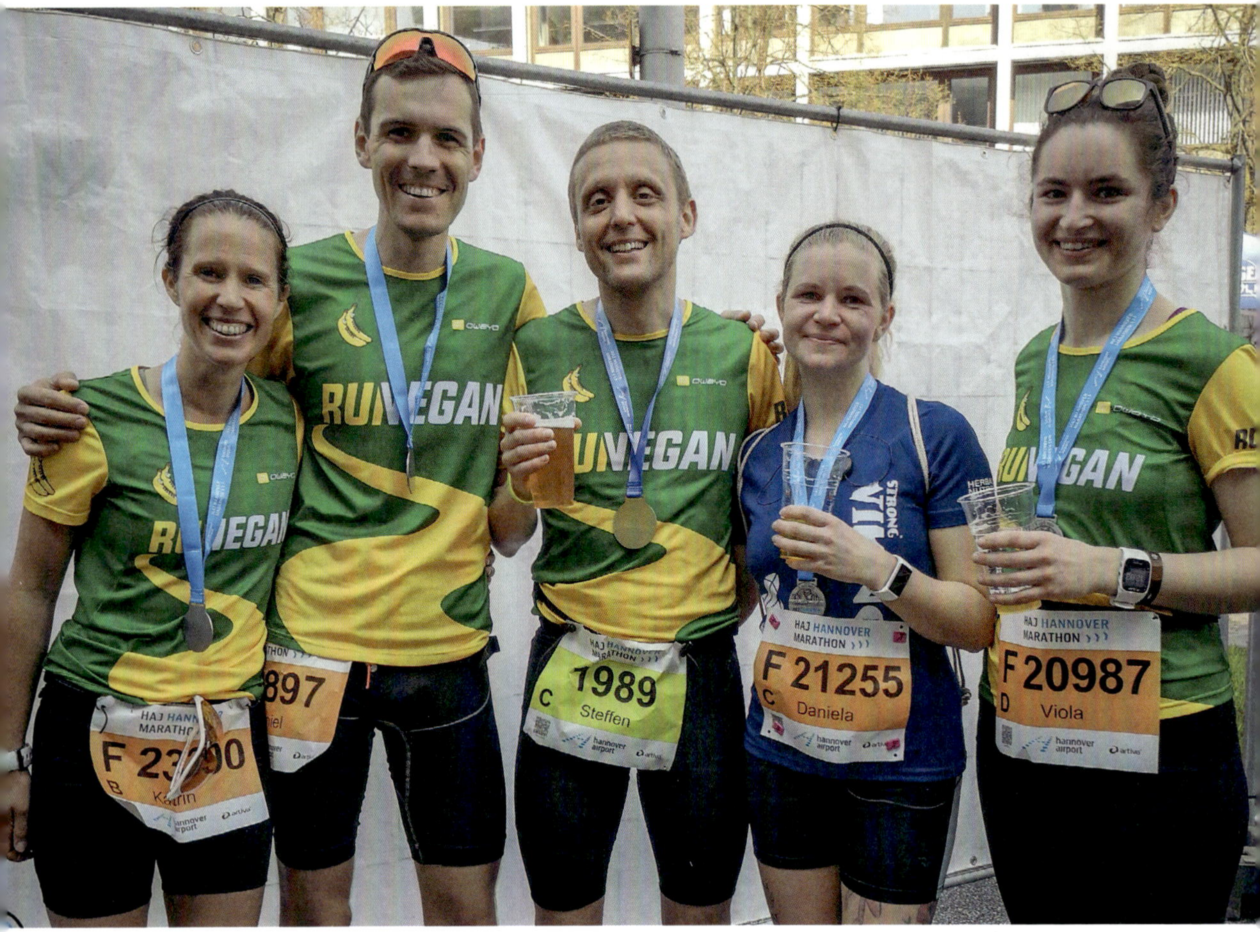

die noch immer weit verbreiteten gesundheitlichen Vorurteile gegenüber der veganen Ernährung entkräften wollten. Umgeben von so vielen Menschen, die unsere Begeisterung fürs Laufen und den Veganismus teilten, spürten wir in diesen drei Tagen, wie schön es wäre, wenn auch im deutschsprachigen Raum eine richtige vegane Laufcommunity heranwachsen würde.

Wir wollten unseren Beitrag zu dieser Entwicklung leisten und überlegten uns, wie wir beVegt einen stärkeren Gemeinschaftscharakter geben konnten. Unsere erste Idee war, ein veganes Sportteam ins Leben zu rufen, bei dem alle mitmachen können, die sich für die vegane Lebensweise interessieren und sich mit beVegt sowie unseren Botschaften verbunden fühlen. Auch du bist herzlich eingeladen, für das *Team beVegt.de* zu starten und auf diese Weise für beVegt und die vegane Lebensweise zu werben! Um unseren Leser*innen eine Möglichkeit zum Kennenlernen, zum Austausch und zu gegenseitiger Unterstützung zu geben, richteten wir außerdem eine Facebook-Gruppe ein, die inzwischen viele tausend Mitglieder hat. Sie bereitet uns sehr viel Freude, weil dort (im Gegensatz zu vielen anderen Foren im Internet) ein ausnahmslos freundlicher und hilfsbereiter Umgangston herrscht.

Im Jahr 2015 entwarfen wir unsere eigenen Laufshirts mit dem Schriftzug »RUN VEGAN« auf der Brust, die mit ihrem auffälligen Design in den beVegt-Farben Grün und Gelb kaum zu übersehen sind. Wir sind immer wieder erstaunt über die vielen tollen Geschichten, die uns in Zusammenhang mit den Shirts erreichen: Läufer*innen, die plötzlich von wildfremden Menschen mit einem lauten »Run Vegan!« angefeuert werden, oder sich bei einer Laufveranstaltung an den Shirts erkennen und dadurch neue Freundschaften knüpfen. Heute sind schon weit mehr als 1.500 RUN-VEGAN-Shirts auf den Straßen und Trails in Deutschland, Österreich, der Schweiz und sogar in Marokko, Israel oder Australien unterwegs, und es werden jedes Jahr mehr.

Im Frühjahr 2016 veranstalteten wir das erste von mittlerweile mehr als 25 veganen Laufwochenenden, um eine weitere Möglichkeit zu schaffen, vegane Läufer*innen kennenzulernen und Zeit mit Gleichgesinnten zu verbringen. Und wir starteten den beVegt-Podcast, in dem wir erstmals auch andere Stimmen aus der veganen Laufbewegung zu Wort kommen lassen konnten, die zu unserer Freude immer größer wurde. Am eindrücklichsten lässt sich das an einem Beispiel veranschaulichen: Wir laufen seit 2011 jedes Jahr beim »Brüder-Grimm-Etappenlauf« von Hanau nach Steinau mit – unser absolutes Lieblings-Laufevent und das Highlight unseres Laufjahres. In den ersten Jahren waren wir unseres Wissens die einzigen beiden veganen Starter. Im Jahr 2016 brachten wir zum ersten Mal ein kleines veganes Laufteam aus sieben Läufer*innen an den Start. Und 2019 waren unter den rund 420 Finishern mindestens 43 Veganer*innen, die für verschiedene vegane Teams wie das Team beVegt.de, Laufen gegen Leiden e. V. oder das Erdnussbutter Racing Team ins Rennen gingen – eine Quote von mehr als 10 Prozent!

Wir sind sehr glücklich darüber, dass unser Traum von einer gut vernetzten veganen Laufgemeinschaft in den letzten Jahren Realität geworden ist, und stolz darauf, dass beVegt ein Teil dieser Bewegung war und ist. Aber jetzt haben wir genug über uns selbst gesprochen und wollen noch ein paar der vielen tollen Menschen aus der veganen Laufgemeinschaft zu Wort kommen lassen. Im nächsten Kapitel lernst du Björn, Rebecca, Johannes, Andrea und Franzi kennen. Sie alle sind leidenschaftliche Sportler*innen und leben aus Überzeugung vegan. In den Interviews sprechen sie darüber, wie das Laufen und der Veganismus ihr Leben geprägt haben, und verraten ihre besten Tipps für den Einstieg ins Laufen sowie die vegane Ernährung.

Wenn du noch mehr über die fünf erfahren möchtest, dann hör dir auch die Podcast-Folgen an, die wir mit ihnen aufgenommen haben. Wir haben sie auf der Seite zum Buch unter **bevegt.de/run-vegan/extras** für dich verlinkt.

VEGANE SPORTLER*INNEN IM PORTRAIT

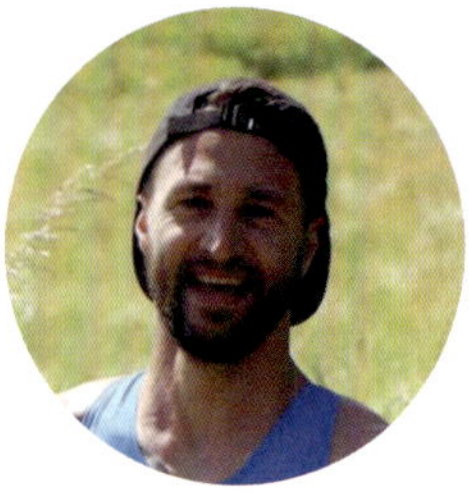

BJÖRN ESSER

Seit wann lebst du vegan? Wie kam es dazu, und was hat dich damals dazu bewegt?

Ich lebe seit November 1996 vegan. Ich war davor schon ein paar Jahre Vegetarier. Ein Cousin von mir war vorher schon vegan. Mich faszinierte die »Straight Edge«-Lebensphilosophie. Zusätzlich sprach ich mit meiner Cousine zweiten Grades darüber, die in derselben Straße wohnte, und wir entschieden uns dazu, zusammen vegan zu werden. Das machte es am Anfang definitiv etwas leichter. Da ich meine vegetarische Lebensweise auch ethisch begründete, war der Schritt zum Veganismus die einzig logische Konsequenz für mich. Ich wollte Teil einer positiven Veränderung für weniger Tierleid, weniger Menschenausbeutung und mehr ökologische Verantwortung sein.

Was hat sich durch diesen Schritt in deinem Leben verändert? Gibt es etwas, das du erst durch das Vegansein gelernt hast?

Wahrscheinlich habe ich durch die vegane Ernährung vor allem das Kochen so richtig gelernt bzw. lernen müssen. Aber als ich diese Veränderung durchmachte, fühlte ich mich auch mehr im Einklang mit mir selbst und meiner Umwelt. Außerdem fand ich dadurch heraus, dass Veränderungen tolle Chancen bieten können.

Welche Tipps würdest du jemandem geben, der noch ganz am Anfang seines veganen Wegs steht?

Nicht verzagen und vieles ausprobieren. Und vor allem auch mal geduldig sein, denn wenn man angefangen hat, ist der wichtigste Schritt bereits gemacht. Mir schmeckte zu Beginn nicht jedes Gemüse, und manchmal knickte ich vor den mittlerweile stark beworbenen veganen Fertigprodukten ein. Trotzdem sollte man versuchen, einen Großteil der Nahrung selbst zuzubereiten und vielleicht sogar einen Teil selbst anzubauen und zu ernten.

Hast du ein Lieblingsgericht oder Gerichte, die du besonders gerne isst?

Spaghetti Bolognese von meiner Freundin, gelbes Curry mit süßlicher Komponente, Spinatsalat mit gerösteten Walnüssen und Roter Bete.

Was ist für dich das Besondere am Laufen?

Wenn ich alleine laufe: Dass ich ganz bei mir selbst bin. Das Handy ist weg, dafür die Natur um mich herum. Aber auch, dass ich es mit Freund*innen und guten Gesprächen verbinden kann, mit meinen Töchtern unterwegs bin oder schlichtweg Distanzen überwinde. Ich finde es immer noch toll zu sehen, wie man sich mit eigener Körperkraft fortbewegen kann. Das gilt ja heute fast schon als etwas Besonderes, ist aber eigentlich das Natürlichste überhaupt.

Was waren deine bisherigen läuferischen bzw. sportlichen Highlights? Was ist dir besonders in Erinnerung geblieben, worauf bist du besonders stolz?

Meine Triathlon Langdistanzen in Köln und Roth und die Mitteldistanzen in Prag, Calella und Samorin. Einerseits, weil ich bei manchen davon Bestzeiten erreicht habe, aber vor allem auch, weil mich schöne Natur und interessante Städte faszinieren. Meine ersten Ultraläufe, der »Bleilochlauf« und der »Vuurtorentrail Ameland«, die ich mit meinem Freund Sascha durchgezogen habe. Der »WHEW 100«, den Timo Schaffeld und ich als »Run and Bike«-Wettbewerb (dank Timo) gewinnen konnten. Die »Urban Swimruns« in Essen und Duisburg. Stolz bin ich aber vor allem, wenn ich meine Grundschüler*innen in großer Zahl zu Läufen anmelden, trainieren und begleiten kann oder aber andere Leute durch meine Aktivitäten inspiriere. Ich laufe mitunter lieber mit 30 Schüler*innen, als dass ich selbst nach meiner Bestzeit stürme.

Welche sportlichen Ziele und Projekte stehen noch auf deiner Wunschliste? Was würdest du gerne noch machen oder erreichen – und warum?

Gerne mal einen echten Bergtrail à la »Zugspitz Ultratrail« oder »Ultra Trail du Mont Blanc«. Meist sind diese allerdings außerhalb der Ferien und die Qualifikationsrennen sind auch stets mit hohem organisatorischem Aufwand verbunden. Ich möchte mal die rund 250 Kilometer des Ruhrtalradwegs an einem Tag fahren und mit meinen Töchtern Radurlaub machen. Und dann irgendwann auch mal auf einen 3000er- oder 4000er-Berg steigen. Aber vielleicht bietet sich im nächsten Jahr auch die Chance, Kitesurfen zu lernen ... dann probiere ich das. Hauptsache, jedes Jahr eine neue sportliche Erfahrung oder Herausforderung.

Was ist dein bester Tipp für Laufanfänger*innen?

Dran bleiben, in den Austausch treten, Literatur sichten (Fachliteratur, aber auch Bücher wie zum Beispiel »Born to run« von Christopher McDougall[37]), mit anderen laufen, alleine laufen, im Wald, in der Stadt, auf der Bahn, hungrig, vollgefressen, barfuß, auf verschiedenen Untergründen und immer wieder die eigenen Muster überdenken. Notfalls mal einen vermeintlichen Schritt zurück machen, also bei Schmerzen und anderen Problemen weniger laufen oder Pausen fürs Gehen mit einplanen. Aber nur nicht sofort aufgeben. Es gibt meistens einen Weg, wie man gesundes Laufen in den Alltag integrieren kann. Dann ist es der freieste und vielleicht auch gewinnbringendste Sport. ■

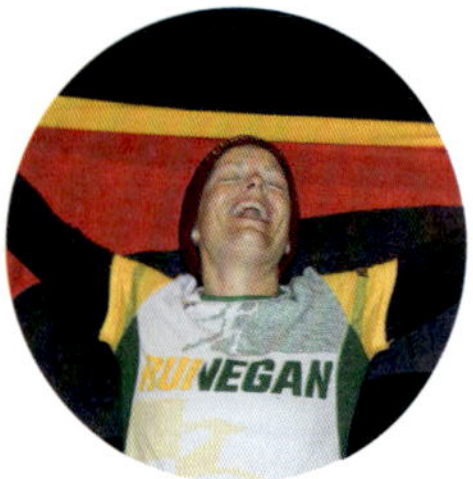

ANDREA KLEIN

Seit wann lebst du vegan? Wie kam es dazu, und was hat dich damals dazu bewegt?

Ich lebe seit zehn Jahren vegan. Der erste Impuls war damals, mein jahrelanges Übergewicht in den Griff zu bekommen und gleichzeitig meinem Traum näher zu kommen, einmal einen Marathon zu laufen. Ich bin mit einer 30-Tage-Challenge gestartet. Mein Umfeld hat das damals überhaupt nicht ernst genommen. Vorher hatte ich mir nicht so viele Gedanken über meine Ernährung gemacht. Aufgrund meiner damals unregelmäßigen Arbeitszeiten als Krankenschwester in Kombination mit dem sehr zeitintensiven Medizinstudium habe ich oft auf Tiefkühlpizza oder Nudeln mit Pesto zurückgegriffen.

Durch den Umstieg auf die vegane Ernährung wurde Essen etwas viel Bewussteres in meinem Leben. Ich habe mir plötzlich die Zeit genommen, meine Mahlzeiten vorzubereiten und genau darauf zu schauen, was ich einkaufe und zubereite. Ich bin nach wie vor davon überzeugt, dass diese bewusste Beschäftigung sehr viel zu meiner Gewichtsreduktion beigetragen hat, da ich bis heute viel mehr nachdenke, bevor ich etwas esse und nicht einfach wahllos snacke. Aus der 30-Tage-Challenge wurde schließlich Überzeugung. Ich konnte mein Gewicht dauerhaft um 35 Kilogramm reduzieren und habe seitdem unzählige Laufschuhe kaputt gelaufen.

Was hat sich durch diesen Schritt in deinem Leben verändert? Gibt es etwas, das du erst durch das Vegansein gelernt hast?

Der Schritt hat mein Leben nachhaltig und auf verschiedenen Ebenen verändert. Auch wenn es anfangs um mein Übergewicht ging und es natürlich eine große Motivation war, durch die vegane Ernährung abzunehmen, sind durch die Auseinandersetzung mit meiner Ernährungsweise ganz nebenbei noch viele andere Dinge passiert.

Mein Umfeld hat sich verändert, und ich habe mich intensiver mit der Welt auseinandergesetzt, in der wir leben. Ich habe angefangen, mir mehr Gedanken über meinen Konsum zu machen und hinterfrage seither viel kritischer, ob ich wirklich etwas kaufen will oder nicht. Durch das Vegansein habe ich gelernt, wie viel Einfluss man auf den eigenen Körper und das eigene Umfeld haben kann, aber auch, wie viel man zum Positiven bewegen kann, wenn man sich intensiv mit einem Thema auseinandersetzt und es konsequent lebt.

Auch gab es sportliche Ziele, die ich mir in den letzten Jahren erfüllen konnte – wie zum Beispiel einen Marathon zu finishen. Dazu hat sicher auch das Mindset beigetragen, das ich mir mit dem Umstieg auf die vegane Lebensweise zugelegt habe. Vegan zu werden war der Startschuss, und seitdem verändere und hinterfrage ich konsequent Dinge in meinem Leben.

Welche Tipps würdest du jemandem geben, der ganz am Anfang seines veganen Wegs steht?

Einfach zu experimentieren und auszuprobieren – und nicht zu streng mit sich selbst zu sein. Auch anfängliches Unverständnis aus dem Umfeld sollte man nicht so ernst nehmen und sich davon nicht irritieren lassen. Jeder hat seinen eigenen Einstieg. Es gibt nicht den »perfekten Veganer«.

Was ist für dich das Besondere am Laufen?

In den letzten zehn Jahren habe ich viele Wettkämpfe bestritten. Natürlich waren in dieser Zeit auch Zielzeiten ein Thema. Ich habe aber immer gespürt, dass schneller werden nicht mein Hauptantrieb ist – und dass es mich auch nicht zufriedener gemacht hat, wenn ich ein paar Sekunden früher ins Ziel gekommen bin. Das Besondere am Laufen ist für mich die Verbundenheit mit mir selbst und der Natur. Ich kann durch das Laufen zur Ruhe kommen und mein Nervensystem reguliert sich. Ich bin im Alltag oft sehr beschäftigt und spüre mich selbst nicht richtig. Durch das Laufen hole ich mir das zurück.

Was waren deine bisherigen läuferischen bzw. sportlichen Highlights? Was ist dir in Erinnerung geblieben, worauf bist du besonders stolz?

Mein Finish beim »SwissultraTriathlon« 2018 auf der »Quintuple Day«-Distanz. Ich bin mir und meinem Körper sehr dankbar, dass ich durch sehr viel Disziplin und starken Willen in der Lage war, fünf Tage am Stück Sport zu treiben und fünf Triathlon-Langdistanzen mit jeweils 3,8 Kilometern Schwimmen, 180 Kilometern Radfahren und 42,195 Kilometern Laufen hintereinander zu absolvieren. Es ist aber eigentlich nicht ein einzelner Wettkampf, auf den ich besonders stolz bin. Ich bin vielmehr stolz darauf, dass ich den Mut hatte, immer wieder an die Startlinie von großen Wettkämpfen zu gehen, obwohl es die Möglichkeit gab, dass ich Scheitern würde.

Welche sportlichen Ziele und Projekte stehen noch auf deiner Wunschliste? Was würdest du gerne noch machen oder erreichen – und warum?

Ich möchte gerne nochmal einen 100-Kilometer-Lauf finishen, denn ich will wissen, wie es sich anfühlt, 100 km am Stück zu laufen. Der »Two Oceans Marathon« steht noch auf der Wunschliste. Und die Besteigung des Kilimandscharo. Primär habe ich aber gerade sehr viel Spaß daran, einfach ohne Druck in der Natur unterwegs zu sein. Mein aktuelles Projekt ist das Barfußlaufen und die Auswirkungen des Laufens auf das autonome Nervensystem. Ich beschäftige mich mit der Frage, wie man möglichst natürlich und entspannt laufen kann: weniger mit dem Ziel eines optimierten Laufstils als mit größtmöglicher Verbundenheit zu sich selbst und dem, was der individuelle Körper kann und braucht, um fit und gesund zu sein.

Was ist dein bester Tipp für Laufanfänger*innen?

Gut auf den Körper zu hören, die Umfänge nicht zu schnell zu steigern und sich nicht zu sehr mit anderen vergleichen. Pläne und gesteuertes Training sind sehr hilfreich, aber man sollte auch ein Gefühl dafür entwickeln, was einem gut tut und was nicht. Ich bin in den letzten zehn Jahren immer meiner Intuition gefolgt und konnte große Umfänge trainieren, ohne dass ich großartig verletzt war.

Natürlich gab es auch Tage, an denen ich müde war oder an denen ich sehr viel arbeiten musste. Dann konnte ich nicht nach Plan laufen und musste die ein oder andere Einheit ausfallen lassen oder verschieben. Ich habe mich nie zu etwas gezwungen oder gegen die Signale meines Körpers gehandelt. Das würde ich auch allen Laufanfänger*innen so raten. ■

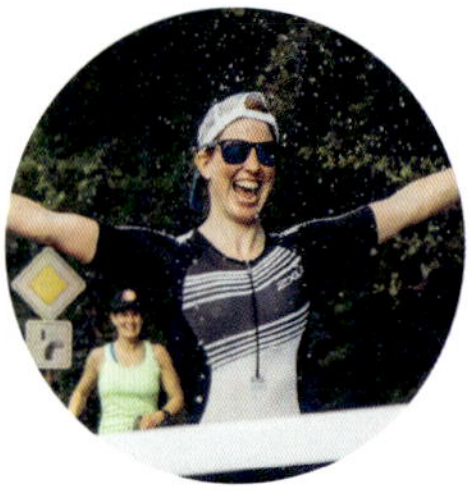

REBECCA ITTA

Seit wann lebst du vegan? Wie kam es dazu, und was hat dich damals dazu bewegt?

Ich war schon immer sehr tierlieb und habe nie ganz verstanden, wie man Tiere essen kann. Meine Eltern haben das zum Glück schnell akzeptiert, sodass ich schon als Kind zur Vegetarierin wurde. Für mich hat das schon immer gut funktioniert. Da ich auch kaum Käse oder Milchprodukte mochte und Eier nur im Kuchenteig, war ich gar nicht so weit entfernt vom Veganismus. Erst später, als ich mich durch den Sport mehr mit dem Thema Ernährung beschäftigt habe und ich mehr Proteine zu mir nehmen wollte, habe ich damit begonnen, sehr viele Milchprodukte und Eierspeisen zu konsumieren. Da mir das nicht so gut bekam, war ich froh, dass ich 2015 durch eine 30-Tage-Vegan-Challenge aus einem Kochbuch den Zugang zum Veganismus fand. Mit diesem hatte ich davor nämlich überhaupt keine Berührungspunkte. Ich kannte keine Veganer*innen und dachte immer, dass meine vegetarische Kost bereits jegliches Tierleid verhindert. In diesen 30 Tagen wurde mir aber klar, dass die Eier- und Milchwirtschaft genauso grausam ist wie die Fleischindustrie. Darüber hinaus las ich dann natürlich auch über die positiven Aspekte für die Umwelt und die Gesundheit. So gab es in meinen Augen nach den 30 Tagen keinen Grund mehr, nicht auf eine vegane Lebensweise umzusteigen.

Was hat sich durch diesen Schritt in deinem Leben verändert? Gibt es etwas, das du erst durch das Vegansein gelernt hast?

In der Anfangszeit hat sich außer der Ernährung erstmal nicht viel verändert. Dazu kam dann eher dieser innere Groll, dass nicht alle Menschen die Vorteile des Veganismus verstehen. Aber mit der Zeit habe ich gemerkt, dass es viel mehr bringt, mit positivem Beispiel voran zu gehen und die Leute zu inspirieren mit der Hoffnung, dass sie sich von selbst auf Veränderungen einlassen.

Dem Veganismus verdanke ich inzwischen aber noch viel mehr. Insgesamt habe ich bei so vielen Themen eine Leidenschaft entwickelt, die mich früher nicht interessiert haben oder die ich einfach ignoriert habe. Da wäre vor allem der Umweltaspekt zu nennen. Ich achte heute darauf, weniger und bewusster zu konsumieren, um Ressourcen zu schonen, und habe dadurch den Minimalismus für mich entdeckt. Um die Natur zu erhalten, versuche ich den eigenen Müll zu reduzieren und mein Verhalten bezüglich Fernreisen zu überdenken. Die Natur insgesamt ist einfach viel mehr in den Mittelpunkt meines Lebens gerückt. Und da ich dort weiterhin viel Zeit verbringen will, ist es ganz klar für mich, dass ich sie auch schützen möchte.

Welche Tipps würdest du jemandem geben, der noch ganz am Anfang seines veganen Wegs steht?

Ich war ja bereits vor dem Umstieg auf die vegane Ernährung Vegetarierin. Obwohl der Schritt zum Veganismus über Nacht für Außenstehende vielleicht extrem wirkt, hatte ich Dinge wie Fleisch und Fisch bereits seit vielen Jahren aus meiner Ernährung gestrichen und somit eher zufällig auch schon einige vegane Alternativen im Speiseplan gehabt. Wenn man eher der Typ »von Null auf Hundert« ist, dann bietet sich eine 30-Tage-Challenge an, wie zum Beispiel »Veganuary« jedes Jahr im Januar oder »Vegan Kickstart« von Peta Zwei. Dort wird man täglich mit vielen hilfreichen Informationen unterstützt. Auf verschiedenen Plattformen kann man auch sogenannte »Vegan Buddies« in der Nähe finden, mit denen man sich vernetzen und sogar die ersten Einkäufe zusammen erledigen kann.

Ansonsten gilt immer die Devise: Lass dich nicht stressen und mach alles in deinem Tempo. Vielleicht ist es für dich ja der richtige Weg, zunächst einen Tag in der Woche auf vegan umzustellen oder ein veganes Gericht am Tag zu essen. Und wenn du mal aus Versehen etwas Tierisches gegessen hast, dann fühl dich deshalb auf keinen Fall schlecht. Das passiert auch langjährigen Veganer*innen noch. Niemand ist perfekt!

Hast du ein Lieblingsgericht oder Gerichte, die du besonders gerne isst?

Aufgewachsen mit einem Schwaben als Papa, sind die Spätzle Begleiter seit meiner Kindheit. Ganz egal ob mit braunen Linsen, einer Pilz-Rahm-Sauce oder überbacken als Käsespätzle. Diese einfache Art von selbstgemachten Teigwaren ist immer lecker. Inzwischen natürlich alles rein vegan, was den Geschmack dank guter Rezepte in keiner Weise beeinträchtigt. Da ich aber so gut wie nie speziell für Rezepte einkaufe, lasse ich mich eher von Rezepten inspirieren und entscheide dann nach einem Blick in den Kühlschrank und die Vorratskammer, was ich mir zubereiten könnte. Meist kann man ja einfach die fehlenden Dinge ersetzen.

Was ist für dich das Besondere am Laufen?

Das Besondere ist für mich, dass es so unkompliziert ist und man es dadurch an jedem Ort tun kann. Dadurch kann man neue Orte ganz für sich individuell erkunden. Und wenn man doch nicht alleine laufen möchte, ist es heute durch die große Läufercommunity ganz einfach jemanden zu finden, der die Leidenschaft teilt und einem die Gegend zeigt.

Was waren deine bisherigen läuferischen bzw. sportlichen Highlights? Was ist dir besonders in Erinnerung geblieben, worauf bist du besonders stolz?

Ein Highlight war für mich definitiv mein erster Halbmarathon 2015 in meiner Heimatstadt Konstanz. Ich hatte mich ganz spontan einen Tag vorher für die Teilnahme entschieden. Ich war bis dato noch nie diese Distanz gelaufen und war eigentlich total unvorbereitet. Aber irgendwie war ich voller Motivation, sodass ich gar keine Zweifel hatte, ob ich es schaffen würde. Der Gedanke daran, dass ich mir damals einfach eine 5er-Pace vornahm, weil ich die auf der Lederarmbanduhr meiner Mutter leicht ablesen konnte, erscheint mir heute wahnsinnig. Da ich heutzutage die Wettkampfstrategie viel zu sehr durchdenke, wünsche ich mir oft etwas von meiner damaligen Leichtigkeit zurück.

Welche sportlichen Ziele und Projekte stehen noch auf deiner Wunschliste? Was würdest du gerne noch machen oder erreichen – und warum?

2020 habe ich die Langdistanz im Triathlon im privaten Rahmen absolviert. Das war für das Debüt mit so vielen Begleiter*innen auf der Laufstrecke einfach nur unglaublich. Gerne möchte ich meine Leistung auf dieser Distanz nochmal in einem offiziellen Wettkampf zeigen. Ansonsten ist das Projekt einer 100-Kilometer-Wanderung noch immer fest in meinem Hinterkopf. Genauso sehr freue ich mich aber auf viele weitere schöne Erlebnisse und Projekte mit Lauffreunden und -freundinnen auf den schönsten Strecken der Welt.

Was ist dein bester Tipp für Laufanfänger*innen?

Am Anfang kann der Laufsport mit seinen vielen Facetten überwältigend wirken. Daher empfehle ich, erstmal bei sich selbst zu bleiben, die eigene Motivation zu finden und zu überlegen, was man sich vom Laufsport wünscht. Ist es ein bestimmtes Distanz- oder Zeitziel oder das gemeinsame Laufen mit Freunden und Freundinnen?

Damit du langfristig Spaß am Laufen hast, investiere am Anfang in ein gutes Paar Schuhe mithilfe von Beratung im lokalen Laufladen, und suche dir bereits am Anfang eine ergänzende Sportart, die sich gut mit dem Laufen kombinieren lässt – zum Beispiel Schwimmen, Krafttraining, Yoga, Pilates oder etwas anderes, das dir Freude bereitet. So sinkt die Gefahr, direkt zu viel zu laufen. Durch die ausgleichende Belastung von Muskeln und Gelenken wird das Verletzungsrisiko reduziert. Ansonsten genieße einfach jeden Schritt. Und wenn es mal nicht so läuft, wie du es dir wünschst, gib deinem Körper eine Pause! ■

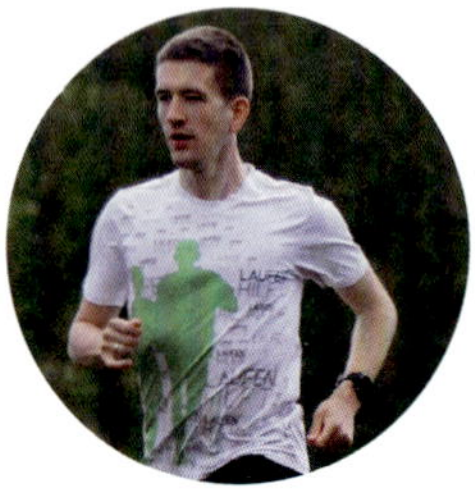

JOHANNES LICHT

Seit wann lebst du vegan? Wie kam es dazu, und was hat dich damals dazu bewegt?

Etwa 25 Jahre lang habe ich die Realität in den Tierfabriken erfolgreich ausgeblendet. Im Juli 2017 wurden die Tiere für mich sichtbar, als ich mir die Frage stellte, wie wir heute leben, und welche Auswirkungen unser Verhalten auf den Planeten mit all seinen Lebewesen hat. Die Umweltauswirkungen meiner Ernährung und das leidvolle Leben der Tiere brachte mich auf den veganen Weg.

Was hat sich durch diesen Schritt in deinem Leben verändert? Gibt es etwas, das du erst durch das Vegansein gelernt hast?

Anfangs veränderten sich nur meine Essgewohnheiten. Dann die meiner Frau. Heute sind wir eine vegane Familie mit einer kleinen, wundervollen Tochter und entdecken gemeinsam die positive Kraft persönlicher Veränderungen. Dieser Weg hat uns dem Minimalismus näher gebracht und uns zur Elektromobilität geführt. Statt zwei Autos besitzen wir jetzt nur noch ein Auto mit Batterie und ein Fahrrad – natürlich ohne Batterie!

Auch mein läuferisches Leben hat sich verändert. Alle persönlichen Bestzeiten lief ich nach dem Umstieg auf eine rein pflanzliche Ernährung. Neben mir zeigen tausende vegane Sportler*innen jeden Tag, dass niemand Tiere essen muss, um besonders schnell laufen zu können. Diese Form des Aktivismus liegt mir besser als ein spontanes Gespräch in einer Fußgängerzone. Auch deshalb laufe ich.

Welche Tipps würdest du jemandem geben, der ganz am Anfang seines veganen Wegs steht?

Vegan zu leben ist aufregend, und mit der Umstellung des Essverhaltens sind die damit verbundenen Veränderungen in einigen Fällen noch nicht vorbei. Deshalb ist es hilfreich, aufgeschlossen und neugierig den bevorstehenden Herausforderungen entgegenzusehen.

Hast du ein Lieblingsgericht oder Gerichte, die du besonders gerne isst?

Ja, viele. Die Liste ist nicht abschließend und verändert sich regelmäßig. Aktuell stehen Brezelknödel, Rührtofu, Flammkuchen nach der Grain-Green-Bean-Formel, Black Bean Burger, herzhafte Galette und Kartoffelcurry darauf.

Was ist für dich das Besondere am Laufen?

Wir leben in einer vernetzten Welt und sind immer erreichbar. Das Laufen ist für mich die beste Möglichkeit, mit meinen Gedanken alleine zu sein und nicht abgelenkt zu werden. Dabei lerne ich auch noch meine persönlichen Grenzen kennen und entdecke ohne großen Aufwand neue Orte. Auf der anderen Seite verbindet das Laufen, wenn man gleichgesinnte Läufer*innen findet und gemeinsam Grenzen verschiebt.

Was waren deine bisherigen läuferischen bzw. sportlichen Highlights? Was ist dir in Erinnerung geblieben, worauf bist du besonders stolz?

Besonders stolz bin ich auf meine Marathonbestzeit von 2:51 Stunden 2019 in Bremen. Und als alternative Herausforderung zu den während der Corona-Pandemie ausgefallenen Wettkämpfen mein Einstieg ins Trailrunning auf dem Wispertaunussteig und dem Rheingauer Klostersteig. Auf 44 bzw. 29 Kilometern und einigen Auf- und Abstiegen über schmale, malerische Trails haben mir diese Strecken sehr tolle Laufmomente geschenkt.

Welche sportlichen Ziele und Projekte stehen noch auf deiner Wunschliste? Was würdest du gerne noch machen oder erreichen – und warum?

Auf meiner Bucket List stehen noch einige Marathonveranstaltungen in Städten und Regionen, die ich noch nicht besucht habe und gerne noch sehen möchte. Vielleicht gelingt es mir in den nächsten Jahren, diese Liste abzuarbeiten – jeweils verbunden mit einem schönen Familienurlaub. Während hier das Genießen vordergründig ist, möchte ich aber auch noch schnelle Wettkämpfe absolvieren und meine Zeiten auf den unterschiedlichsten Distanzen weiter verbessern.

*Was ist dein bester Tipp für Laufanfänger*innen?*

Bestzeiten sind toll, aber es geht nicht immer nur darum, möglichst schnell zu sein. Unbeschwert und schmerzfrei laufen zu können, ist ein großes Privileg. Und es ist alles andere als selbstverständlich. Deshalb versuche ich das Training nicht zu übertreiben, auf mein Körpergefühl zu hören und auf Schmerzen sofort zu reagieren, anstatt sie zu ignorieren. ■

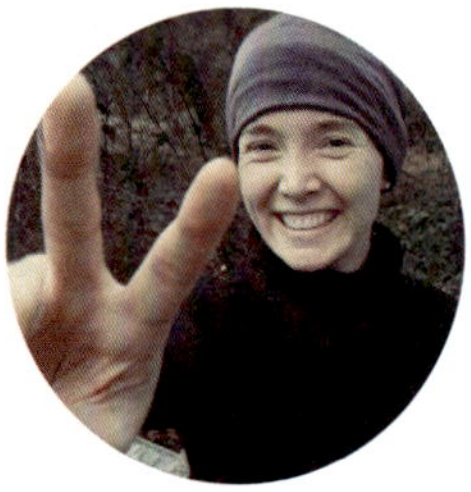

FRANZI CONRAD

Seit wann lebst du vegan? Wie kam es dazu und was hat dich damals dazu bewegt?

Da meine Eltern beide vegetarisch leben, bin ich bis auf wenige Ausnahmen bei Freund*innen oder Oma und Opa im Grunde vegetarisch aufgewachsen. Diese Art der Ernährung wurde allerdings wenig thematisiert, sondern war für mich einfach die Normalität – ohne moralische oder ethische Ansprüche. Mit 17 Jahren habe ich mich dann bewusst dazu entschieden, ebenfalls strikt vegetarisch zu leben. Damals habe ich mich durch das Buch »Tiere essen« von Jonathan Safran Foer zum ersten Mal wirklich mit der Thematik auseinandergesetzt und innerhalb weniger Tage meine Konsequenz daraus gezogen. Die Entscheidung für die vegane Ernährung fiel dann ein paar Jahre später und war für mich eigentlich nur die logische Folge einer ethisch motivierten Herangehensweise.

Nachdem mir der Umstieg auf die vegane Ernährung zunächst etwas schwer fiel und ich immer mal wieder auch vegetarische Phasen hatte, lebe ich nun seit Anfang 2015 komplett vegan und habe es seitdem noch nie bereut. Im Laufe der Zeit habe ich immer mehr dazulernen dürfen, so dass für mich zwar weiterhin der ethische Aspekt und mein Wunsch nach einem gewaltfreien, glücklichen Leben für alle Lebewesen im Fokus stehen, die gesundheitlichen, ökologischen und auch ökonomischen Faktoren allerdings noch hinzugekommen sind.

Was hat sich durch diesen Schritt in deinem Leben verändert? Gibt es etwas, das du erst durch das »Vegansein« gelernt hast?

Ich glaube es gibt keine Veränderung, die ich ausschließlich auf das Vegansein zurückführen kann – schließlich spielen immer verschiedene Faktoren eine Rolle. Etwas, das ich sehr genieße und was ich tatsächlich innerhalb der veganen Community erlebe, ist aber auf jeden Fall die Freude an besonderen Rezepten und an neu erhältlichen veganen Lebensmitteln und Süßigkeiten. Ich habe das Gefühl, dass hier ein großer Austausch stattfindet, der von viel Neugier und Freude geprägt ist.

Natürlich sorgt die Entscheidung für eine vegane Ernährung auch für eine gewisse Aufmerksamkeit zum Beispiel im erweiterten Familienkreis, und manchmal sind Erklärungen notwendig. Das Thema Veganismus birgt auf jeden Fall viel Potenzial, schafft ehrliches Interesse, aber eben auch Konfrontation. Abgesehen davon ist es vor allem eine Art innerer Ruhe, eine Ausgeglichenheit zwischen meiner bedingungslosen Liebe zu Tieren und meinem Handeln. Die vegane Ernährungs- und Lebensweise ist für mich eine Grundlage, um möglichst gewaltfrei zu leben, alle Lebewesen zu schätzen und nach den eigenen Möglichkeiten zu schützen. Ich habe mich dadurch niemals eingeschränkt gefühlt, eher befreit.

Welche Tipps würdest du jemandem geben, der noch ganz am Anfang seines veganen Wegs steht?

Ich denke, hier muss jede*r einen eigenen Weg finden, der sich passend und richtig anfühlt. Für mich selbst ist der Austausch mit anderen sehr wertvoll, um vielleicht neue Inspirationen und Rezeptideen zu bekommen – und auch, damit man immer wieder daran erinnert wird, dass man nicht alleine, sondern Teil einer Bewegung ist. Darüber hinaus sollte man sich bewusst machen, dass jeder Schritt wertvoll ist und sich nicht scheuen, diese Schritte zu gehen. Außerdem kann man sich diesen Weg auch erleichtern, indem man sich zum Beispiel ein veganes Rezeptbuch zulegt, ein veganes Restaurant besucht oder, gerade zu Beginn, vermehrt auf Ersatzprodukte zurückgreift. Das hängt jedoch immer mit der Ausgangssituation und dem vorherigen Ess- und Kochverhalten zusammen. Das Etablieren einer veganen Lebensweise ist ein Prozess, der durch Geduld und Übung einfacher wird, so wie alles andere auch.

Hast du ein Lieblingsgericht oder Gerichte, die du besonders gerne isst?

Ich bin sehr begeisterungsfähig: Das meiste dessen, was ich koche, esse ich auch wirklich besonders gerne! Am allerliebsten aber wahrscheinlich Sommerrollen, Lasagne, Tom-Yam-Suppe, Pizza und Kartoffeln in jeder Form.

Was ist für dich das Besondere am Laufen?

Das Laufen gibt mir täglich Raum, mich mit mir selbst auseinanderzusetzen. Zu spüren, was gerade wichtig ist und loszulassen. Dabei ist Laufen manchmal eine Art, in den Tag zu starten, manchmal eine Zeit, um Gedanken abzuschließen und zur Ruhe zu kommen, oder auch eine Möglichkeit, Abenteuer zu erleben, neue Orte zu entdecken und einen Tag im Wald zu verbringen. Laufen ist so wunderbar vielfältig: mal ganz besonders und aufregend, mal ganz leise und unaufgeregt.

Darüber hinaus kann ich mich laufend neuen Herausforderungen stellen und erfahren, wozu sowohl mein Körper als auch mein Kopf in der Lage sind. Dieses Überwinden von Grenzen, das Spüren der eigenen Kraft wie auch das Erleben von Schwäche spiegelt sich dann in meinem Alltag wider und ermutigt mich, auf mich selbst zu vertrauen und mich selbst auch einschätzen zu können. Das Laufen ist für mich eine Möglichkeit, mich selbst wirklich kennenzulernen, herauszufinden wie weit ich gehen kann, wann aber auch eine Pause nötig ist. Ich genieße die Stärke, die das Laufen mit sich bringt.

Laufen ist außerdem greifbar. Dabei meine ich nicht unbedingt die Messung von Distanz oder Geschwindigkeit, aber die Fortbewegung und die Entfernung von Start und Ziel sind ganz eindeutig sichtbar. Diese Erfahrung von Selbstwirksamkeit, das Gefühl, etwas Reales geschafft zu haben, in diesem Fall die Überwindung einer Distanz durch die eigene Kraft, empfinde ich als unheimlich wertvoll. Vermutlich auch, weil mir eben dieses Greifbare in meiner Arbeit als Sozialpädagogin in der ambulanten Jugendhilfe häufig fehlt. Laufen macht das eigene Schaffen spürbar und gibt mir täglich einen Moment des Selbstvertrauens in meine eigenen Fähigkeiten.

Neben diesen sehr individuellen Erfahrungen kann Laufen auch ein Verbindungspunkt zu anderen Menschen sein. Eine Schnittmenge, eine geteilte Liebe. Darüber hinaus ist das Laufen so wunderbar praktisch, um neue Orte zu erkunden und zu erleben, sowohl zu Hause als auch im Urlaub. Dabei empfinde ich die Fähigkeit, mehr oder weniger weite Strecken zu laufen, manchmal regelrecht als Superkraft!

Was waren deine bisherigen läuferischen bzw. sportlichen Highlights? Was ist dir besonders in Erinnerung geblieben, worauf bist du besonders stolz?

Je länger ich darüber nachdenke, umso dankbarer bin ich für die Vielzahl an Erlebnissen, auf die ich zurückblicken darf. Ende 2020 ist es mir gelungen einen neuen Streckenrekord beim »Siegerländer Triple« aufzustellen. Dafür bin ich 10 Kilometer, einen Halbmarathon und einen Marathon an zwei aufeinanderfolgenden Tagen gelaufen. Am ersten Tag bin ich den Halbmarathon und die 10 Kilometer gelaufen, am zweiten Tag dann den Marathon. Obwohl dieses Rennen nicht nur recht spontan geplant, sondern vor allem auch sehr anspruchsvoll und muskulär recht schmerzhaft war, habe ich mich unheimlich stark gefühlt und nicht an meiner Leistung gezweifelt. Das war sehr ungewohnt und wirklich eindrucksvoll. Ich neige sonst dazu, bereits während des Laufens, insbesondere unter Wettkampfbedingungen, mental aufzugeben und meine Leistung vor mir selbst zu schmälern oder zu relativieren – hier habe ich jedoch wirklich Stolz gespürt. Es ist ein langer Weg, sich von solch festgefahrenen Denkmustern zu lösen. Beim Zieleinlauf des Marathons fühlte ich mich davon jedoch für einen kurzen Moment vollkommen frei.

Darüber hinaus sind es wohl diverse Ultras, die ich zum Teil alleine im Training oder in Begleitung von wenigen Freund*innen und Teilen meiner Familie gelaufen bin. Ich genieße diese intensive Zeit in den Wäldern, die Möglichkeit ganz bei mir zu sein und mich zu bewegen. Zuletzt bin ich einen Trainingsmarathon mit meinem besten Freund bei minus 12 Grad gelaufen, und obwohl, oder vielleicht auch gerade weil uns schon nach einigen Minuten sämtliche Wasservorräte eingefroren waren, haben wir uns über Stunden an der glitzernden, märchenhaft anmutenden Umgebung und unserer gegenseitigen Gesellschaft erfreut. Bei solchen Läufen geht es nicht um den Trainingseffekt, um Bestzeiten oder die besten Fotospots, sondern einfach um das Laufen – nicht mehr und nicht weniger.

Welche sportlichen Ziele und Projekte stehen noch auf deiner Wunschliste? Was würdest du gerne noch machen oder erreichen – und warum?

Ich habe wenige festgelegte sportliche Ziele oder konkrete Projekte. Ich möchte vor allen Dingen gesund bleiben und die Begeisterung am Laufen nicht verlieren. Also lasse ich mich gerne immer mal wieder auf neue Ideen ein. Grundsätzlich möchte ich herausfinden wo meine Grenzen liegen, diese vielleicht sogar ganz behutsam verschieben und über sie hinauswachsen. Also manche Strecken noch schneller laufen. Oder weiter laufen. Hauptsache laufen. Auf meiner Wunschliste findet sich trotzdem ganz konkret der »Transalpine Run« – ein Etappenrennen über die Alpen, welches in Zweierteams absolviert wird.

Was ist dein bester Tipp für Laufanfänger*innen?

Damit der Laufeinstieg gelingt, sollte zunächst einmal die Motivation klar sein. Dafür könnte man sich fragen, wieso es überhaupt der Laufsport sein soll, was daran vielleicht so faszinierend ist und auch, welches Ziel dahinter steht, weil es dann viel einfacher ist, auch langfristig dranzubleiben. Und weil es sich beim Laufen um einen Ausdauersport handelt, ist das wahrscheinlich auch schon der nächste Punkt: das Dranbleiben. Um das vor allem am Anfang zu erleichtern, gibt es verschiedene Möglichkeiten. Zum Beispiel können Lauffreund*innen helfen, um sich verbindlich zu verabreden. Bücher oder auch Filme über das Laufen können zusätzlich Motivation liefern. Vielleicht auch ein besonders schönes Laufoutfit in dem man sich einfach gut fühlt, oder das Lieblingsessen, was es nach dem Lauf zu Hause gibt.

Wichtig ist vor allem, sich nicht durch vermeintliche Vorgaben und Normen abhalten zu lassen, sondern erst einmal herauszufinden, was zu einem selbst passt. Die Tageszeit, das Lauftempo, der Untergrund oder die Distanz sind individuell. Zeit lassen, reinfühlen. Sobald sich eine Routine etabliert hat, wird es immer einfacher. Das Ziel sollte sein, dass das Laufen Freude macht und sich nicht jedes Mal nach harter Arbeit anfühlt. Und wenn du es möchtest, dann bist du ein Läufer oder eine Läuferin – ab dem ersten Schritt. ■

ATHLETIVISMUS: WERDE EIN TEIL DER BEWEGUNG

Schon wenige Monate nachdem wir vegan geworden waren, verspürten wir den Wunsch, aktiv zu werden und andere mit unserer Begeisterung für die vegane Lebensweise anzustecken. Wir wollten uns aber nicht mit Flyern in die Fußgängerzone stellen: Das passte nicht zu uns, und wir

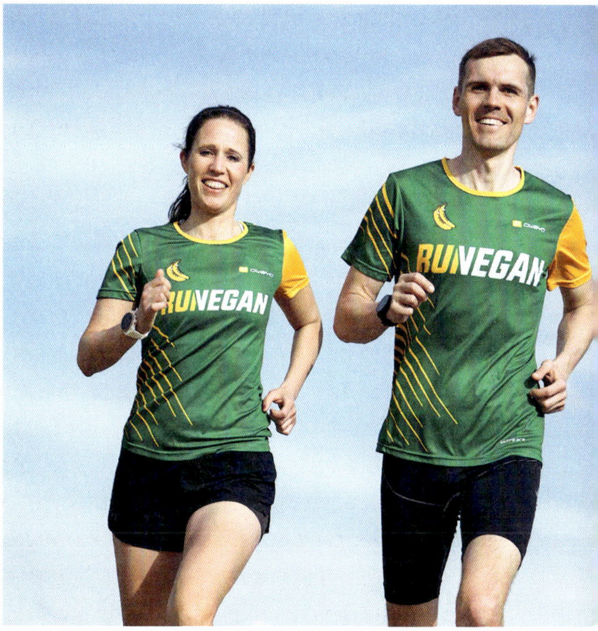

wussten, dass unsere Stärken eher an anderer Stelle liegen. Mit dem Bloggen anzufangen war für uns der erste Schritt in diese Richtung. Es gab uns eine unkomplizierte Möglichkeit, über unsere Erfahrungen und Erkenntnisse zu sprechen, um damit auch Menschen außerhalb unseres direkten Umfeldes zu erreichen.

Als nächstes ließen wir uns ganz schlichte weiße Funktionsshirts mit dem Schriftzug »RUN VEGAN« und der Adresse unseres Blogs bedrucken, um auch beim Laufen etwas Aufmerksamkeit zu erzeugen. Und dann passierte etwas Interessantes: Wir wurden immer häufiger von anderen Läufer*innen auf unsere vegane Lebensweise angesprochen, woraus sich ausnahmslos sehr angenehme Gespräche entwickelten. Wir kennen inzwischen viele Veganer*innen, die sich im Straßenaktivismus engagieren, und wissen, dass man dabei oft eine dicke Haut braucht. Unsere Erfahrungen mit den Shirts waren hingegen ganz anders: Die Leute waren interessiert und aufgeschlossen, stellten uns Fragen und berichteten oft bei unserer nächsten Begegnung, dass sie ein Rezept von unserem Blog nachgekocht hatten.

Wir erkannten damals, dass sich das Laufen (wie auch andere Sportarten) unglaublich gut dafür eignet, Vorurteile und Berührungsängste gegenüber der veganen Ernährung abzubauen, und dass wir sozusagen zu laufenden Botschaftern des Veganismus werden könnten. Inzwischen haben wir auch ein Wort für diese Form des Aktivismus erfunden: Wir nennen es »Athletivismus« – und das heißt für uns, auf positive Weise vorzuleben, wie gut Sport und eine vegane Lebensweise zusammenpassen.

An dieser Stelle möchten wir kurz etwas klarstellen: Es ist absolut okay, wenn du das Vegansein als etwas betrachtest, das du vor allem für dich selbst tust, und gar keine Lust darauf hast, es in die Öffentlichkeit zu tragen.

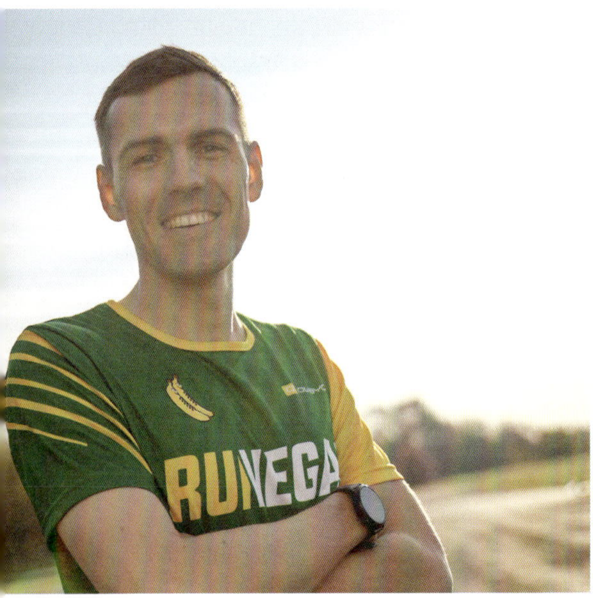

Wir wissen aber, dass viele Veganer*innen das Bedürfnis haben, auch über ihr eigenes Handeln hinaus etwas zu bewirken. Wenn du dich hier angesprochen fühlst, dann möchten wir dir im Folgenden ein paar Tipps und Erfahrungen in Sachen Athletivismus mit auf den Weg geben. Zuerst schauen wir uns an, wieso der Sport so ein effektives Werkzeug ist, wenn es darum geht, Menschen für die vegane Idee zu gewinnen. Dann zeigen wir dir, was du ganz konkret tun kannst, um laufend für die vegane Lebensweise zu werben und die Welt mit jedem Laufschritt ein kleines bisschen besser zu machen.

DAS LAUFEN ALS WERKZEUG FÜR VERÄNDERUNG

Hast du dich schon mal gefragt, was Menschen dazu bringt, ihr Verhalten zu verändern – und was sie umgekehrt davon abhält, es zu tun? Es gibt einen ganzen Wissenschaftszweig, der sich nur mit diesem Thema beschäftigt. Die Erkenntnisse dieser Forschung sind wirklich äußerst spannend und aufschlussreich. Wenn du andere für die vegane Ernährung begeistern möchtest, dann wird dir ein verhaltenspsychologisches Grundwissen die Sache deutlich erleichtern, und dich auch vor Frust und Enttäuschungen bewahren.

Wir möchten dir an dieser Stelle zwei Bücher ans Herz legen, die uns in dieser Hinsicht sehr inspiriert und geprägt haben. Zum einen das bislang leider nur auf Englisch erschienene »Change of Heart« von Nick Cooney[38], in dem es darum geht, wie wir uns die Erkenntnisse aus der Psychologie, Soziologie und Kommunikationswissenschaft zunutze machen können, um möglichst effektiv für einen sozialen Wandel einzutreten. Zum anderen das bislang ebenfalls nur auf Englisch erhältliche »How to Create a

Vegan World« von Tobias Leenaert[39], das sich noch etwas spezieller mit der Frage beschäftigt, wie wir den Weg zu einer veganen Welt ebnen können.

Beide Bücher haben uns in unserem Ansatz bestätigt, positiv und auf undogmatische Weise für die vegane Lebensweise zu werben. Zudem haben sie uns eine Erklärung dafür geliefert, warum wir in dieser Hinsicht mit dem Laufen und unseren Shirts so gute Erfahrungen machen. Dabei kommen gleich mehrere Dinge zusammen, die wir uns jetzt noch etwas genauer anschauen wollen, und die nicht nur fürs Laufen, sondern auch für fast jede andere Sportart gelten.

Laufen verbindet und schafft Möglichkeiten zum Austausch

Ein großes Problem vieler Aktivist*innen ist, dass sie erst einmal mit den Menschen in Kontakt kommen müssen, die sie zum Umdenken oder Handeln bewegen möchten. Wir gehen unbequemen Situationen am liebsten aus dem Weg und lassen uns nur ungern den Spiegel vorhalten. Wahrscheinlich hast du das auch bei dir selbst schon erlebt, wenn du zum Beispiel in der Fußgängerzone einen weiten Bogen um einen Infostand gemacht hast. Dazu kommt, dass wir Menschen mit anderen Ansichten schnell in eine Schublade stecken und uns vor ihnen verschließen, sodass wir uns erst gar nicht mit ihrer Botschaft auseinandersetzen müssen.

Als vegane Läufer*innen haben wir den riesigen Vorteil, dass wir in der Laufcommunity immer zuerst als Sportlerinnen oder Sportler wahrgenommen werden, der Fokus somit auf den Gemeinsamkeiten liegt – und nicht auf unserer veganen Lebensweise, die uns von den anderen Läufer*innen unterscheidet. Das gilt interessanterweise sogar dann, wenn wir unsere RUN VEGAN-Shirts tragen und uns damit ganz klar als vegan zu erkennen geben. So können Laufbekanntschaften und -freundschaften entstehen, was es dann später viel leichter macht, sich in einer ungezwungenen Weise und auf Augenhöhe auch über die vegane Lebensweise auszutauschen.

Laufen ist positiv

Auch das ist eine ganz menschliche Eigenschaft: Wir beschäftigen uns nicht gerne mit negativen oder traurigen Dingen und neigen dazu, das Leid anderer (und damit auch der Tiere) aus unserem Alltag auszublenden. Um diese Hürde zu überwinden, müssen Tierrechtsaktivist*innen teilweise sehr kreativ werden. In einer ihrer Straßenkampagnen hat die »Albert Schweitzer Stiftung für unsere Mitwelt« beispielsweise den Passanten einen symbolischen Euro angeboten, wenn diese sich bereit erklärten, ein Video mit Bildern aus Schlachtbetrieben anzusehen.[40]

In Verbindung mit dem Laufen können wir hingegen wunderbar die positiven Aspekte einer veganen Lebensweise in den Mittelpunkt stellen: Als vegane Läufer*innen stehen wir für einen gesunden und aktiven Lebensstil, für Gemeinschaft und die Freude an positiver Veränderung. Damit knüpfen wir an Werte an, die von den meisten Menschen geteilt werden, und haben es umso leichter, ihr Interesse zu wecken.

Vegane Läufer*innen entkräften Vorurteile

Gesundheitliche Vorbehalte gegenüber der veganen Ernährung sind noch immer weit verbreitet. Viele Menschen haben Angst, durch den Verzicht auf tierische Lebensmittel Mangeler-

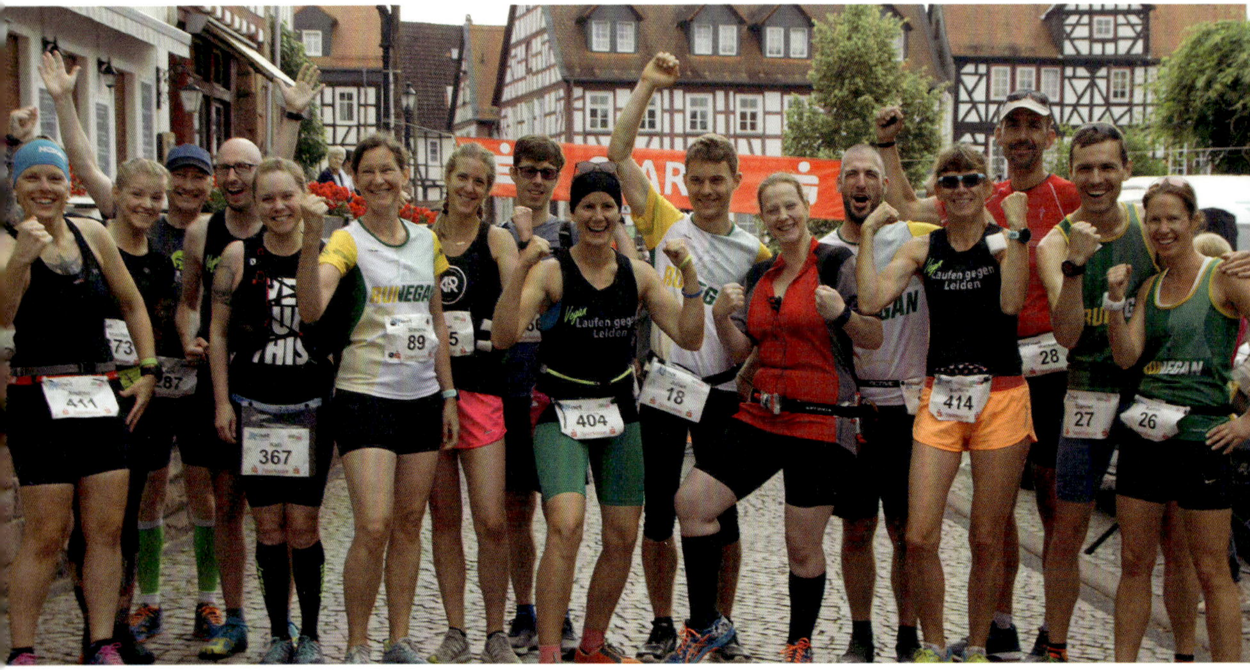

scheinungen zu riskieren. Diese Bedenken können dazu führen, dass man eine überwiegend oder sogar rein pflanzliche Ernährung erst gar nicht in Betracht zieht. Als vegane Läufer*innen können wir diese Vorurteile sozusagen im Vorbeilaufen entkräften, weil wir durch unsere sportlichen Leistungen zeigen, dass man auch mit pflanzlichen Lebensmitteln den Nährstoffbedarf decken und körperlich aktiv sein kann.

Läufer*innen sind experimentierfreudig und lieben gutes Essen

Unserer Erfahrung nach sind Läufer*innen sehr aufgeschlossen, wenn es um Möglichkeiten geht, die eigene sportliche Leistungsfähigkeit und Fitness zu verbessern. Viele von ihnen sind bei der Suche nach Optimierungspotenzial auch offen für Experimente hinsichtlich ihrer Ernährung, was natürlich ideale Voraussetzungen für erste Berührungen mit veganen Lebensmitteln und Gerichten bietet.

Leckeres Essen ist darüber hinaus ein beliebtes Gesprächs- und Diskussionsthema unter Läufer*innen: Die Pastaparty und das Kuchenbuffet im Zielbereich sind nicht ohne Grund ein fester Bestandteil der Laufkultur. Deshalb bieten sich hier ständig hervorragende Möglichkeiten, vegane Leckereien wie selbstgebackene Kuchen, Gebäck, Riegel oder Muffins zum Probieren zu verteilen, was oft viel mehr bewirkt als eine hitzige Diskussion über die ethischen und ökologischen Folgen des Fleischkonsums.

Vegane Läufer*innen fallen auf

Menschen orientieren sich in ihrem Verhalten zum großen Teil an sozialen Normen – oder um es anders auszudrücken: am Verhalten der anderen Menschen um sie herum. Tobias Leenaert bringt diese Tatsache in »How to Create a Vegan World« auf den Punkt, wenn er sinngemäß schreibt: Die meisten Menschen essen Fleisch, weil die meisten Menschen Fleisch essen. Im Umkehrschluss bedeutet das: Je sichtbarer die vegane Lebensweise in der Gesellschaft wird, und je mehr Menschen offen zeigen, dass sie vegan leben, desto besser stehen die Chancen, dass die Abkehr von tierischen Lebensmitteln und der Ausbeutung von sogenannten Nutztieren zu einer neuen sozialen Norm wird.

Dabei geht es nicht einmal darum, dass Veganer*innen tatsächlich die gesellschaftliche Mehrheit stellen, wovon wir aktuell ja noch weit entfernt sind. Es reicht schon, wenn sie als große und stetig wachsende Gruppe wahrgenommen werden. Dies können wir als vegane Läufer*innen besonders einfach erreichen, weil wir durch unser gemeinsames Auftreten in veganen Teams sowie mit unseren Laufshirts aus der Masse herausstechen und auffallen.

WIE WIRST DU ATHLETIVIST*IN?

Hast du jetzt Lust bekommen, selbst Athletivist*in zu werden und das Laufen dafür zu nutzen, andere für die vegane Lebensweise zu begeistern? Dann fassen wir nochmal zusammen, was du ganz konkret tun kannst:

- Der vielleicht wichtigste Schritt ist, dass du offen und selbstbewusst zu deinen Überzeugungen stehst – natürlich ohne dabei aufdringlich zu sein oder die Moralkeule zu schwingen.
- Vernetze dich mit anderen veganen Läufer*innen und schließe dich einem veganen Team wie unserem Team beVegt.de an, für das du bei Laufveranstaltungen an den Start gehen kannst.
- Trage Laufshirts mit veganer Botschaft (zum Beispiel unsere RUN VEGAN-Shirts), um im Training und bei Wettkämpfen aufzufallen und Aufmerksamkeit zu erzeugen.
- Geh mit gutem Beispiel voran und lebe vor, wie gut die Kombination aus Laufen und veganer Ernährung funktioniert.
- Bring vegane Leckereien zu Lauftreffs oder Wettkämpfen mit und lass andere probieren, oder schicke ihnen vegane Rezepte, wenn sie Interesse daran zeigen.
- Sei auf die häufigsten kritischen Nachfragen vorbereitet, damit du in Diskussionen sachlich bleiben und Vorurteile aus dem Weg räumen kannst. Eine gute Grundlage dafür bietet unser Ratgeber »Vegan argumentieren«, den wir auf der Seite zum Buch unter **bevegt.de/run-vegan/extras** für dich verlinkt haben.

In diesem abschließenden Teil wollten wir dir vor allem noch einmal vor Augen führen, dass du als vegane Läuferin oder veganer Läufer nicht alleine, sondern Teil einer Bewegung bist. Das ist ein Gedanke, der uns immer wieder neuen Mut und Auftrieb gibt. Wir wünschen dir, dass das Laufen und das Vegansein dein Leben genauso sehr bereichert wie es bei uns der Fall war. Dass du zahlreiche tolle Laufmomente genießen und persönliche Erfolge feiern kannst, interessante Menschen kennenlernst und neue Freundschaften schließt, und dass dabei natürlich auch der Genuss nicht zu kurz kommt. In diesem Sinne: **RUN VEGAN!**

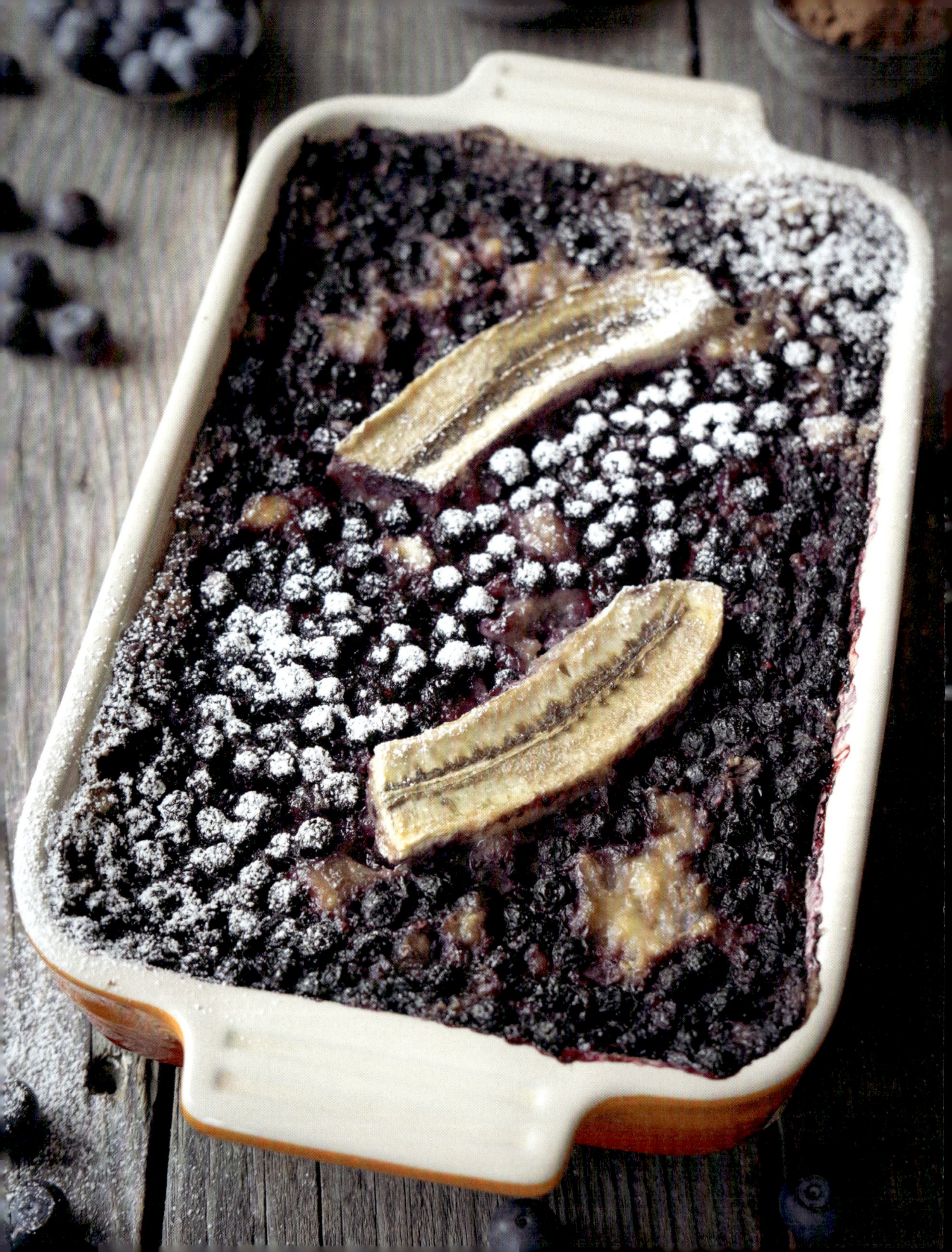

REZEPTE

Rezepte

Liebe geht durch den Magen – und das gilt natürlich auch für die Liebe zur pflanzlichen Küche! Im vierten und letzten Teil dieses Buchs findest du deshalb jede Menge tolle Rezepte für Frühstück, Hauptgerichte, Snacks, Desserts sowie Getränke.

EINE KURZE EINFÜHRUNG ZU DEN REZEPTEN

Lesen macht hungrig, Laufen sowieso. Deshalb kannst du es jetzt bestimmt gar nicht mehr erwarten, dir endlich ein paar richtig leckere vegane Gerichte zuzubereiten. Bevor du dich an die Arbeit machst, möchten wir dir noch ein paar allgemeine Tipps mit auf den Weg geben, mit denen du beim Kochen entspannt bleibst, Zeit sowie Arbeit sparst und die besten Ergebnisse erzielst.

MACH DAS KOCHEN NICHT ZUR WISSENSCHAFT

Sollte ein daumengroßes Stück Ingwer eher einen oder eher zwei Zentimeter lang sein? Ab wann sind Karotten nicht mehr klein, sondern schon mittelgroß? Und was machst du, wenn dir im letzten Moment auffällt, dass dir eines der Gewürze aus der Zutatenliste fehlt? Wenn du dir diese Fragen stellst, dann gehst du vielleicht schon zu verkopft an die Sache heran. Kochen ist keine exakte Wissenschaft, und deshalb ist es völlig okay, wenn du dabei nach Augenmaß und Bauchgefühl entscheidest.

Du darfst unsere Rezepte in erster Linie als Inspiration und Ausgangspunkt für deine eigenen Kochexperimente sehen. Lass dich also nicht von den Vorgaben einschränken und drück den Gerichten gerne deinen eigenen Stempel auf: Nimm was grade da ist, Saison hat oder dir am besten schmeckt. Lass weg, was du nicht magst. Verändere das Verhältnis von Grains zu Greens zu Beans, um die Gerichte an deine persönlichen Vorlieben anzupassen. Wir garantieren dir, dass es dadurch auf keinen Fall schlechter, sondern eben bloß anders schmecken wird.

VORBEREITUNG IST ALLES

Entspanntes Kochen beginnt mit der Vorbereitung aller Zutaten und Utensilien. In der Gastronomie wird das auch als »Mise en Place« bezeichnet, was sich mit »alles an seinen Platz stellen« übersetzen lässt. Also: Räum deine Arbeitsflächen frei, stell alle Töpfe, Pfannen, Zutaten und Gewürze, die du benötigen wirst, an den richtigen Platz, und bereite Zwiebeln, Gemüse und Hülsenfrüchte so weit vor, dass du sie anschließend nur noch in die Pfanne oder den Topf geben musst.

LASS DIE SCHALE DRAN

Kartoffeln, Karotten, Hokkaidokürbis, Zucchini, Pastinaken oder Rote Bete kannst du mit ihrer

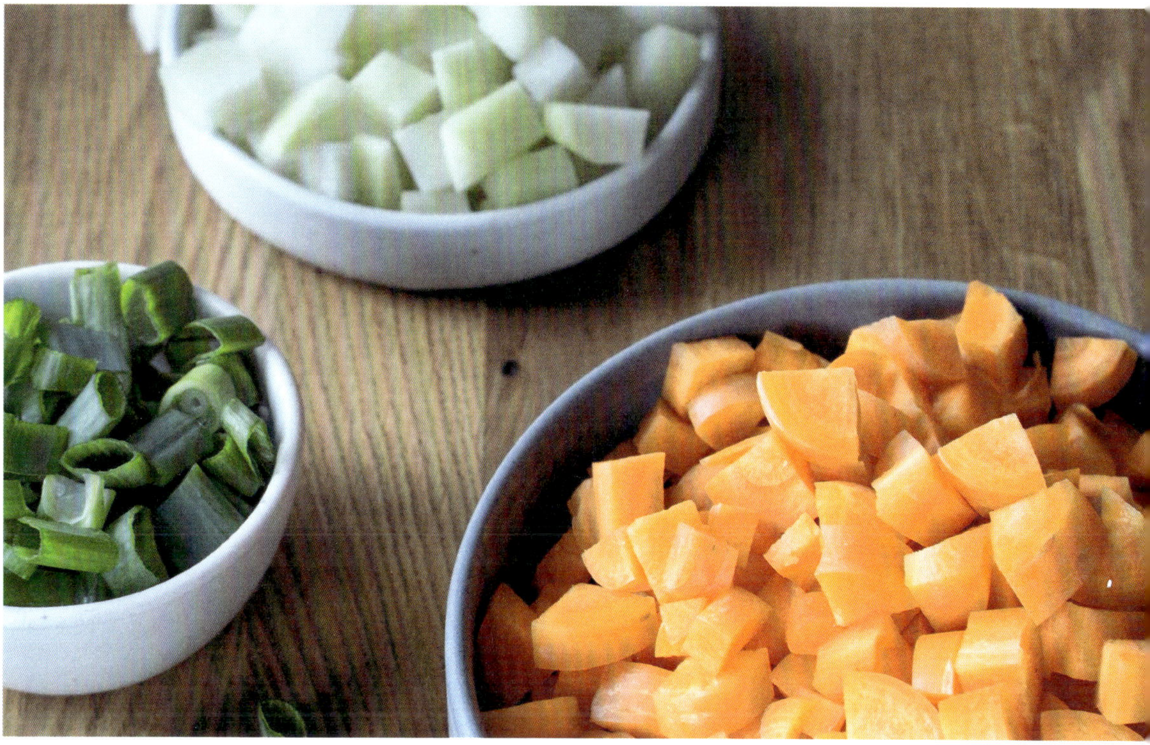

Schale zubereiten und essen (vorher natürlich gründlich waschen und idealerweise Bioware kaufen). Bei Kartoffeln solltest du darauf achten, grüne Stellen, Keime und die sogenannten Augen großflächig herauszuschneiden, da diese giftige Glykoalkaloide enthalten.

BEREITE DOPPELTE PORTIONEN ZU

Um die doppelte Menge zuzubereiten, brauchst du nicht doppelt so lange, sondern höchstens ein kleines bisschen länger – deshalb ist das einer unserer besten Zeitspartipps überhaupt. Die Reste kannst du dann noch einmal aufwärmen, oder du verwendest sie als Basis für ein neues Blitz-Gericht: Viele Suppen eignen sich zum Beispiel super als Pastasoße, und der Rest deiner Gemüsepfanne wird mit etwas frisch dazu geschnippeltem Gemüse im Ofen zu einem schnellen Auflauf.

Das Wichtigste ist aber, dass du Spaß am Kochen hast. Deshalb wünschen wir dir jetzt viel Freude beim Nachkochen, Experimentieren und Genießen!

FRÜHSTÜCK

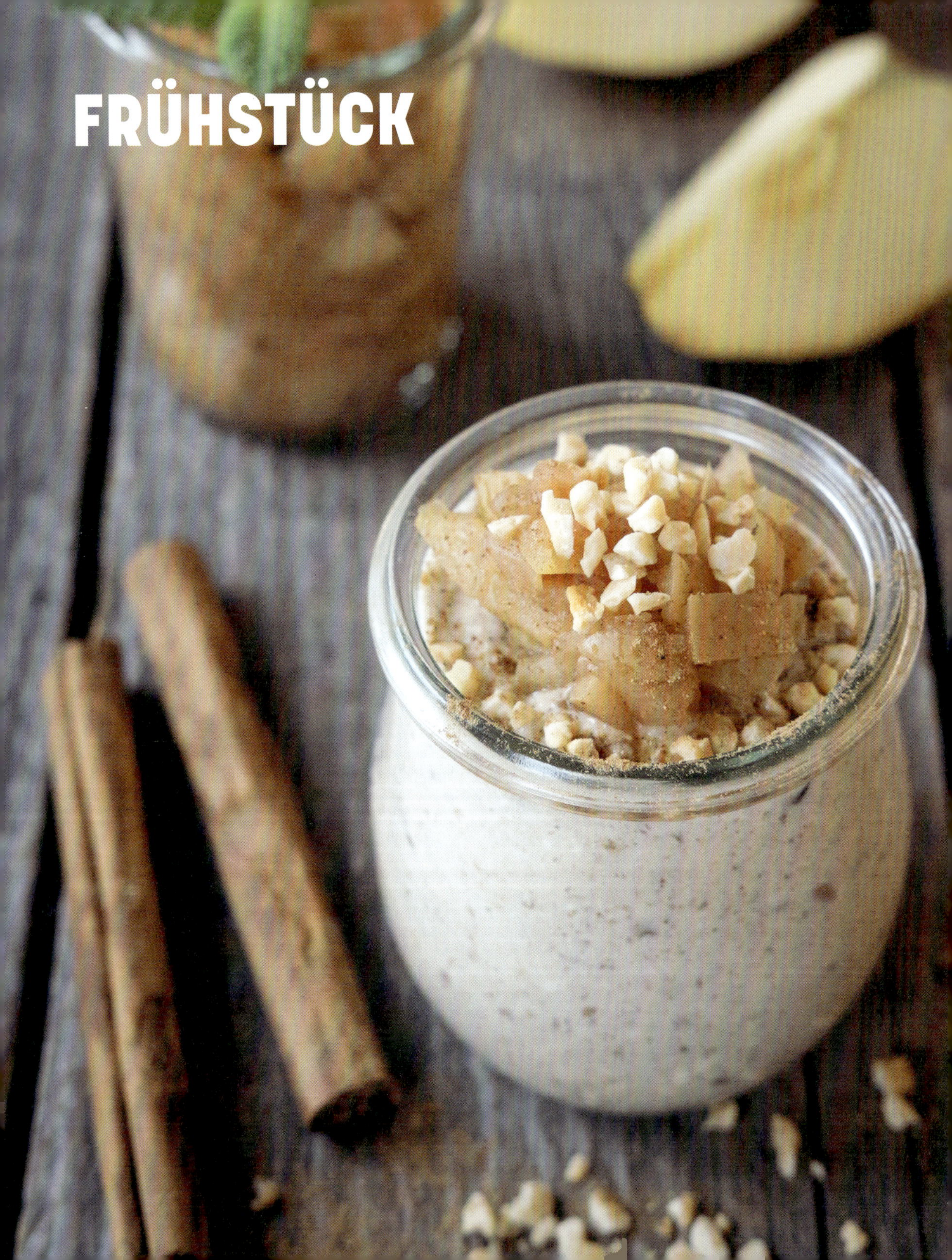

Overnight Oats »Wintertraum«

Overnight Oats sind das perfekte Frühstück, wenn es morgens mal schneller gehen muss – denn wie der Name verrät, werden sie schon am Vorabend zubereitet. Wir stellen dir drei unserer Lieblingsvarianten vor. Den Anfang macht unser »Wintertraum«.

Zutaten für 2 Portionen

- 125 g feine Haferflocken
- 2 TL Zimt
- ¼ TL Spekulatiusgewürz
- 2 EL Rosinen
- 2 EL Mandeln
- 1 EL Leinsamen
- 300 ml Mandelmilch

Zum Garnieren

- 2 EL gehackte Mandeln, angeröstet
- 4 EL Apfelmus, ggf. im Topf angewärmt (Rezept auf Seite 169)

Zubereitung

1. Alle Zutaten in einem Mixer oder einer Küchenmaschine zu einem Brei verarbeiten, auf zwei Schälchen verteilen und über Nacht in den Kühlschrank stellen.
2. Die Overnight Oats morgens noch mit Apfelmus und angerösteten Mandeln garnieren und Löffel für Löffel genießen!

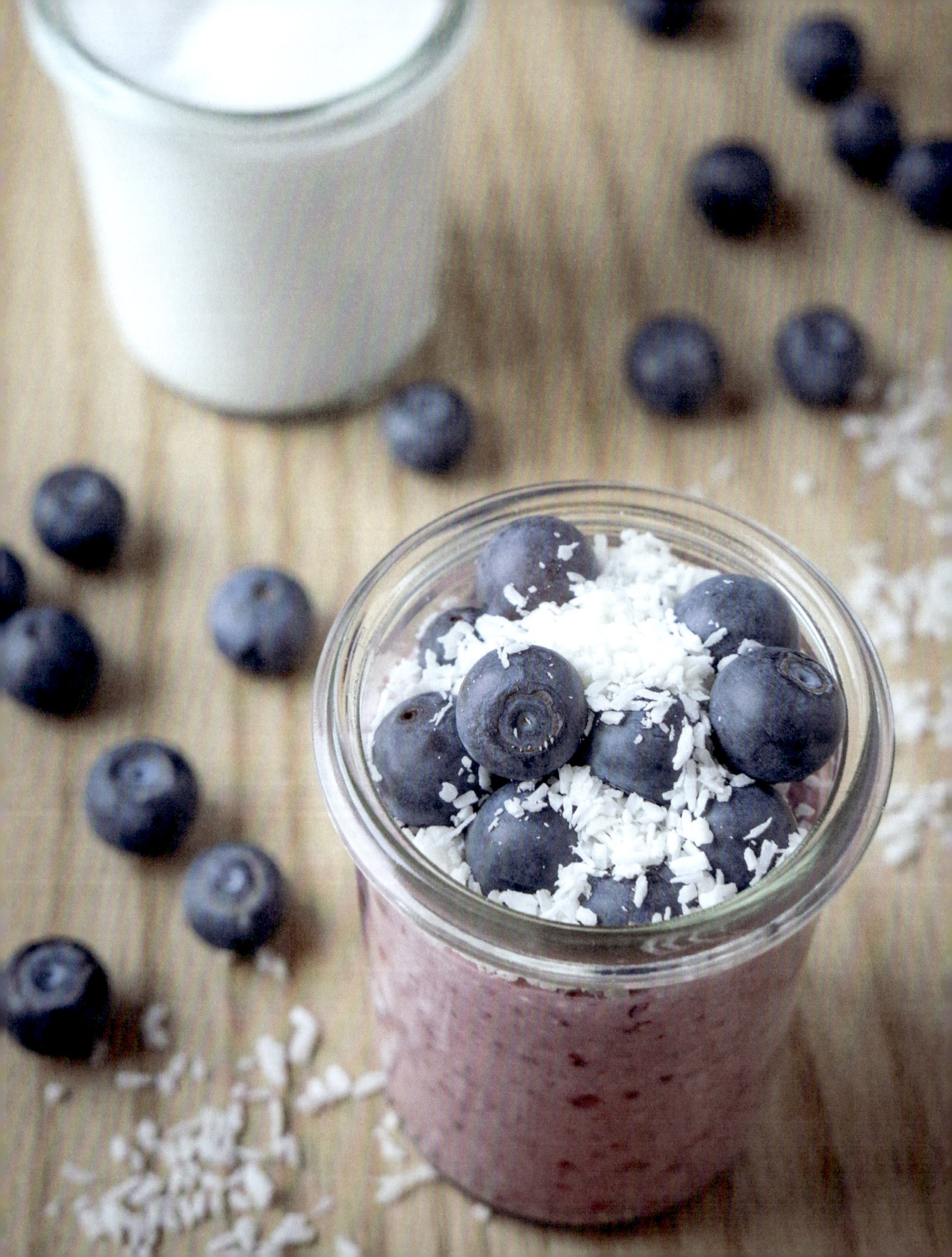

Overnight Oats »Kokos Beeren«

Das sommerliche Gegenstück zur Wintertraum-Variante: Die Kombination aus Kokos und frischen Beeren harmoniert perfekt und sorgt selbst am Montagmorgen für Urlaubs-Feeling.

Zutaten für 2 Portionen

- 125 g feine Haferflocken
- 200 g Kokosjoghurt (alternativ: 150 g Sojajoghurt und 75 ml Kokosmilch)
- 100 ml Hafermilch
- 2 EL Chiasamen
- 150 g Beeren der Saison, z. B. Blaubeeren, Himbeeren oder Brombeeren

Zum Garnieren

- 1 EL Kokosraspeln
- 1 Handvoll frische Beeren

Zubereitung

1. Alle Zutaten in einem Mixer oder einer Küchenmaschine zu einem Brei verarbeiten, auf zwei Schälchen verteilen und über Nacht in den Kühlschrank stellen.
2. Die Overnight Oats morgens noch mit frischen Beeren und Kokosraspeln garnieren und Löffel für Löffel genießen!

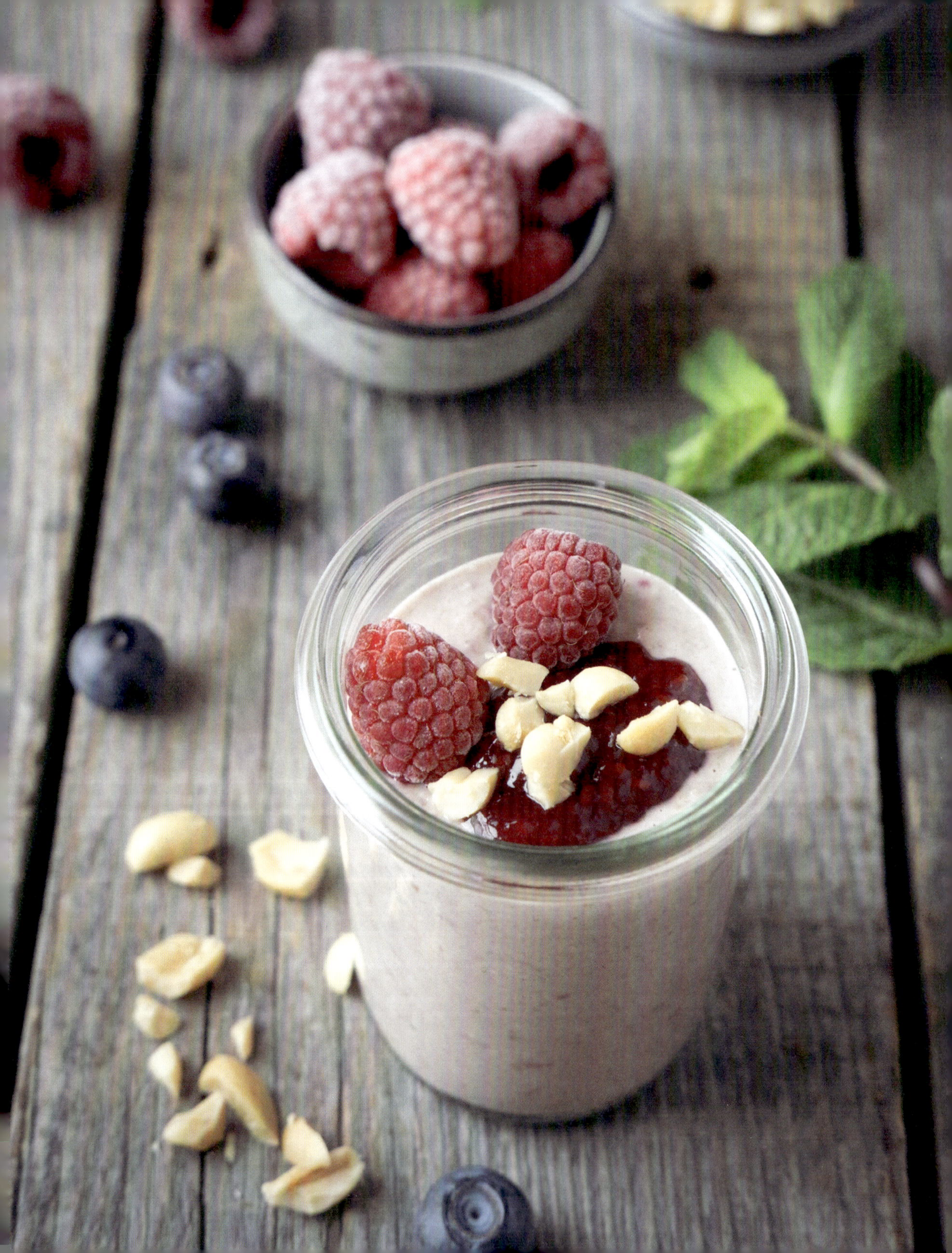

Overnight Oats »Peanutbutter Jelly«

Schmeckt wie das beliebte »Peanutbutter-Jelly-Sandwich« – nur eben zum Löffeln. Wer kann da schon nein sagen?

Zutaten für 2 Portionen

- 125 g feine Haferflocken
- 2 EL Erdnussmus
- 1 reife Banane
- 150 g rote Beeren, z. B. Erdbeeren oder Himbeeren
- 300 ml Hafermilch

Zum Garnieren

- 2 EL gehackte Erdnüsse (geröstet und ungesalzen)
- 1 Handvoll rote Beeren

Zubereitung

1. Alle Zutaten in einem Mixer oder einer Küchenmaschine zu einem Brei verarbeiten, auf zwei Schälchen verteilen und über Nacht in den Kühlschrank stellen.
2. Die Overnight Oats morgens noch mit roten Beeren und gehackten Erdnüssen garnieren und Löffel für Löffel genießen!

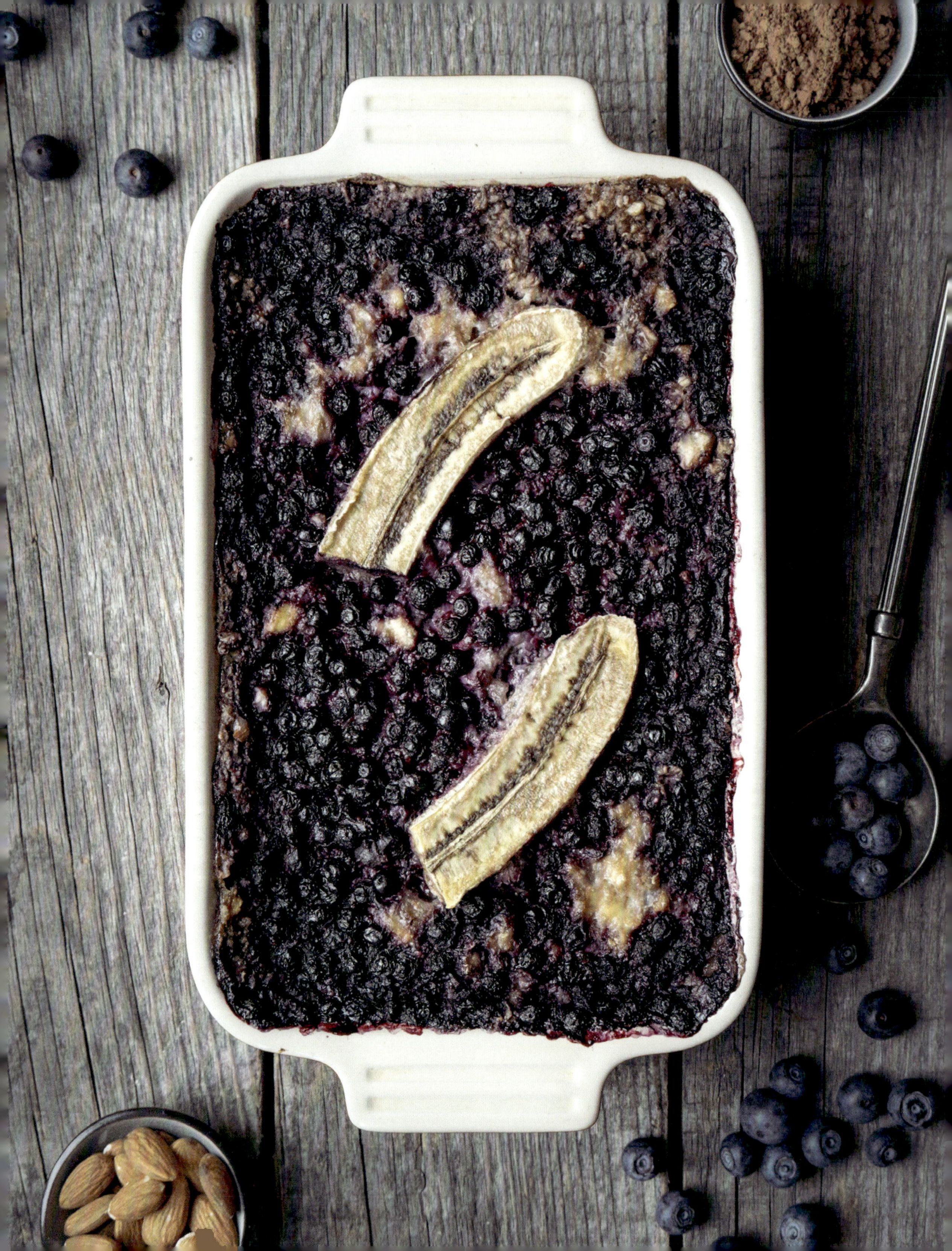

Bananen-Blaubeer-Ofen-Porridge

Wir lieben Porridge so sehr, dass wir den schnellen Haferbrei fast jeden Tag zum Frühstück essen! Am Wochenende darf es aber auch mal etwas aufwändiger sein – zum Beispiel mit diesem gebackenen Porridge aus dem Ofen.

Zutaten für eine Auflaufform (ca. 17 × 25 cm)

- 75 g Mandeln
  (alternativ: gemahlene Mandeln)
- 200 g feine Haferflocken
- 4 EL Kakao
- 1 TL Backpulver
- ½ TL Zimt
- 1 Prise Salz
- 150 g Blaubeeren
  (frisch oder tiefgekühlt)
- 1 große reife Banane (oder 2 kleine)
- 550 ml Pflanzenmilch nach Wahl
- 60 ml Ahornsirup

Zubereitung

1. Die Mandeln in einem Mixer oder einer Küchenmaschine zerkleinern, zusammen mit Haferflocken, Kakaopulver, Backpulver, Zimt und Salz in einer Schüssel vermischen und in die Auflaufform geben.
2. Die Blaubeeren gleichmäßig auf der Haferflockenmischung verteilen (Tiefkühlbeeren müssen vorher nicht aufgetaut werden).
3. Die Banane mit einer Gabel grob zerdrücken und mit Pflanzenmilch und Ahornsirup verrühren. Die Flüssigkeit gleichmäßig über die anderen Zutaten in der Auflaufform geben und vorsichtig mit einem Löffel verteilen.
4. Das Porridge bei 180 °C Ober-/Unterhitze für ca. 40–45 Minuten im Ofen backen.
5. Die Auflaufform aus dem Ofen nehmen und das Porridge noch ein paar Minuten abkühlen lassen. Nach etwa einer Stunde lässt es sich auch in Stücke schneiden und schön auf Tellern anrichten.

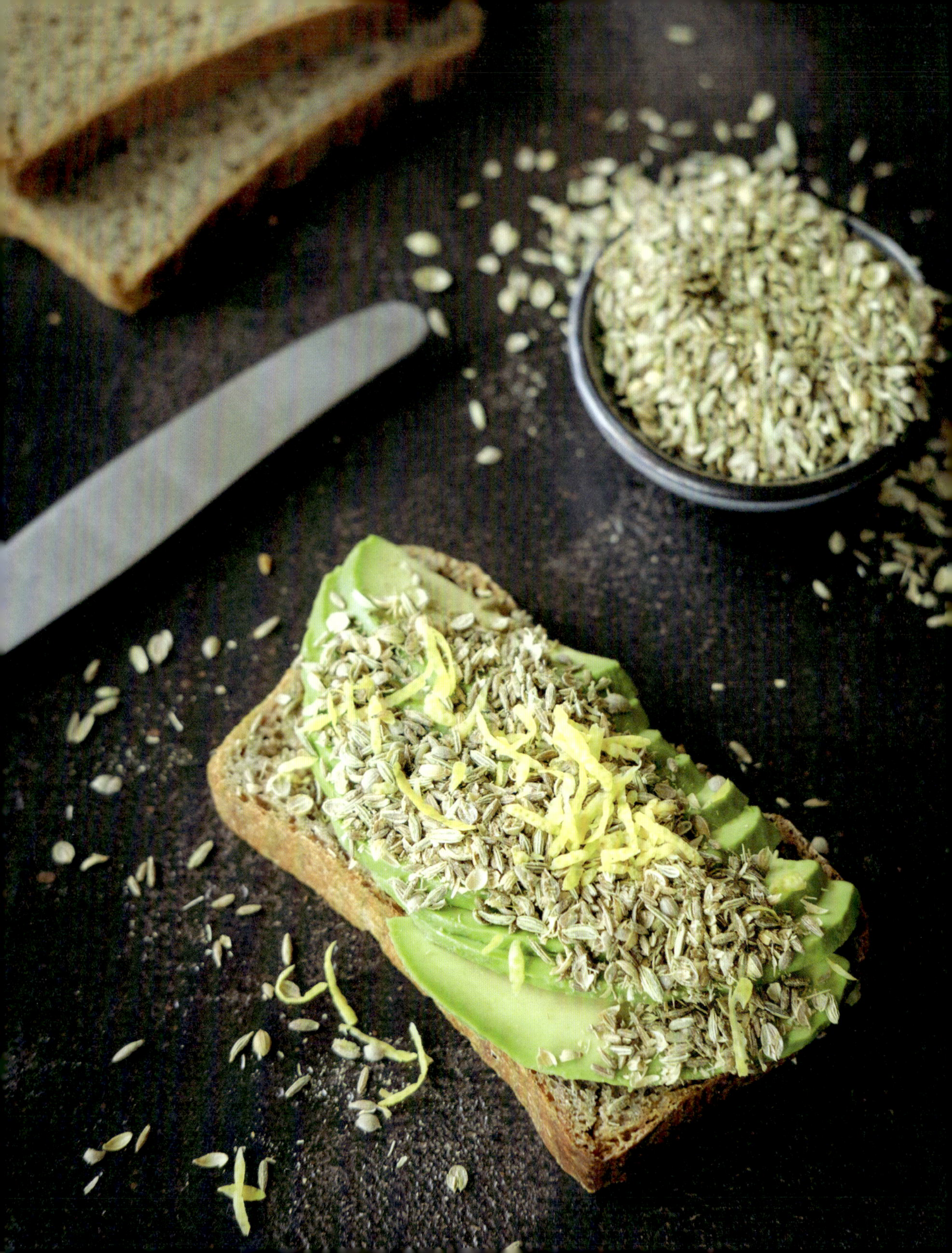

Orientalisches Avocado-Frühstückstoast

Zu diesem Frühstück hat uns ein Fahrradurlaub in den Niederlanden inspiriert, wo uns ein ganz ähnlicher Toast in einem Café serviert wurde. Wir waren begeistert von dem orientalisch angehauchten Topping, das für eine wahre Geschmacksexplosion sorgt.

Zutaten für 2 Portionen

- 2–4 Scheiben Vollkornbrot (je nach Größe)
- 1 TL Koriandersamen
- 1 TL Fenchelsamen
- 1 TL Kreuzkümmel (ganze Samen)
- ½ Zitrone (Bio)
- 1 reife Avocado
- Salz
- Pfeffer

Zubereitung

1. Je nach Größe die Brotscheiben evtl. halbieren und anschließend toasten oder für einige Minuten in einer Pfanne ohne Öl anrösten.
2. In der Zwischenzeit die Koriander- und Fenchelsamen sowie den Kreuzkümmel in einen Mörser geben und zerstoßen. Wenn du keinen Mörser hast, kannst du dafür auch einen Mixer verwenden.
3. Die Bio-Zitrone heiß abwaschen und einige feine Streifen von der Schale abhobeln – zum Beispiel mit einem Zestenreißer oder einem Sparschäler.
4. Die Avocado halbieren, vorsichtig schälen und in dünne Scheibchen schneiden.
5. Die Brote mit den Avocadoscheiben belegen und mit etwas Zitronensaft beträufeln. Zuletzt noch die Gewürzmischung und die Zitronenzesten darüberstreuen und mit Salz und Pfeffer würzen.

Tipp: Bereite dir direkt eine größere Portion der Gewürzmischung zu und bewahre sie in einem Schraubglas auf. Sie schmeckt nicht nur toll auf diesem Toast, sondern ergibt auch einen leckeren, würzigen Tee!

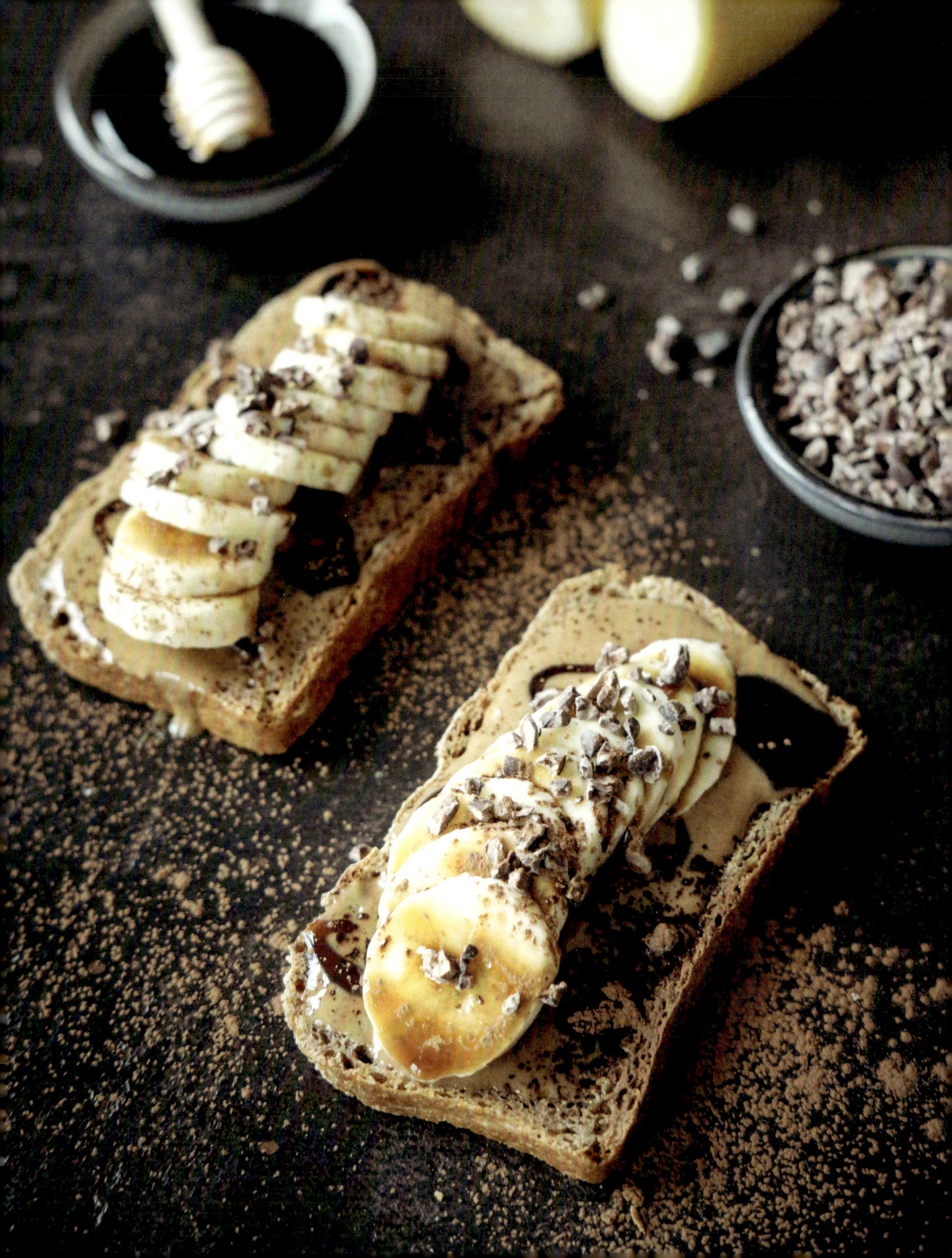

Süßer Bananen-Schlemmertoast

Dieser Bananen-Schlemmertoast ist das süße Gegenstück zu unserem orientalischen Frühstückstoast. Er schmeckt super als Frühstück, als schneller Snack nach dem Laufen – oder einfach so als Leckerei für zwischendurch.

Zutaten für 2 Portionen

- 2–4 Scheiben Vollkornbrot (je nach Größe)
- 2 EL Haselnussmus (oder ein anderes Nussmus)
- 1 große Banane
- 1 TL Zuckerrübensirup (alternativ: Dattelsirup)
- 1 TL Kakaonibs

Zubereitung

1. Je nach Größe die Brotscheiben evtl. halbieren und anschließend toasten oder für einige Minuten in einer Pfanne ohne Öl anrösten.
2. Die Bananen in dünne Scheibchen schneiden.
3. Die Brote mit Haselnussmus bestreichen, darauf die Bananen verteilen und mit Zuckerrübensirup und Kakaonibs toppen.

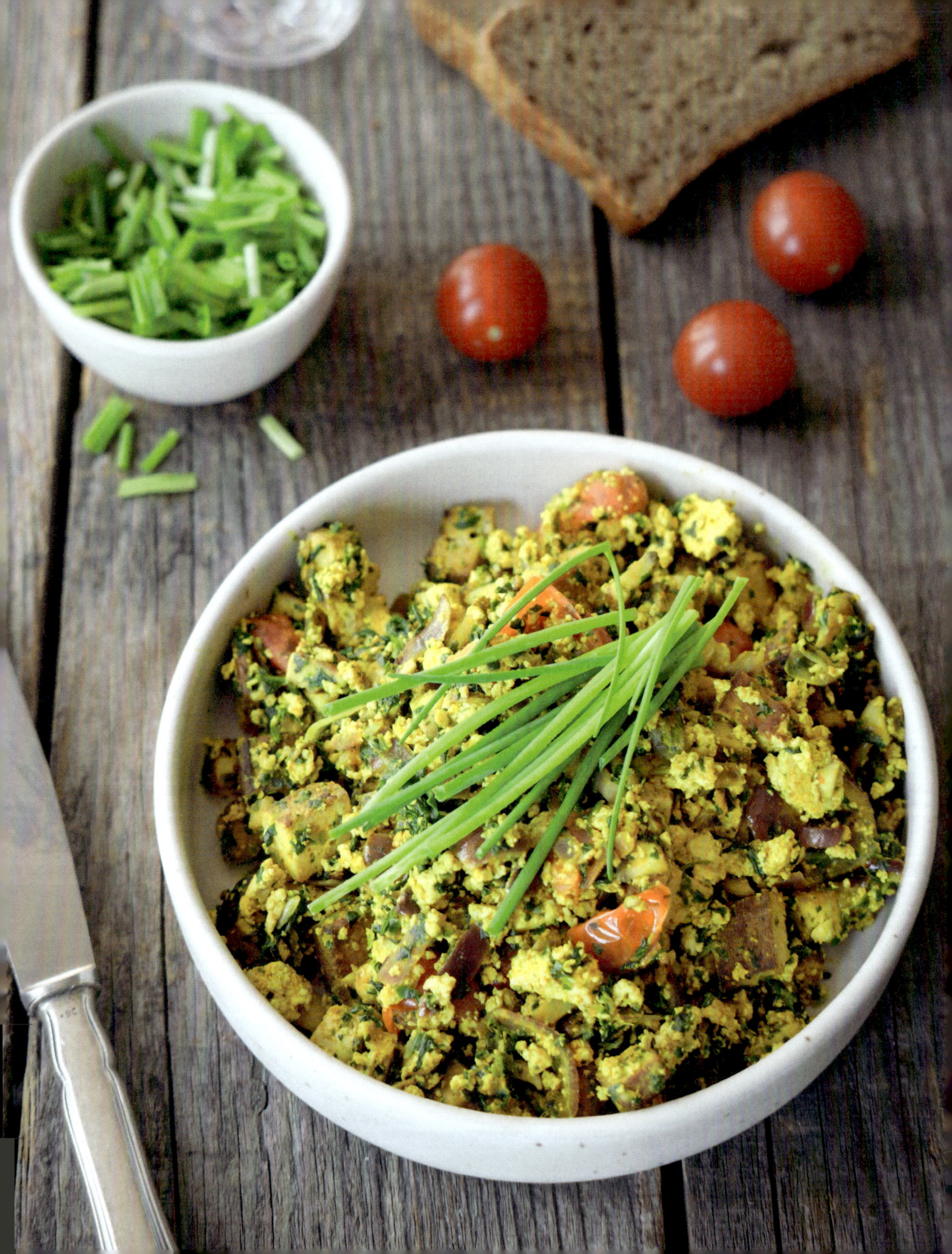

Rührtofu mit Spinat, Tomaten und Champignons

Wenn du früher gerne Rührei gegessen hast, dann solltest du unbedingt mal diese vegane Variante probieren. Wir lieben Rührtofu als Bestandteil eines üppigen Frühstücksbuffets, oder auch als vollwertiges Abendessen mit einer Scheibe frisch gebackenem Vollkornbrot.

Zutaten für 2 große Portionen

- 100 g Räuchertofu
- 1 kleine rote Zwiebel
- 3–4 Kirschtomaten
- 50 g frischer Spinat (alternativ: Tiefkühlspinat, vorher auftauen)
- 3 Champignons
- 150 g Naturtofu
- 2 EL Öl zum Anbraten
- 3 EL Pflanzenmilch
- 1 TL Kurkumapulver
- ½ TL Paprikapulver
- Salz und Pfeffer

Zum Garnieren

- 1 Bund Schnittlauch
- Kala Namak-Salz

Zubereitung

1. Den Räuchertofu würfeln, die Zwiebel würfeln, die Kirschtomaten halbieren, den Spinat putzen sowie grob hacken und die Champignons würfeln.
2. Den Naturtofu zwischen zwei Küchentüchern auspressen, bis keine Flüssigkeit mehr austritt. Anschließend mit einer Gabel fein zerbröseln.
3. Öl in einer großen Pfanne erhitzen und den Räuchertofu knusprig anbraten. Anschließend auch die Zwiebeln sowie schließlich den zerbröselten Tofu hinzugeben und 3–4 Minuten weiterbraten. Dabei immer mal wieder umrühren, damit nichts anbrennt.
4. Die Temperatur reduzieren und Pflanzenmilch, Kirschtomaten, Champignons und Spinat unterrühren. Nochmal für etwa 2–3 Minuten erhitzen und zuletzt mit Kurkuma, Paprikapulver, Salz und Pfeffer abschmecken.
5. Den Rührtofu auf Tellern oder in Schalen anrichten und mit Schnittlauch garnieren. Für ein schwefeliges Aroma gegebenenfalls noch mit einer Prise Kala Namak-Salz würzen.

Tipp: Kala Namak ist ein schwefelhaltiges Salz, das vor allem in der indischen und pakistanischen Küche zum Einsatz kommt. Die Schwefelverbindungen im Salz lösen sich, wenn sie mit der Feuchtigkeit aus dem Rührtofu in Kontakt kommen, und sorgen dann für das typische Ei-Aroma.

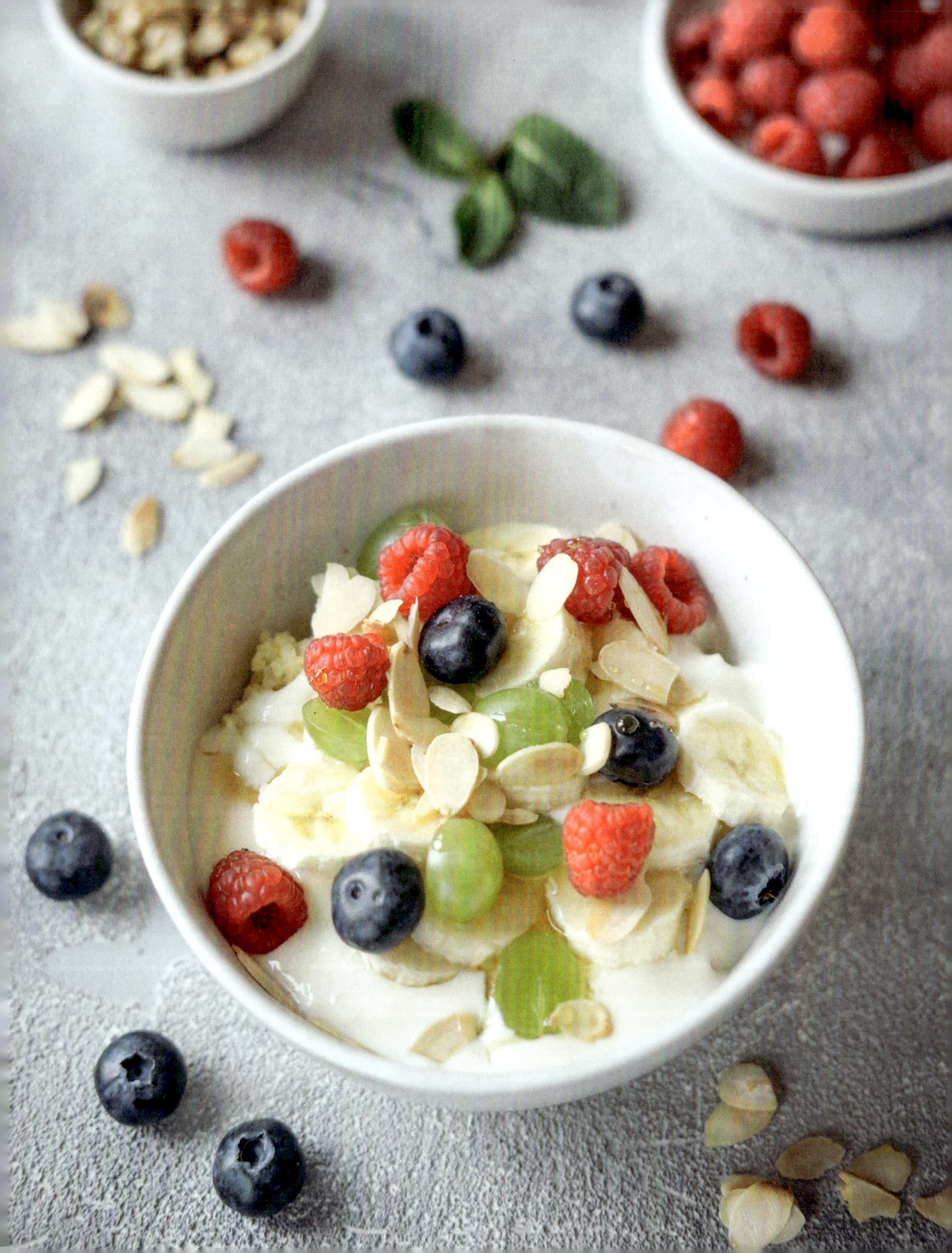

Bunte Hirse-Bowl

Diese Hirse-Bowl mit Joghurt und Obst frühstücken wir besonders gerne im Sommer, wenn es frische Beeren in Hülle und Fülle gibt. An richtig heißen Tagen mögen wir sie auch als schnelles, leichtes Mittagessen. Sie schmeckt herrlich erfrischend und macht satt, ohne ein Völlegefühl zu verursachen.

Zutaten für 2 Portionen

- 125 g Hirse
- 4 EL Mandelblättchen
- 2–3 Handvoll gemischtes saisonales Obst, z. B. Himbeeren, Blaubeeren, Aprikosen oder Trauben
- 150 g Sojajoghurt
- 1 EL Ahornsirup (optional)

Zubereitung

1. Die Hirse gründlich spülen und zusammen mit der doppelten Menge Wasser und einer Prise Salz im Kochtopf oder Reiskocher zubereiten.
2. In der Zwischenzeit die Mandelblättchen ohne Öl in einer Pfanne anrösten.
3. Das Obst waschen, abtrocknen und in mundgerechte Stücke schneiden.
4. Hirse auf zwei Teller verteilen, mit Sojajoghurt und Obst toppen und mit angerösteten Mandeln und Ahornsirup garnieren.

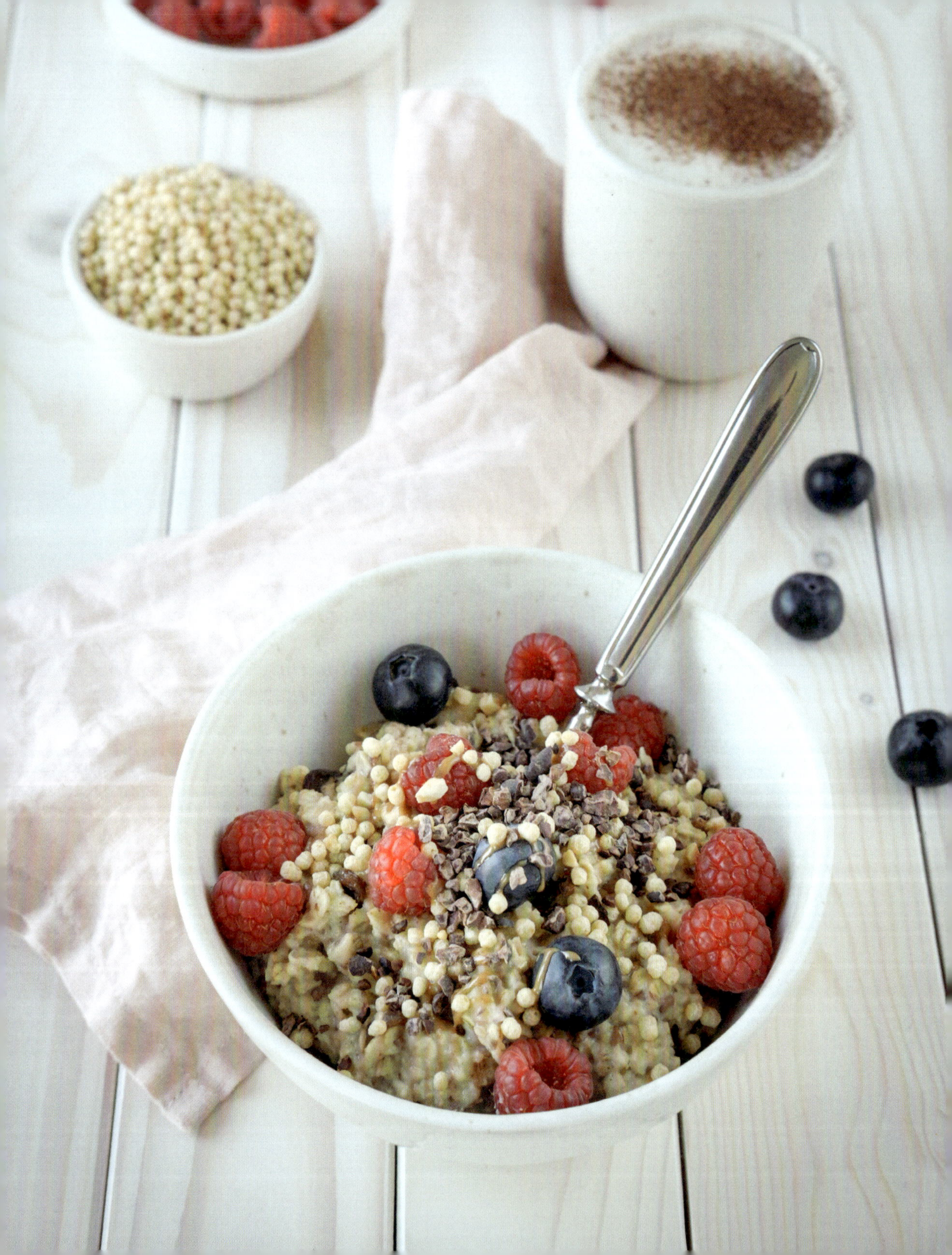

Beeren-Porridge für jeden Tag

Unter der Woche starten wir fast immer mit diesem Porridge in den Tag. Es gibt uns Energie für die Dinge, die wir täglich meistern wollen, und lässt sich prima an persönliche Geschmacksvorlieben sowie das saisonale Obstangebot anpassen. Du darfst das Rezept also gerne als Ausgangspunkt für deine eigenen Porridge-Kreationen betrachten.

Zutaten für 2 Portionen

- 500 ml Pflanzenmilch
- 1 Prise Salz
- ½ TL Zimt
- 125 g Haferflocken
- 2 EL geschrotete Leinsamen
- 1 reife Banane

Zum Garnieren

- 100 g Beerenfrüchte der Saison (alternativ: Tiefkühlbeeren)
- 1 EL Nussmus, z. B. Haselnussmus oder Mandelmus
- 2 TL Kakaonibs
- 2 EL Reis- oder Sojacrispies

Zubereitung

1. Pflanzenmilch, Salz und Zimt in einen Topf geben und einmal aufkochen lassen.
2. Anschließend den Topf vom Herd nehmen und die Haferflocken und Leinsamen unterrühren. Die Banane grob zerbrechen und ebenfalls einrühren.
3. Das Porridge für ca. 5–8 Minuten quellen lassen und dabei ab und zu umrühren.
4. Porridge auf zwei Schälchen verteilen und mit Beeren, Nussmus, Kakaonibs und Crispies garnieren. Wenn du tiefgekühlte Beeren verwendest kannst du sie direkt mit den Bananen zum Porridge geben.

Tipp: Wir geben gerne noch einen Teelöffel Kurkumapulver und eine Prise schwarzen Pfeffer in unser Porridge. Das Curcumin aus dem Kurkuma wirkt entzündungshemmend, schwarzer Pfeffer verstärkt diese Wirkung noch einmal.

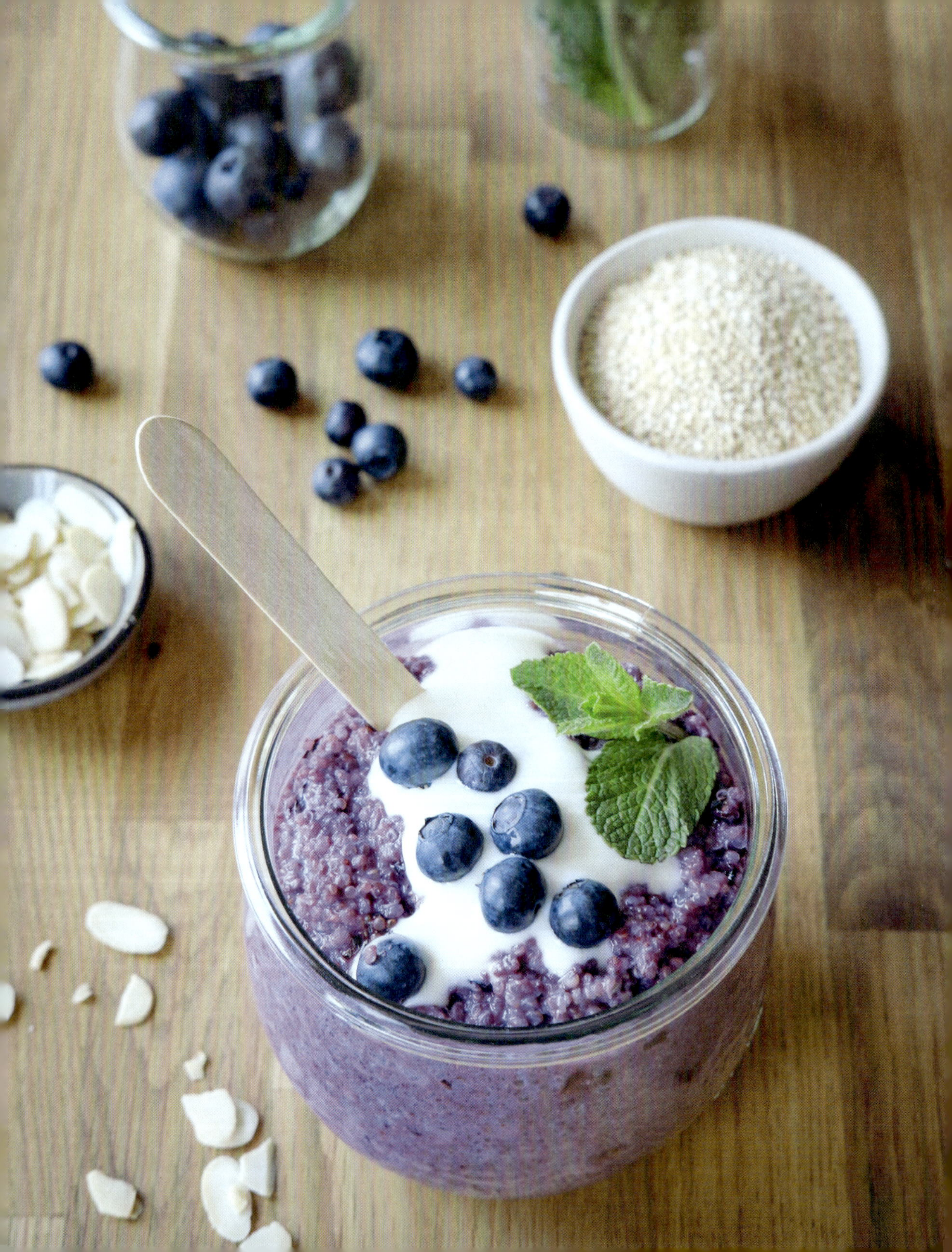

Quinoa-Joghurt-Frühstücks-Bowl

Quinoa ist eine tolle, glutenfreie Alternative für die Grain-Komponente von herzhaften Hauptgerichten – aber du kannst dir damit auch ein richtig leckeres Frühstück zubereiten.

Zutaten für 2 Portionen

- 100 g Quinoa
- 200 ml Wasser
- 1 Prise Salz
- 150 g Sojajoghurt oder eine andere pflanzliche Joghurtalternative
- 150 g Beeren, z. B. Blaubeeren

Zum Garnieren

- 2 EL Mandelblättchen

Zubereitung

1. Quinoa gründlich mit heißem Wasser spülen, um die natürlichen Bitterstoffe zu entfernen. Zusammen mit Wasser und einer Prise Salz nach Packungsanweisung im Reiskocher oder Kochtopf zubereiten.
2. In der Zwischenzeit die Mandelblättchen in einer Pfanne ohne Öl goldbraun anrösten.
3. Sobald die Quinoa fertig gegart ist, den Sojajoghurt und die Beeren unterheben.
4. Auf zwei Schälchen verteilen und mit Mandelblättchen garnieren.

Tipp: Das Quinoa-Frühstück schmeckt auch kalt ganz hervorragend und ist deshalb ideal zum Mitnehmen.

HAUPTGERICHTE UND SALATE

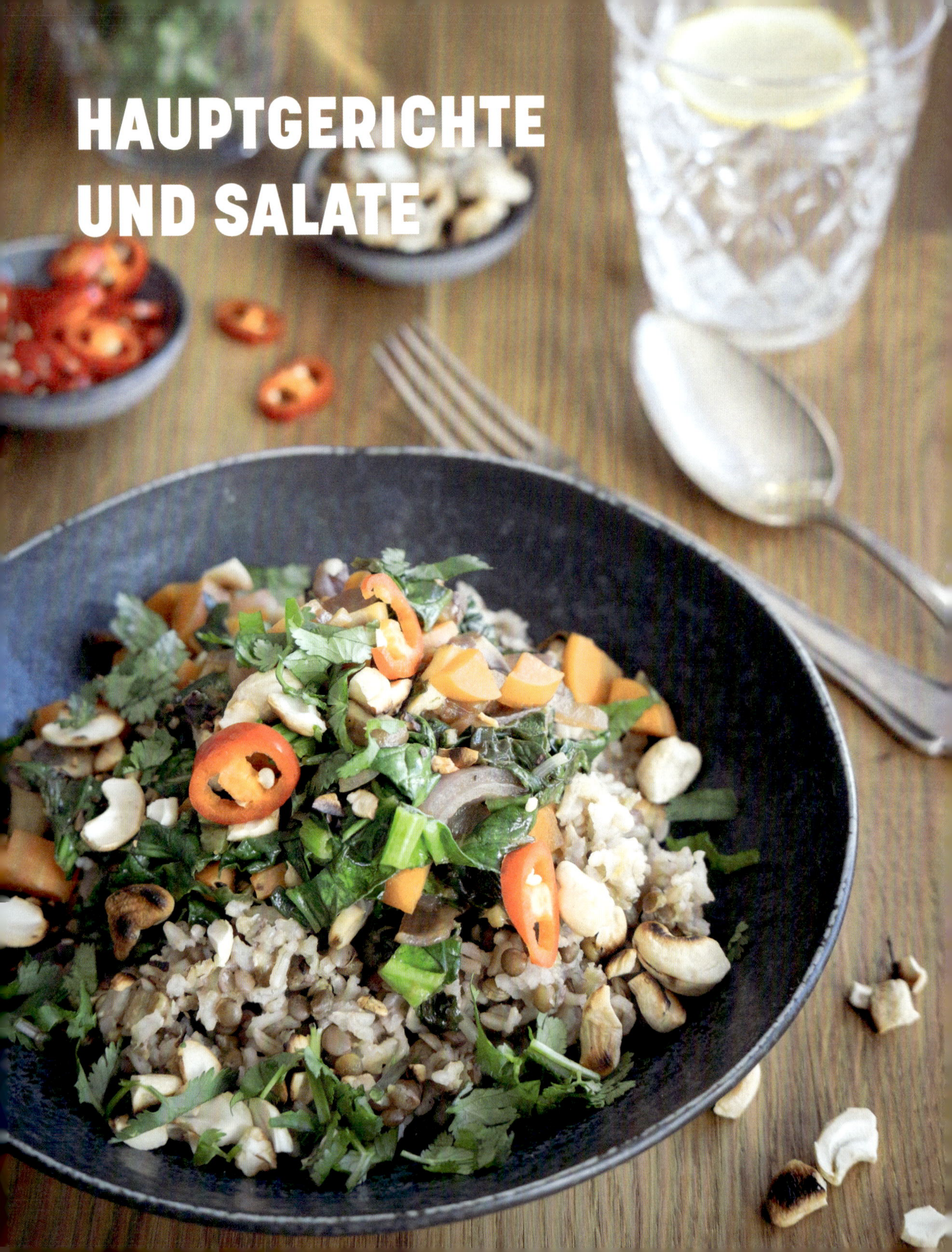

Asiagemüse mit Reis und Linsen

Ein Gericht, wie wir es lieben: knackiges Gemüse, exotische Aromen, und die Linsen liefern in Kombination mit dem Vollkornreis eine Extraportion pflanzliches Eiweiß. Den Schärfegrad darfst du natürlich an deine persönliche Schmerzgrenze anpassen.

Zutaten für 4 Portionen

- 200 g Vollkornreis
- 100 g Berglinsen
- 550 ml Wasser
- 2 rote Zwiebeln
- 1 große Portion saisonales Gemüse, z. B. 3–4 Karotten, 2 Handvoll Spinat, 5 Champignons
- 1 rote Chilischote (optional)
- 2–3 Knoblauchzehen
- 1 Stück Ingwer
- 2 EL Öl zum Anbraten
- 2 EL Sojasoße
- 2 TL Zitronensaft
- 1 TL Agavendicksaft
- 3 EL Mushroom-Soße (gibt es im Asiamarkt)

Zum Garnieren

- 1 Bund frischer Koriander oder Frühlingszwiebeln
- 2 EL Cashewkerne (grob zerbrochen)

Zubereitung

1. Reis und Linsen gut spülen und zusammen (!) in einem Topf oder im Reiskocher mit einer Prise Salz und Wasser zubereiten.
2. In der Zwischenzeit das Gemüse vorbereiten: Zwiebeln würfeln, Gemüse putzen und in mundgerechte Stücke schneiden. Chilischote, Knoblauch und Ingwer fein hacken. Den Koriander ebenfalls hacken und beiseite stellen. Die Cashewkerne ohne Öl in einer Pfanne anrösten.
3. Das Öl in einer großen Pfanne erhitzen und die Zwiebeln glasig anschwitzen. Anschließend das Gemüse hinzugeben, die Temperatur reduzieren und die Pfanne mit einem Deckel verschließen. 5 Minuten anbraten und dabei gelegentlich umrühren.
4. Zuletzt noch Knoblauch, Ingwer und Chili zum Gemüse geben und mit Sojasoße, Zitronensaft, Agavendicksaft und Mushroom-Soße abschmecken.
5. Die Reis-Linsen-Mischung zusammen mit dem Gemüse anrichten und mit Koriander und Cashewkernen garnieren.

Tipp: Mushroom-Soße wird aus Pilzen hergestellt und ist eine tolle vegane Alternative zur Austernsoße, die in vielen asiatischen Gerichten zum Einsatz kommt. Du findest sie im Asiamarkt und kannst damit nicht nur asiatische, sondern auch andere herzhafte Gerichte würzen.

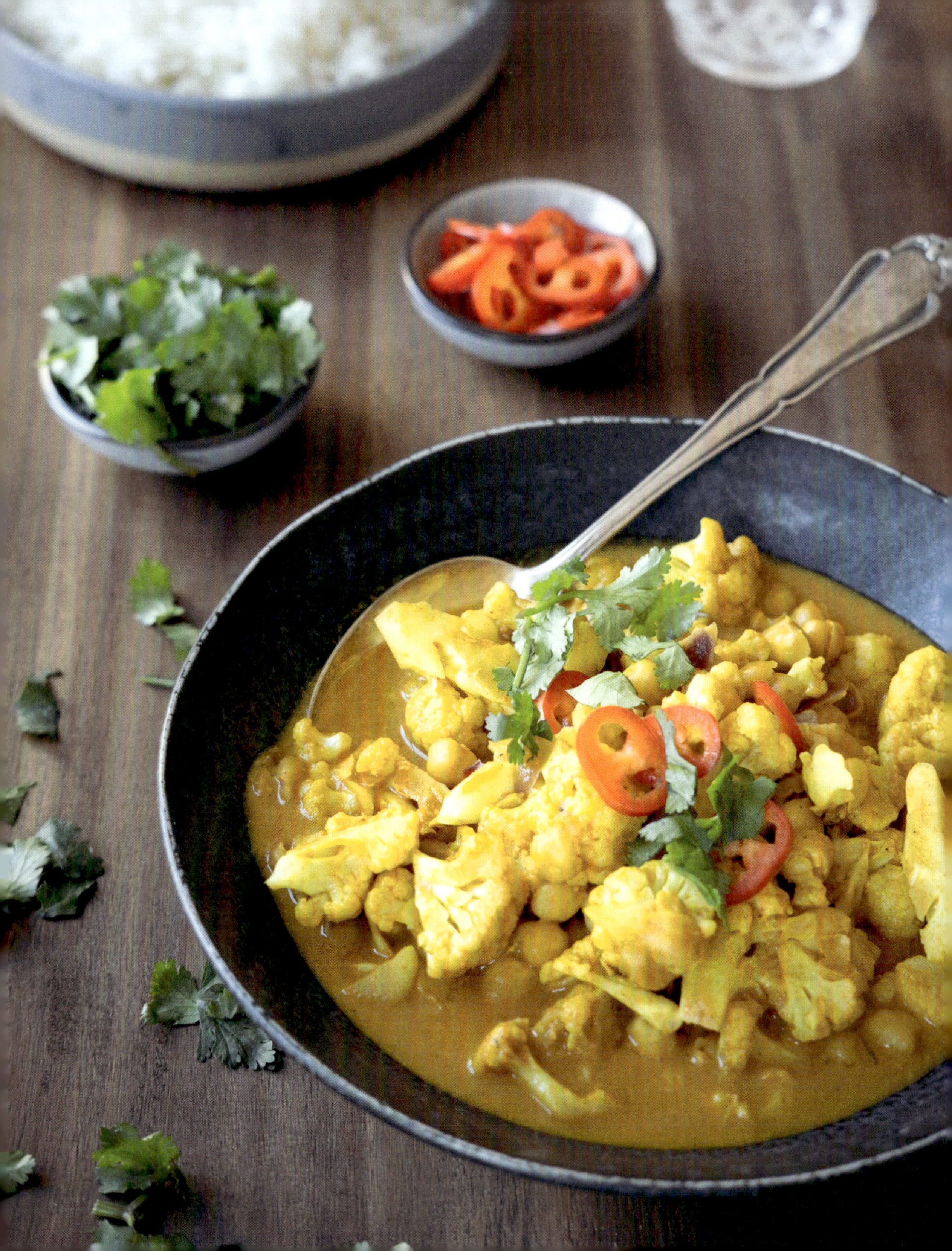

Blumenkohl-Kichererbsen-Curry

Blumenkohl und Curry – das ist eine dieser Kombinationen, von denen wir einfach nicht genug bekommen können. Die Kichererbsen sorgen in diesem indisch inspirierten Gericht für noch mehr Eiweiß und den nötigen Biss.

Zutaten für 4 Portionen

- 240 g Reis, z. B. Basmatireis
- 2 rote Zwiebeln
- 2–3 Knoblauchzehen
- 1 daumengroßes Stück Ingwer
- 1 rote Chilischote (optional)
- 250 g Kichererbsen (gekocht, Abtropfgewicht)
- 1 kleiner bis mittelgroßer Kopf Blumenkohl
- 2 EL Öl zum Anbraten
- 2 TL Garam Masala
- 3 TL Currypulver
- 350 ml Gemüsebrühe
- 200 ml passierte Tomaten
- 75 ml Kokosmilch
- 1 TL Paprikapulver
- ½ TL Korianderpulver
- Salz
- Saft einer halben Zitrone

Zum Garnieren

- 1 Bund frischer Koriander
- 1 weiteres Stück frischer Ingwer

Zubereitung

1. Den Reis zusammen mit der doppelten Menge Wasser und einer Prise Salz im Kochtopf oder Reiskocher zubereiten.
2. Zwiebeln würfeln, Knoblauch und Ingwer fein hacken, Chili in feine Ringe schneiden. Die Kichererbsen gründlich spülen, vom Blumenkohl die feinen Röschen abschneiden und alle übrigen Zutaten in Reichweite stellen.
3. Öl in einem großen Topf erhitzen und die Zwiebeln glasig anschwitzen. Knoblauch, Ingwer, Chili sowie die Hälfte des Garam Masala und Currypulver dazugeben, kurz anbraten und dann auch die Kichererbsen hinzugeben, dann weitere 2–3 Minuten mitbraten.
4. Den Blumenkohl dazugeben, mit Gemüsebrühe, passierten Tomaten und Kokosmilch ablöschen und bei niedriger Temperatur mit geschlossenem Deckel köcheln lassen.
5. In der Zwischenzeit den Koriander hacken und den restlichen Ingwer in feine Stückchen oder dünne Streifen schneiden.
6. Wenn der Blumenkohl gar ist, mit Garam Masala, Curry, Paprika- und Korianderpulver, Salz und Zitronensaft abschmecken.
7. Das Curry zusammen mit dem Reis anrichten und mit frischem Koriander sowie Ingwer garnieren.

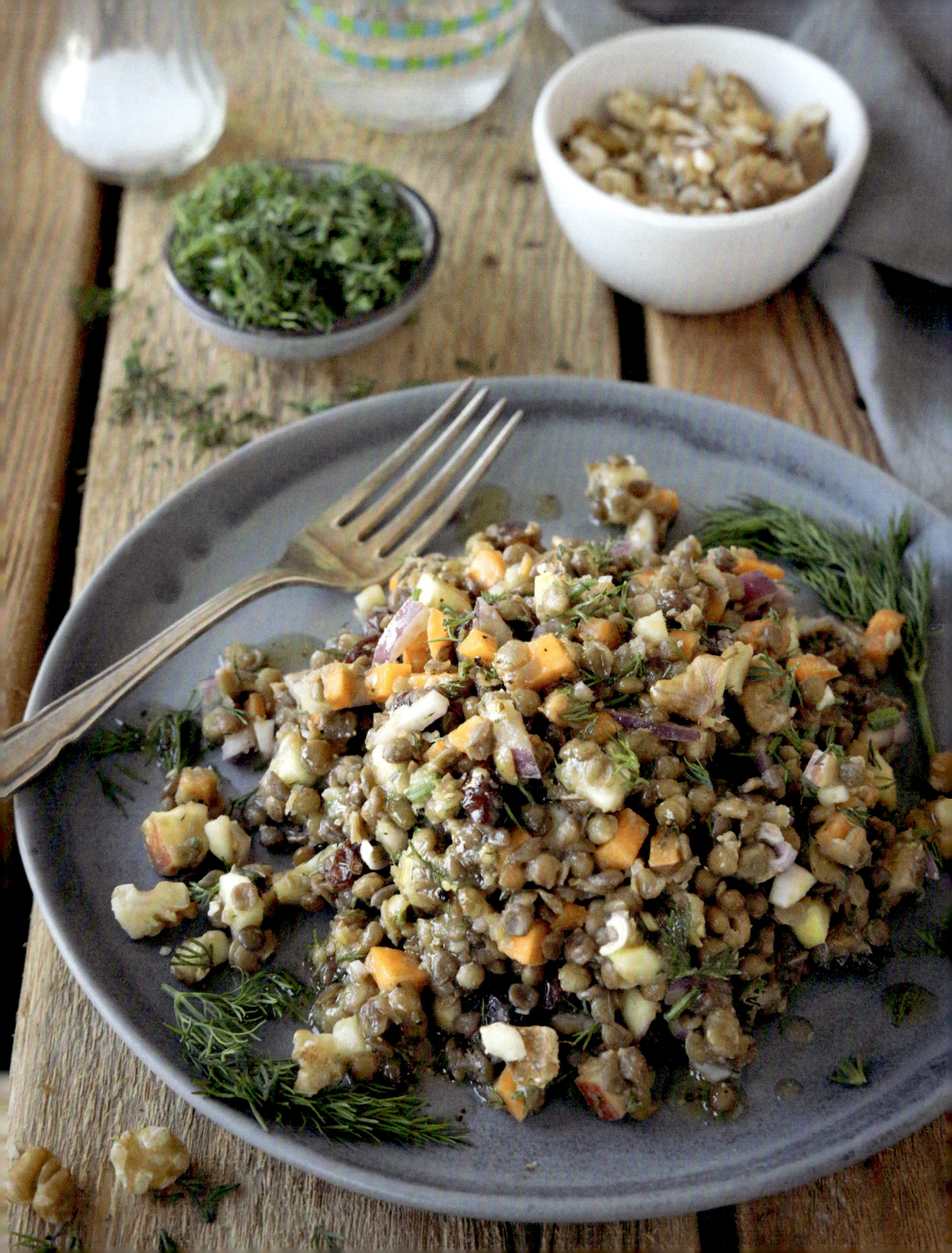

Fruchtiger Linsensalat mit süßem Senfdressing

Wir lieben diesen Linsensalat zu einer Scheibe frisch gebackenem Brot oder als Mitbringsel zu einem üppigen Buffet.

Zutaten für 1 große Schüssel

- 250 g Berglinsen
- 1 kleine rote Zwiebel
- 1 Karotte
- 1 kleiner säuerlicher Apfel, z. B. Elstar
- 1 Bund Dill
- 4 EL getrocknete Cranberries
- 4 EL grob gehackte Walnüsse

Für das Dressing

- 3 EL Olivenöl
- 2 EL Balsamicoessig
- 2 gehäufte TL Senf
- 1 EL Agavendicksaft
- Salz
- Pfeffer

Zubereitung

1. Die Linsen gründlich spülen und mit ca. 650 ml Wasser in einen Topf geben. Einmal aufkochen und anschließend bei schwacher Hitze köcheln lassen, bis sie gar sind (dauert ca. 25–30 Minuten). Gegebenenfalls überschüssiges Kochwasser abgießen und die Linsen abkühlen lassen.
2. In der Zwischenzeit alle weiteren Zutaten vorbereiten: Zwiebel, Karotte und Apfel fein würfeln und den Dill hacken.
3. Olivenöl, Balsamicoessig, Senf, Agavendicksaft, Salz und Pfeffer zu einem Dressing verarbeiten. Wir schütteln dafür alle Zutaten in einem Schraubgläschen kräftig durch.
4. Die abgekühlten Linsen in eine große Schüssel geben. Zwiebel, Karotte, Apfel, Cranberries, Walnüsse, Dill und das Dressing unterheben und noch mindestens für ein paar Minuten durchziehen lassen.

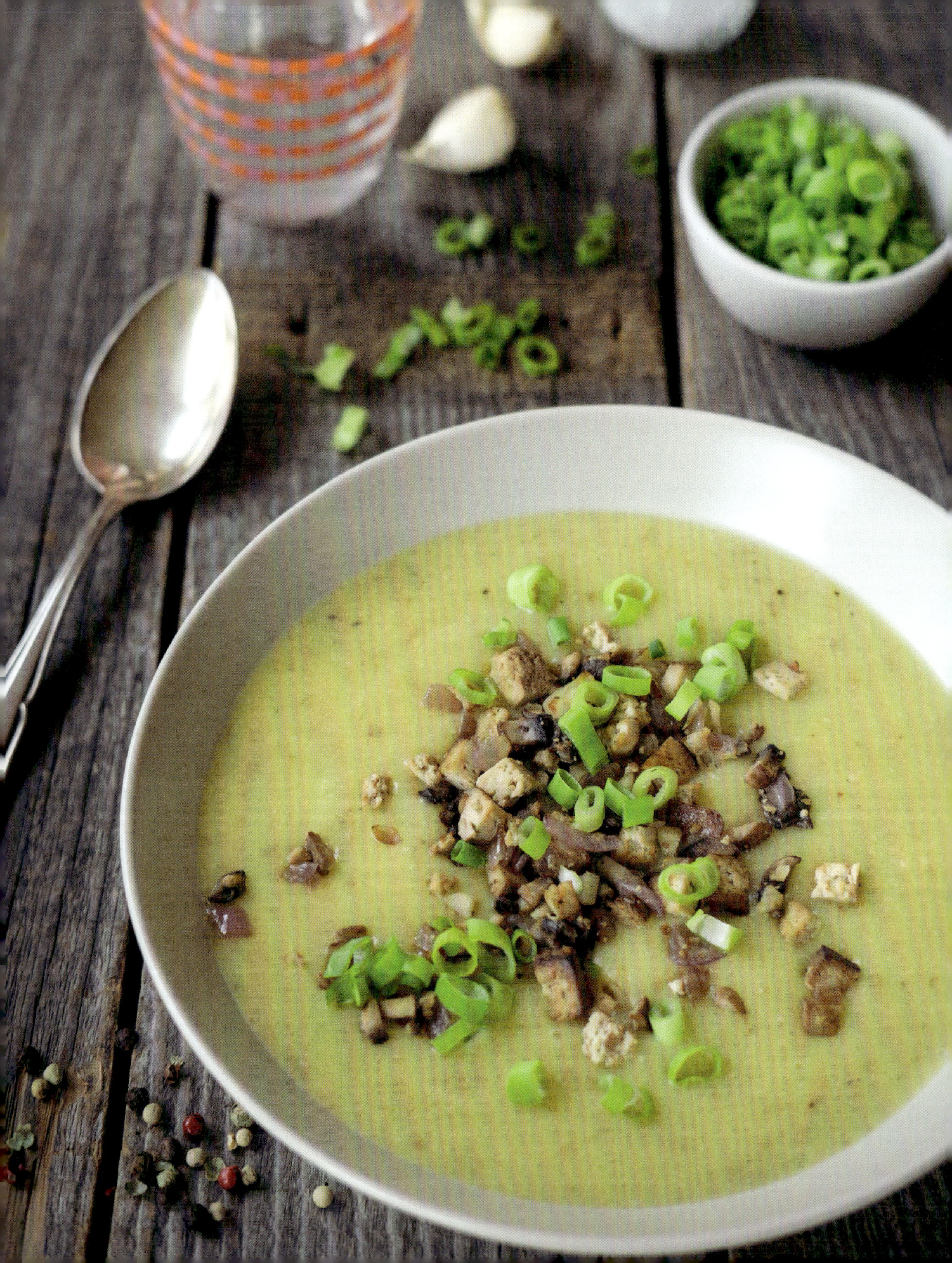

Kartoffelcremesuppe mit dreierlei Zwiebeln

Eine Kartoffelsuppe geht wirklich immer! Wir essen sie am liebsten cremig püriert und mit einem rustikalen Topping, zum Beispiel wie in diesem Rezept aus Räuchertofu, Champignons, Zwiebeln und Knoblauch.

Zutaten für 4 Portionen

- 1 kg Kartoffeln (vorwiegend festkochend)
- 2 weiße Zwiebeln
- 2 EL Öl zum Anbraten
- 1 Liter Gemüsebrühe
- 150 ml pflanzliche Sahne (alternativ: 50 g Cashewkerne und 125 ml Wasser)
- 2 EL heller Balsamicoessig
- Salz
- Pfeffer

Für das Topping

- 1 rote Zwiebel
- 2–3 Knoblauchzehen
- 100 g Räuchertofu
- 4 Champignons
- 1 EL Öl zum Anbraten
- ¼ TL geräuchertes Paprikapulver (optional)

Zum Garnieren

- 2 Frühlingszwiebeln, in feine Ringe geschnitten

Zubereitung

1. Kartoffeln gründlich waschen und grob würfeln (wir verwenden Bio-Kartoffeln und lassen die Schale dran). Weiße und rote Zwiebeln würfeln und getrennt beiseite stellen. Knoblauchzehen fein hacken. Räuchertofu mit einem Küchentuch trocken tupfen, in kleine Würfel schneiden und die Champignons ebenfalls fein würfeln.
2. 2 EL Öl in einem großen Topf erhitzen und die weißen Zwiebeln glasig anschwitzen. Kartoffeln dazugeben und mit der Gemüsebrühe ablöschen. Alle Kartoffeln sollten mit Flüssigkeit bedeckt sein, sonst noch etwas mehr Gemüsebrühe dazugeben. Einmal zum Kochen bringen und anschließend mit geschlossenem Deckel leicht köcheln lassen.
3. Das restliche Öl in einer Pfanne erhitzen und die roten Zwiebeln glasig anschwitzen. Den Räuchertofu dazugeben und anbraten, bis er knusprig ist. Zuletzt die Champignons, Knoblauch sowie ggf. das geräucherte Paprikapulver hinzugeben und die Pfanne vom Herd nehmen, wenn die Champignons keine Flüssigkeit mehr abgeben.
5. Wenn du keine fertige Pflanzensahne verwendest, ist jetzt der richtige Zeitpunkt, um die Cashewsahne herzustellen. Dafür die Cashewkerne mit Wasser in einem Mixer pürieren.
6. Sobald die Kartoffeln gar sind, die Suppe mit einem Stabmixer pürieren. Die Pflanzensahne unterrühren und mit Balsamicoessig, Salz und Pfeffer abschmecken.
7. Die Suppe auf Tellern verteilen und mit dem Topping aus der Pfanne sowie ein paar Frühlingszwiebelringen garnieren.

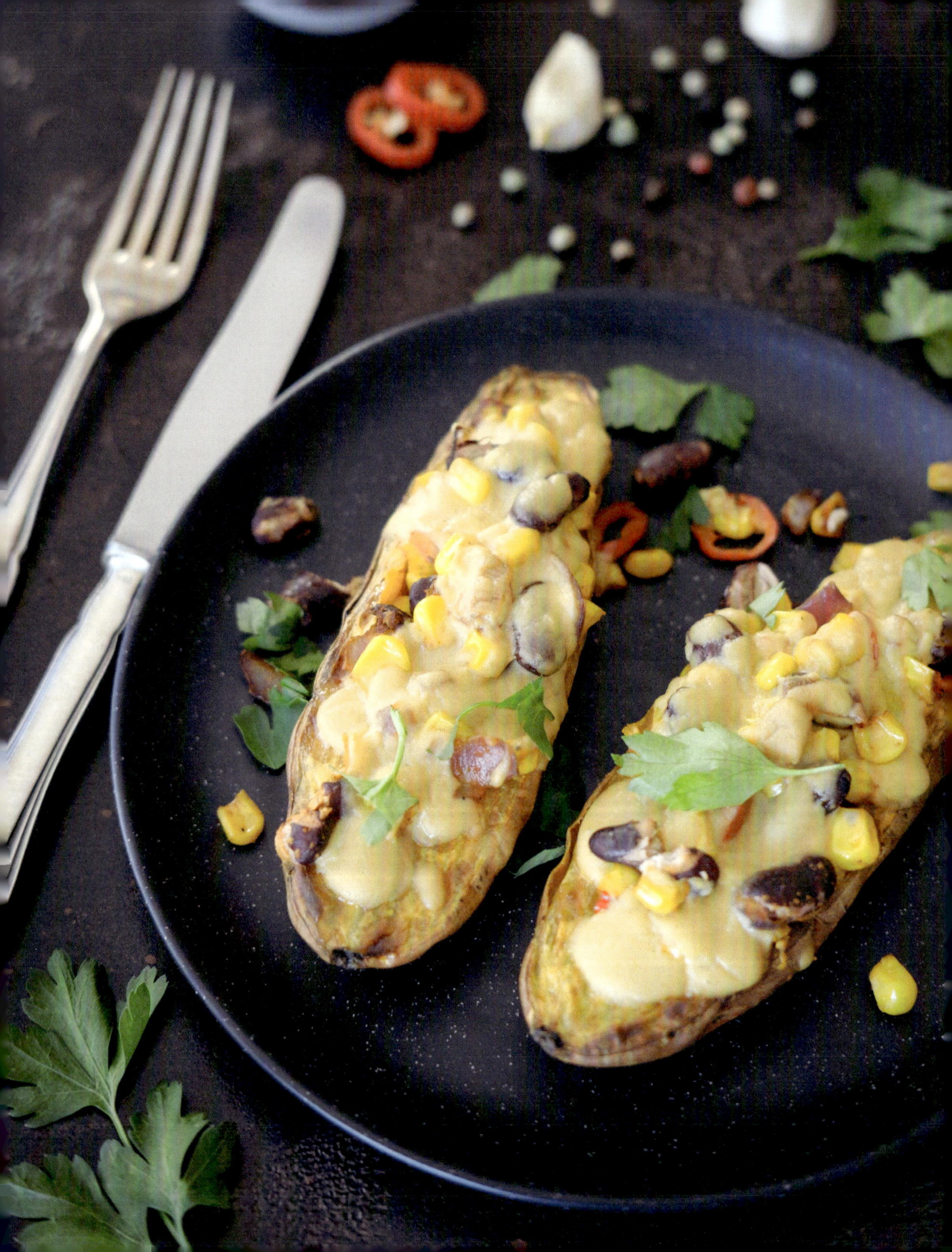

Tex-Mex-Ofensüßkartoffel

Süßkartoffeln aus dem Ofen sind herrlich aromatisch und schmecken schon pur richtig lecker. Noch besser werden sie aber mit einer Tex-Mex-Füllung aus Mais und Kidneybohnen. Wenn du sie dann noch mit Hefeschmelz überbäckst, ist der Genuss perfekt.

Zutaten für 2 Portionen

- 2 Süßkartoffeln (möglichst mit bauchiger Form)
- 1 + 2 EL Olivenöl
- 1 Zwiebel
- 2 Knoblauchzehen
- ½ rote Paprika
- 125 g Mais (Abtropfgewicht)
- 125 g Kidneybohnen (gekocht, Abtropfgewicht)
- Salz
- Pfeffer
- ½ TL Paprikapulver
- ¼ TL geräuchertes Paprikapulver
- ½ TL Cayennepfeffer

Außerdem

- Hefeschmelz von Seite 196 oder veganer Streukäse
- Cashewschmand von Seite 195 (optional)

Zubereitung

1. Süßkartoffeln gründlich waschen und der Länge nach halbieren. Die Schnittflächen mit Öl einpinseln und mit der Schnittfläche nach oben auf ein Backblech legen. Bei 180 °C Umluft je nach Größe für ca. 30–40 Minuten im Ofen backen, bis sie gar sind (Stäbchenprobe).
2. In der Zwischenzeit Zwiebel, Knoblauch und Paprika fein würfeln und den Mais und die Kidneybohnen gut abspülen.
3. Das restliche Öl in einer Pfanne erhitzen. Erst Zwiebeln und Knoblauch anbraten, nach 2–3 Minuten Paprika, Mais und Kidneybohnen dazugeben, dann für weitere 5 Minuten mitbraten. Mit Salz, Pfeffer, Paprikapulver und Cayennepfeffer würzen.
4. Die Süßkartoffeln aus dem Ofen holen. Aus jeder Hälfte ca. 2 EL Fruchtfleisch herauskratzen, unter die Mais-Bohnen-Mischung heben und die Süßkartoffeln damit füllen.
5. Zum Überbacken entweder eine Portion Hefeschmelz oder veganen Streukäse auf die Süßkartoffeln geben.
6. Bei 170 °C Ober-/Unterhitze für ca. 10 Minuten backen und nach dem Servieren ggf. noch mit einem Klecks Cashewschmand garnieren.

Tipp: Wenn du direkt eine größere Menge von der Mais-Bohnen-Paprikamischung machst, kannst du die Reste am nächsten Tag kalt als Salat essen oder als Grundlage für eine Pastasoße verwenden.

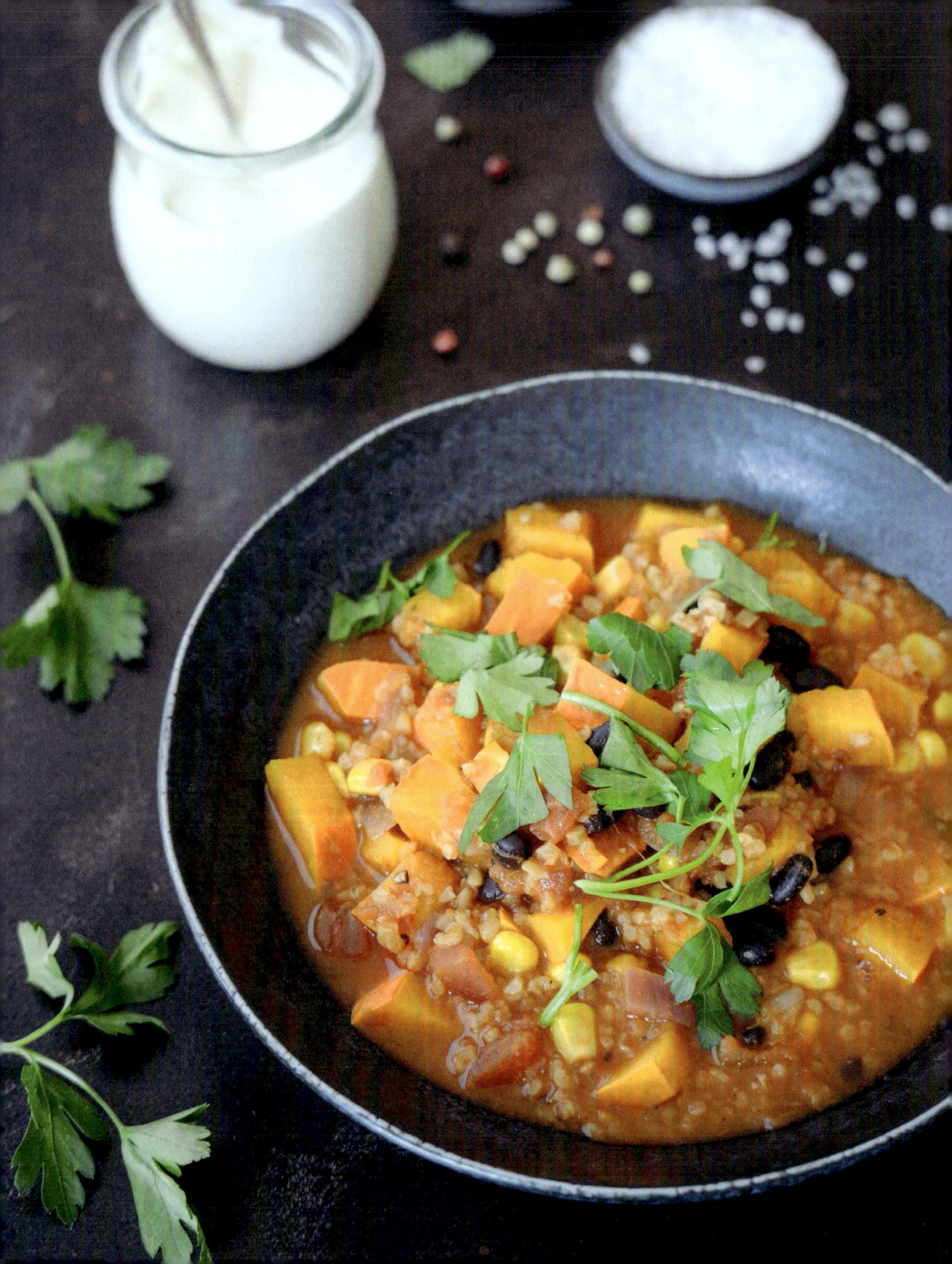

Chili con Kürbis

An kalten Herbst- und Wintertagen gibt es für uns kaum etwas Besseres als eine große Portion dampfendes Chili sin Carne. Hier stellen wir dir eine besonders herbstliche Variante mit Hokkaidokürbis und selbstgemachtem Cashewschmand vor.

Zutaten für 4 Portionen

- 2 Zwiebeln
- ½ kleiner bis mittelgroßer Hokkaidokürbis
- 250 g Mais (Abtropfgewicht)
- 250 g schwarze Bohnen (gekocht, Abtropfgewicht)
- 2–3 EL Öl zum Anbraten
- 100 g Bulgur
- 400 g geschälte Tomaten
- 600 ml Gemüsebrühe (ggf. auch etwas mehr)
- 2 TL Paprikapulver
- ½ TL geräuchertes Paprikapulver
- Salz
- Pfeffer
- 1 TL Kreuzkümmel
- ¼ TL Zimt
- 1 TL Cayennepfeffer
- 2–3 EL Tomatenmark

Zum Garnieren

- 1 Portion Cashewschmand von Seite 195 (optional)

Zubereitung

1. Zwiebeln würfeln. Kürbis heiß abspülen und ebenfalls würfeln (Hokkaidokürbis muss nicht geschält werden). Mais und Bohnen gründlich spülen.
2. Öl in einem großen Topf erhitzen und die Zwiebeln glasig anschwitzen. Anschließend Kürbiswürfel, Mais, schwarze Bohnen, Bulgur, geschälte Tomaten und so viel Gemüsebrühe dazugeben, dass alle Zutaten von der Flüssigkeit bedeckt sind. Mit geschlossenem Deckel aufkochen lassen und dann die Temperatur reduzieren, bis es nur noch leicht köchelt.
3. Sobald der Bulgur und der Kürbis gar sind, das Chili noch kräftig mit Paprikapulver, geräuchertem Paprikapulver, Salz, Pfeffer, Kreuzkümmel, Zimt und Cayennepfeffer würzen.
4. Zum Schluss noch das Tomatenmark unterrühren, das Chili auf tiefen Tellern verteilen und mit einem Löffel Cashewschmand garnieren.

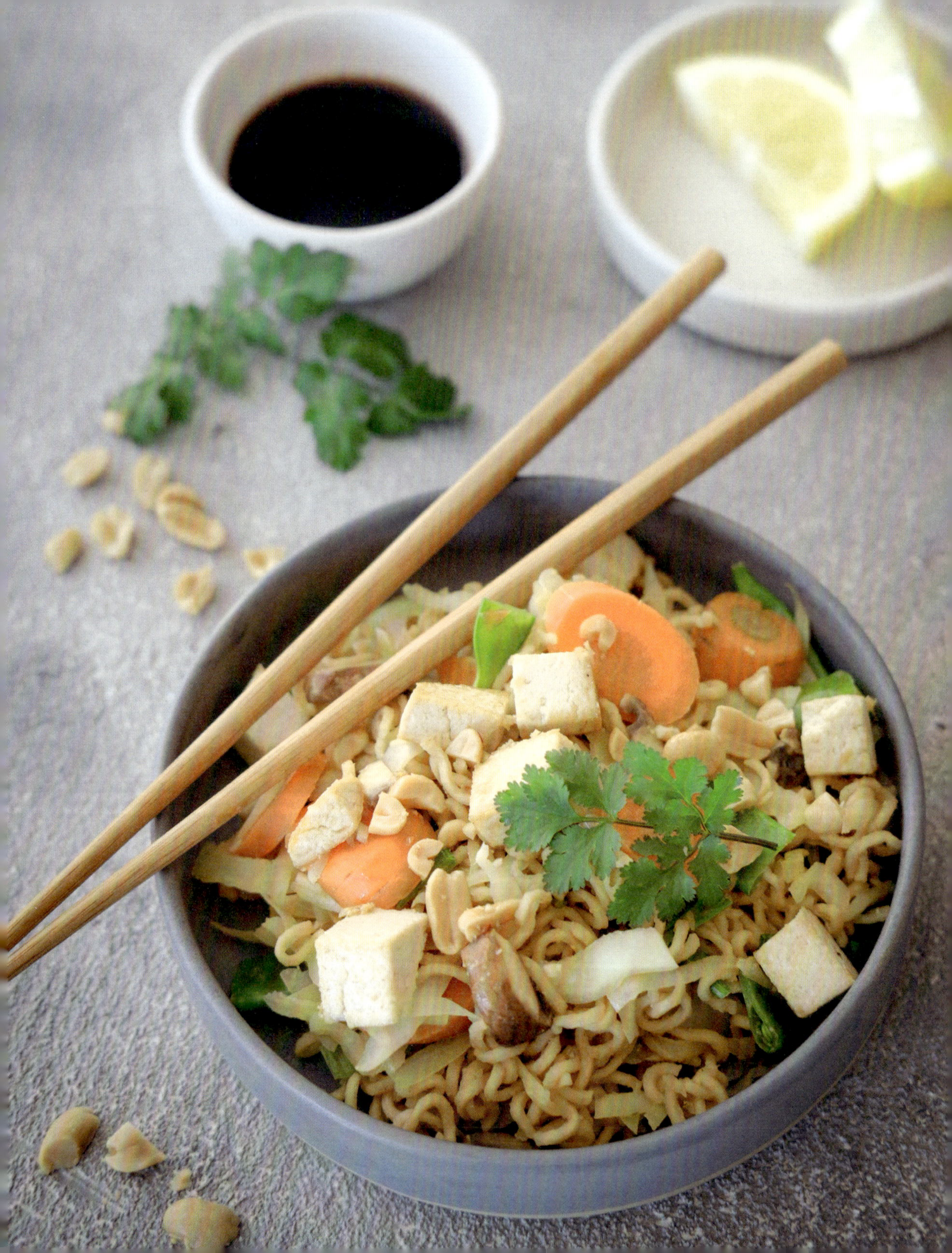

Mie-Nudeln mit Kokos-Erdnuss-Soße

Mie-Nudeln sind eine tolle Alternative zu normaler Pasta: Sie sind schnell gar und passen hervorragend in asiatische Nudelpfannen. Beim Einkauf musst du etwas aufpassen, denn in manchen Sorten ist Ei enthalten. Mit etwas Glück findest du sie sogar als Vollkorn-Variante.

Zutaten für 4 Portionen

- 1 Stange Lauch
- 3 Karotten
- ¼ Kopf Weißkohl
- 6 Champignons
- 150 g Zuckerschoten
- 250 g Mie-Nudeln
- 300 g Naturtofu
- 2 EL Öl zum Anbraten

Für die Soße

- 4 EL Sojasoße
- 2 EL Erdnussmus
- 60 ml Kokosmilch
- 1 EL Zitronensaft
- 2 EL Ahornsirup
- 1 Stück Ingwer
- 1 rote Chilischote
- optional: 1 Knoblauchzehe
- 75 ml Wasser oder Gemüsebrühe

Zum Garnieren

- 4 EL gehackte Erdnüsse
- ½ Bund frischer Koriander

Zubereitung

1. Zuerst das Gemüse vorbereiten: Den Lauch in Ringe und die Karotten in Scheiben schneiden, den Weißkohl fein raspeln. Champignons würfeln und die Zuckerschoten halbieren oder dritteln. Den Koriander grob hacken.
2. Den Naturtofu zwischen zwei Küchentüchern auspressen und würfeln.
3. Alle Zutaten für die Soße in einen Mixer geben und zu einer cremigen Soße pürieren.
4. Mie-Nudeln grob zerbrechen und nach Packungsanweisung zubereiten. Meist übergießt man sie mit kochendem Wasser und lässt sie einige Minuten ziehen. Anschließend abgießen und beiseite stellen.
5. Das Öl in einer Pfanne erhitzen. Erst den Lauch, dann die Tofuwürfel in der Pfanne anbraten. Anschließend Weißkohl und Karotten dazugeben, die Temperatur reduzieren und die Pfanne mit einem Deckel verschließen.
6. Nach 3–4 Minuten die Champignons und Zuckerschoten hinzugeben und noch 2–3 Minuten mitbraten.
7. Zuletzt die Mie-Nudeln unterheben und mit der Soße ablöschen. Nach dem Anrichten noch mit gehackten Erdnüssen und Koriander garnieren.

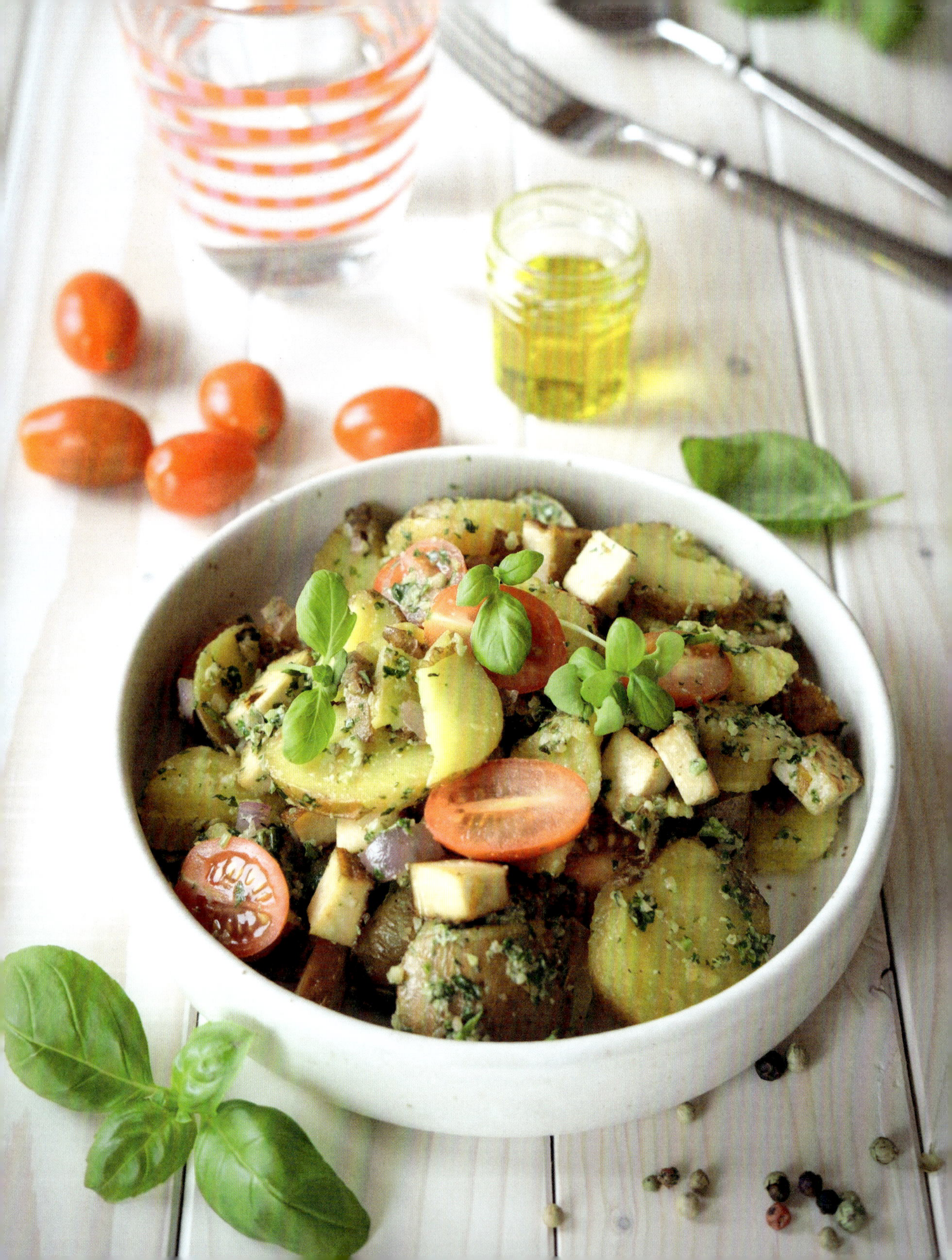

Kartoffel-Pesto-Salat

Wenn du Kartoffelsalat bislang nur mit Mayonnaise und Speck kennst, dann wirst du ihn mit diesem Rezept noch einmal ganz neu entdecken: Die gerösteten Zwiebeln und der krosse Räuchertofu harmonieren erstaunlich gut mit dem sommerlichen Basilikumpesto.

Zutaten für 1 große Schüssel

- 1 kg Kartoffeln (vorwiegend festkochend)
- 1 rote Zwiebel
- 200 g Räuchertofu
- 1 EL Öl zum Anbraten
- 150 g Kirschtomaten

Für das Pesto

- 2 Bund Basilikum
- ½ Bund Petersilie
- 2 EL Olivenöl
- 4 EL Walnüsse
- 2 EL Hefeflocken
- Saft einer halben Zitrone
- Salz
- Pfeffer

Zubereitung

1. Die Kartoffeln gründlich reinigen (wir verwenden Bio-Kartoffeln und lassen die Schale dran). Anschließend kochen und nach dem Abkühlen in Scheiben schneiden.
2. Die Zwiebel würfeln und den Räuchertofu in kleine Würfel schneiden.
3. Öl in einer Pfanne erhitzen und erst die Zwiebeln, dann auch den Räuchertofu von allen Seiten knusprig anbraten. Beiseite stellen und ebenfalls abkühlen lassen.
4. Die Kirschtomaten halbieren oder vierteln.
5. Alle Zutaten für das Pesto in einen Mixer geben und zu einem Pesto verarbeiten.
6. Kartoffeln, Tomaten, Räuchertofu und Zwiebeln zusammen mit dem Pesto in eine Schüssel geben und vorsichtig vermischen.

Tipp: Kartoffelsalat lässt sich super vorbereiten und schmeckt am nächsten Tag sogar oft noch besser. Er ist deshalb ein idealer Imbiss für lange Zugfahrten, Wanderungen und Fahrradtouren.

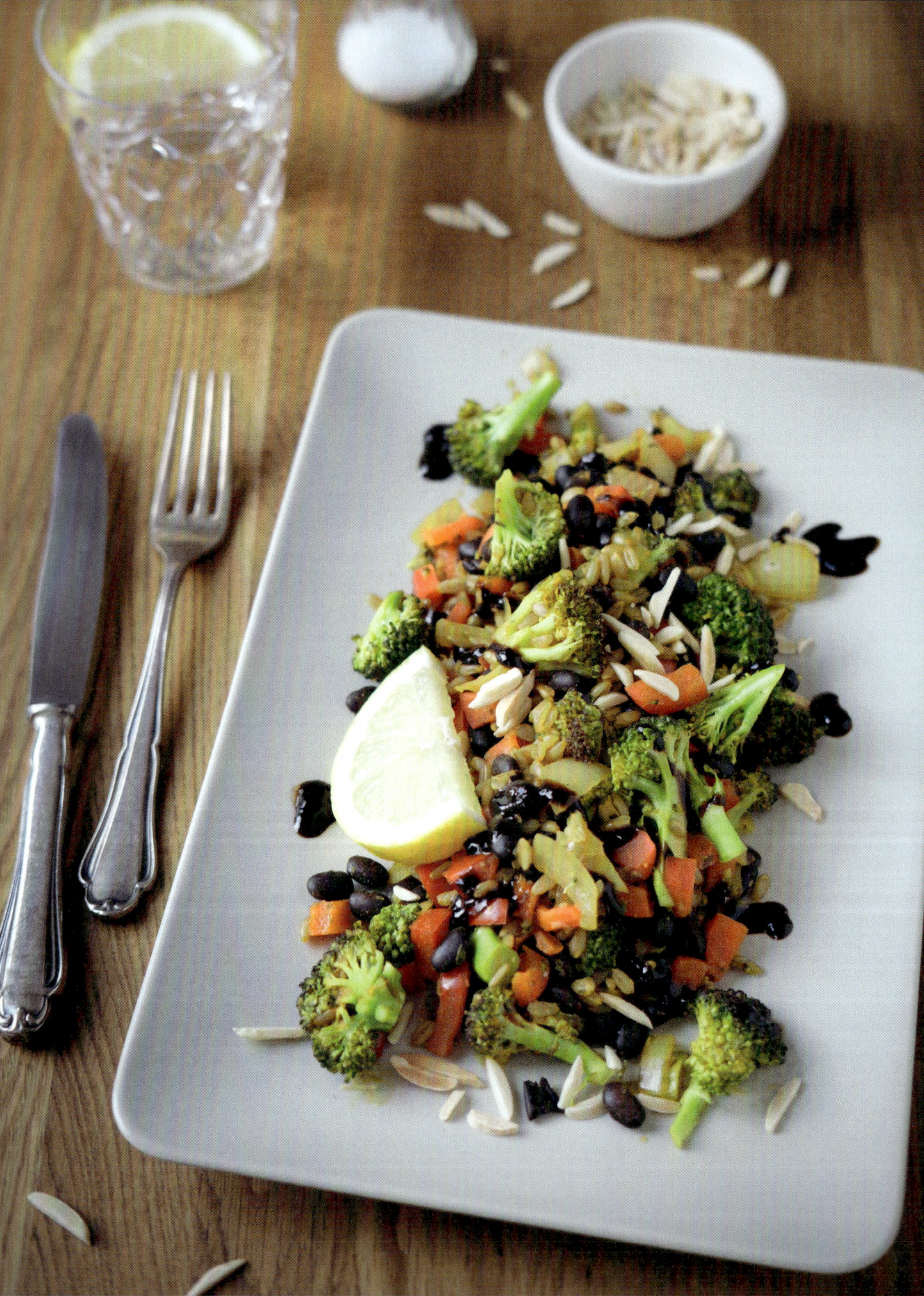

Dinkel-Gemüsepfanne mit schwarzen Bohnen

Dinkel, Bohnen und Gemüse: Dieses schnelle Gericht ist ein absoluter Grain-Green-Bean-Klassiker und lässt sich nach Belieben variieren. Probiere es zum Beispiel auch mal mit Reis, Kichererbsen oder irgendeinem anderen Gemüse aus, das gerade Saison hat.

Zutaten für 4 Portionen

- 200 g Dinkel
- 2 Zwiebeln
- 2 rote Paprika
- 1 Brokkoli
- 2 EL Öl zum Anbraten
- 250 g schwarze Bohnen (gekocht, Abtropfgewicht)
- 3 TL Currypulver
- 2 TL Paprikapulver
- 2 EL Sojasoße
- 1 TL Agavendicksaft
- Salz
- Pfeffer

Zum Garnieren

- 2 EL Mandelstifte
- Sesamöl

Zubereitung

1. Dinkel nach Packungsanweisung zubereiten (wir verwenden am liebsten den schnellkochenden).
2. Mandelstifte ohne Öl in einer Pfanne anrösten und beiseite stellen.
3. Zwiebeln und Paprika würfeln und die Brokkoliröschen vom Strunk trennen. Die schwarzen Bohnen gründlich spülen und abtropfen lassen.
4. Öl in einer Pfanne erhitzen und die Zwiebelwürfel glasig dünsten. Anschließend schwarze Bohnen, Paprika und Brokkoli dazugeben und einige Minuten anbraten, bis der Brokkoli eine schöne dunkelgrüne Farbe bekommen hat.
5. Den Dinkel unterheben und mit Curry- und Paprikapulver, Sojasoße, Agavendicksaft, Salz und Pfeffer abschmecken.
6. Nach dem Anrichten mit den angerösteten Mandelstiften garnieren, und für ein besonderes Geschmackserlebnis noch ein paar Tropfen Sesamöl darüber geben.

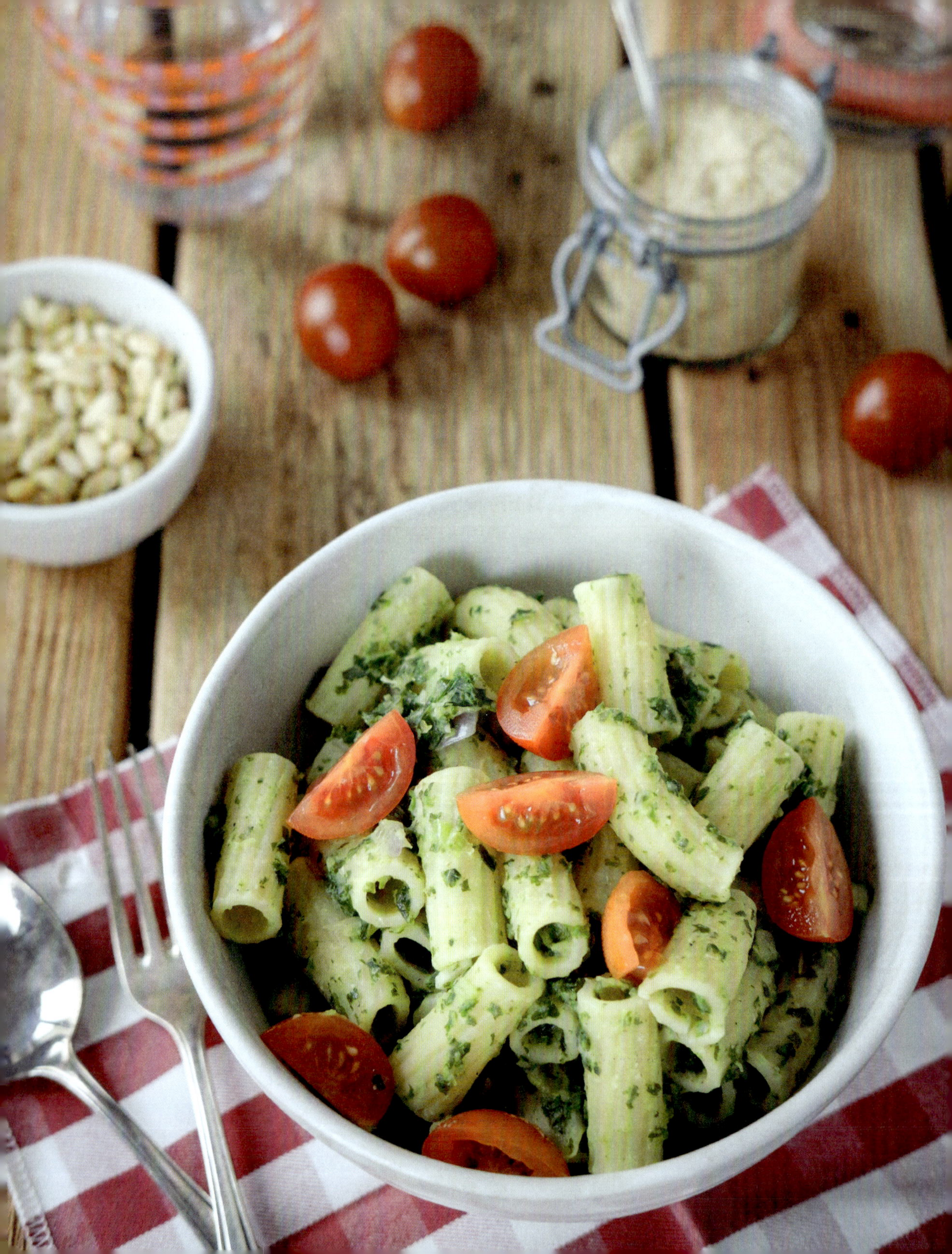

Pasta mit Grünkohl und cremiger Bohnensoße

*Für dieses Rezept haben wir uns vom allseits bekannten Rahmspinat inspirieren lassen, den wir früher durchaus mal als schnelle Pastasoße verwendet haben. Weiße Bohnen sorgen für die Cremigkeit, und den Spinat haben wir kurzerhand gegen Grünkohl ausgetauscht. Ein absolutes Turbo-Gericht für hungrige Läufer*innen, das in wenigen Minuten fertig ist.*

Zutaten für 4 Portionen

- 500 g Grünkohl (tiefgekühlt oder frisch)
- 500 g Pasta, z. B. Rigatoni
- 2 rote Zwiebeln
- 3 Knoblauchzehen
- 200 g Kirschtomaten
- 2 EL Öl zum Anbraten
- 250 g weiße Bohnen (gekocht, Abtropfgewicht)
- 2 TL Senf
- 2 EL Hefeflocken
- 75 ml Gemüsebrühe
- Salz
- Pfeffer
- Muskatnuss

Zubereitung

1. Tiefgekühlten Grünkohl idealerweise ein paar Stunden vor dem Kochen aus dem Gefrierfach holen und an- bzw. auftauen lassen. Wenn du frischen Grünkohl verwendest, dann wasche ihn gründlich und schneide ihn in feine Streifen.
2. Zwiebeln würfeln und Knoblauch hacken. Tomaten halbieren oder vierteln.
3. Pasta in gesalzenem Wasser al dente kochen.
4. Öl in einer Pfanne erhitzen. Erst die Zwiebeln, dann den Knoblauch glasig anschwitzen. Den Grünkohl dazugeben, die Temperatur etwas reduzieren und einige Minuten anbraten.
5. In der Zwischenzeit Bohnen, Senf, Hefeflocken, Gemüsebrühe, Salz, Pfeffer und Muskatnuss in einem Mixer zu einer cremigen Soße verarbeiten.
6. Die Soße unter den Grünkohl heben und mit Salz und Pfeffer abschmecken. Zusammen mit der Pasta und den Tomaten anrichten und dampfend heiß genießen!

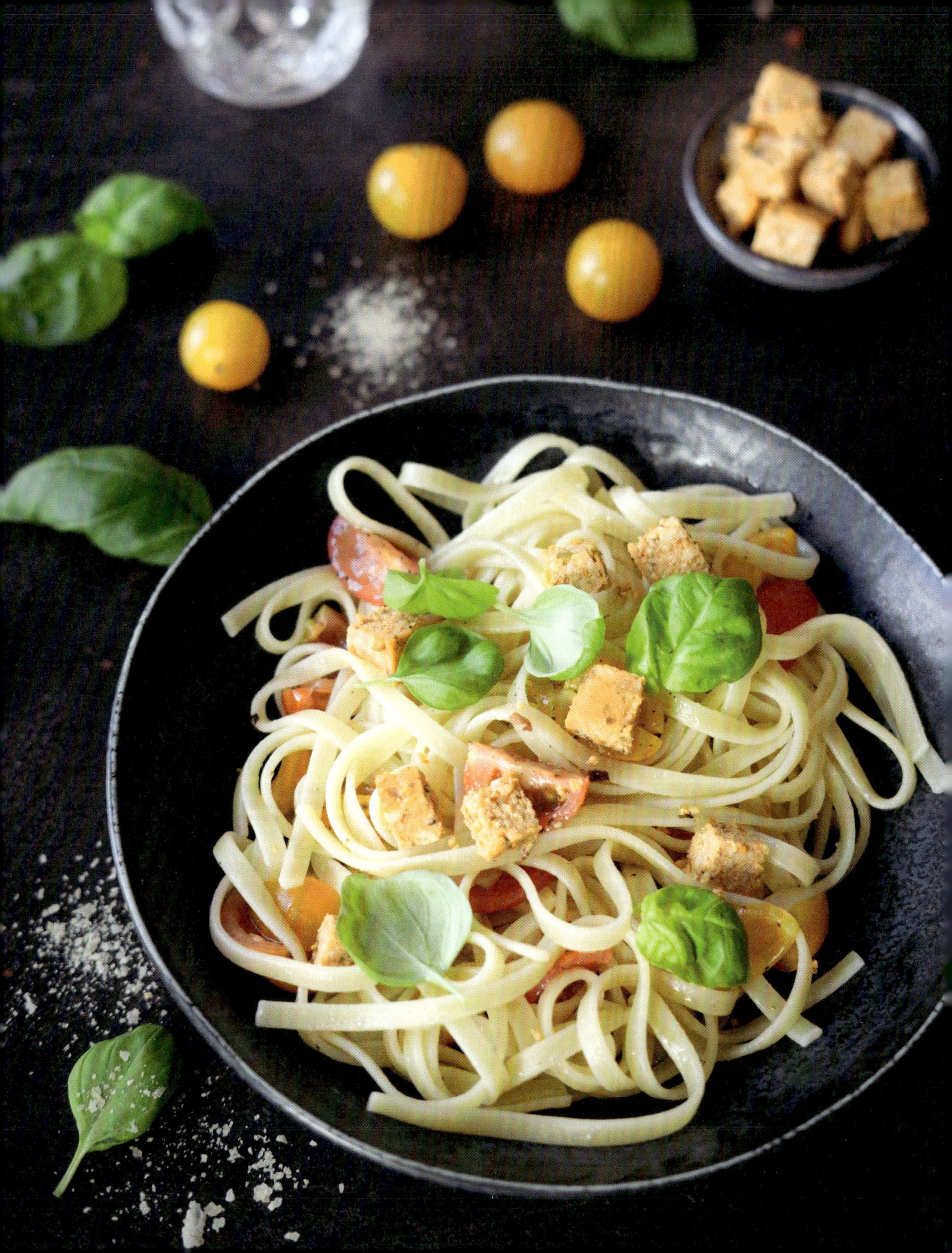

Pasta Tomate-Basilikum

Pasta Tomate-Basilikum ist eines der schnellsten Pastagerichte, das wir kennen, und in der Tomatensaison eines unserer liebsten Gerichte überhaupt. Der fertig gewürzte Tofu bringt ohne großen Aufwand noch mehr Geschmack und Eiweiß hinein.

Zutaten für 4 Portionen

- 500 g Pasta, z. B. Tagliatelle
- 300 g Kirschtomaten (am besten rote und gelbe gemischt)
- 200 g gewürzter Tofu, z. B. mit Kräutern, Basilikum oder roten Tomaten
- 4 EL Olivenöl
- 3 EL heller Balsamicoessig
- Salz
- Pfeffer

Zum Garnieren

- 1 Bund frischer Basilikum

Zubereitung

1. Pasta in gesalzenem Wasser al dente kochen.
2. Den Tofu in Würfel schneiden und beiseite stellen.
3. Tomaten je nach Größe halbieren oder vierteln und zusammen mit Olivenöl, Balsamicoessig, Salz und Pfeffer in eine Schüssel geben. Die Tomaten nun mit einer Gabel etwas zerdrücken, sodass ein Teil des Safts herausfließt.
4. Die Pasta auf tiefe Teller verteilen, Tofuwürfel, Tomaten und die dazugehörige Essig-Öl-Mischung darüber geben und mit frischem Basilikum garnieren.

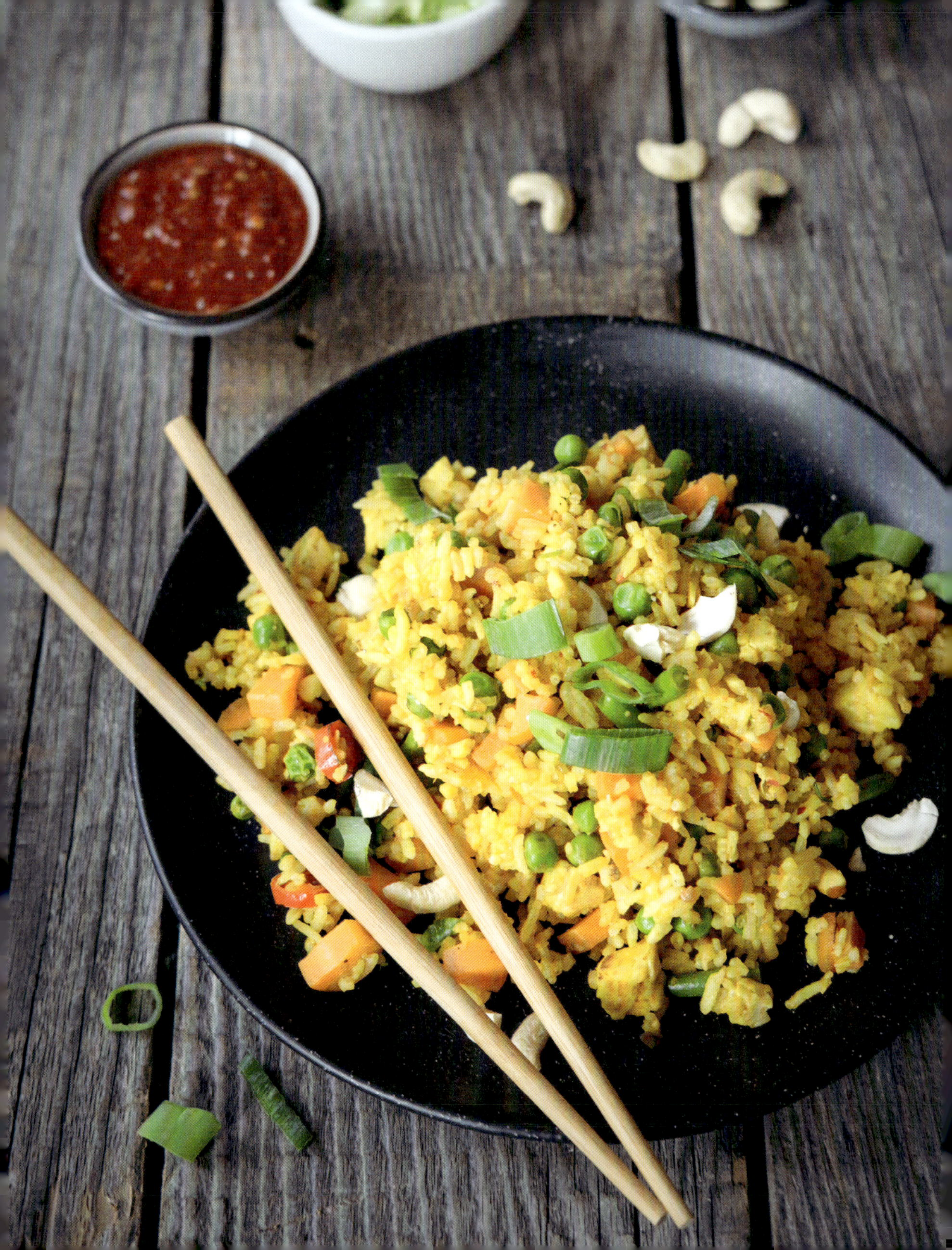

Nasi Goreng

Nasi Goreng ist ein traditionelles indonesisches Gericht und heißt übersetzt so viel wie »gebratener Reis«. Wir bereiten es hier mit Tempeh zu, der ebenfalls aus der indonesischen Küche stammt und ein toller pflanzlicher Eiweißlieferant ist. Dieses Rezept ist ideal, um Reisreste vom Vortag aufzubrauchen.

Zutaten für 4 Portionen

- 240 g Reis, z. B. Jasminreis (gerne auch vom Vortag)
- 1 Bund Frühlingszwiebeln
- 200 g Tempeh
- 3 Knoblauchzehen
- 1 Stück Ingwer
- 1 rote Chilischote
- 2–3 Karotten
- 150 g grüne Bohnen
- 100 g Mini-Maiskölbchen
- 150 g grüne Erbsen (tiefgefroren)
- 3 TL Sambal Oelek
- 2 EL Sojasoße
- 1 TL Ahornsirup
- 2 EL Öl zum Anbraten
- 1–2 TL Kurkuma

Zum Garnieren

- 2 EL Cashewkerne

Zubereitung

1. Den Reis nach Packungsanweisung zubereiten (entfällt, wenn du noch Reis vom Vortag hast).
2. Frühlingszwiebeln in Ringe schneiden (weiß und grün getrennt), Tempeh würfeln, Knoblauch, Ingwer und Chili fein hacken. Karotten würfeln und grüne Bohnen je nach Länge dritteln oder vierteln. Maiskölbchen ebenfalls dritteln und die Erbsen antauen lassen.
3. Sambal Oelek, Sojasoße und Ahornsirup miteinander verrühren. Cashewkerne grob zerbrechen und in einer kleinen Pfanne ohne Öl anrösten.
4. Öl in einer großen Pfanne erhitzen. Erst die weißen Frühlingszwiebelringe anschwitzen, dann auch Knoblauch, Ingwer, Chili und Tempeh dazugeben und anbraten, bis der Tempeh eine goldbraune Farbe hat.
5. Karotten und grüne Bohnen hinzugeben, Temperatur reduzieren und mit geschlossenem Deckel für 2–3 Minuten dünsten. Zwischendurch immer mal umrühren.
6. Jetzt noch die Mini-Maiskölbchen, die grünen Erbsen und den Reis unterheben und mit so viel Kurkuma würzen, dass der Reis eine gleichmäßig gelbe Färbung erhält.
7. Zuletzt mit der Soße ablöschen und nach dem Anrichten noch mit den grünen Frühlingszwiebeln und angerösteten Cashewkernen garnieren.

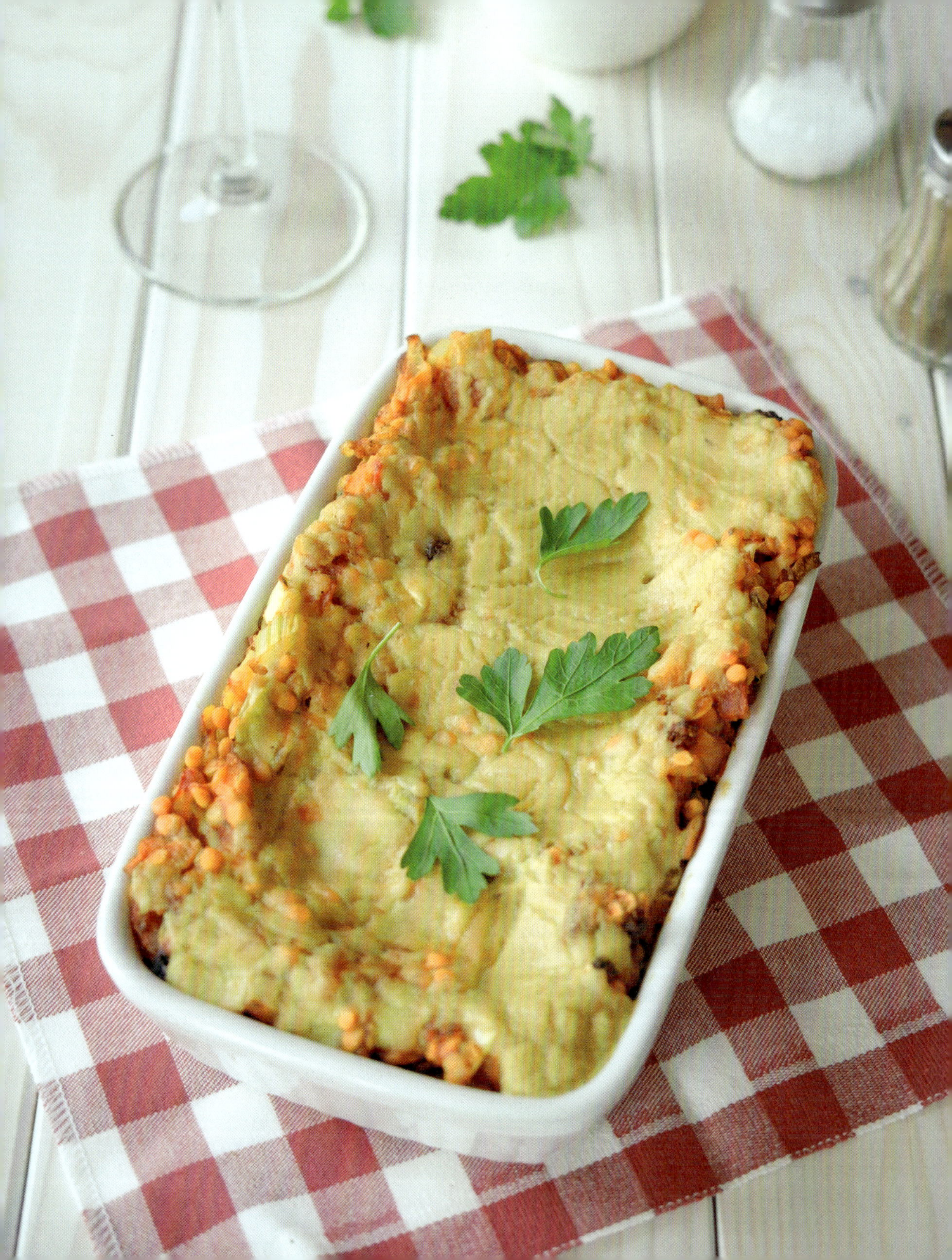

Linsenlasagne

Eines der beliebtesten Rezepte auf unserem Blog ist unsere fruchtige Linsenbolognese. Die roten Linsen sind schnell gar und liefern viel Eisen und Eiweiß – perfekt zum Auffüllen der Energiespeicher nach einem intensiven Training! Hier nutzen wir die Bolognese als Grundlage für eine superleckere Lasagne, die wir mit selbstgemachtem Hefeschmelz überbacken.

Zutaten für 4 Portionen

- 150 g rote Linsen
- 2 Zwiebeln
- 2–3 Karotten
- 4–5 Champignons
- 3 Stangen Sellerie
- 4 getrocknete Tomaten
- 2 EL Öl zum Anbraten
- 800 g geschälte Tomaten
- 200 ml Gemüsebrühe
- 2–3 TL Currypulver
- 2 TL Senf
- ¼ TL Zimt
- Salz
- Pfeffer
- 2 TL italienische Kräuter
- 2–3 EL Tomatenmark
- Lasagneplatten
- zum Überbacken: Hefeschmelz von Seite 196 oder veganer Streukäse

Zubereitung

1. Die Linsen gründlich spülen. Zwiebeln, Karotten, Champignons und Sellerie würfeln und die getrockneten Tomaten in dünne Streifen schneiden.
2. Öl in einer großen Pfanne erhitzen und die Zwiebeln glasig andünsten. Anschließend das Gemüse dazugeben, die Temperatur etwas reduzieren und 2–3 Minuten lang anbraten.
3. Linsen, geschälte Tomaten und Gemüsebrühe hinzufügen und mit geschlossenem Deckel köcheln lassen. Alle 2–3 Minuten umrühren und, wenn nötig, noch etwas mehr Gemüsebrühe hinzugeben.
4. Sobald die Linsen gar sind (je nach Sorte ca. 10 Minuten) mit Curry, Senf, Zimt, Salz, Pfeffer und italienischen Kräutern abschmecken und das Tomatenmark unterrühren, damit die Bolognese eine cremige Konsistenz bekommt.
5. In einer großen Auflaufform abwechselnd Bolognese und Lasagneplatten aufschichten. Jeweils mit einer Bologneseschicht beginnen und abschließen.
6. Den Hefeschmelz zubereiten und gleichmäßig auf der Lasagne verteilen, oder die Lasagne mit veganem Streukäse bedecken.
7. Bei 180 °C Umluft für ca. 25 Minuten backen, bis die Oberfläche goldbraun ist.

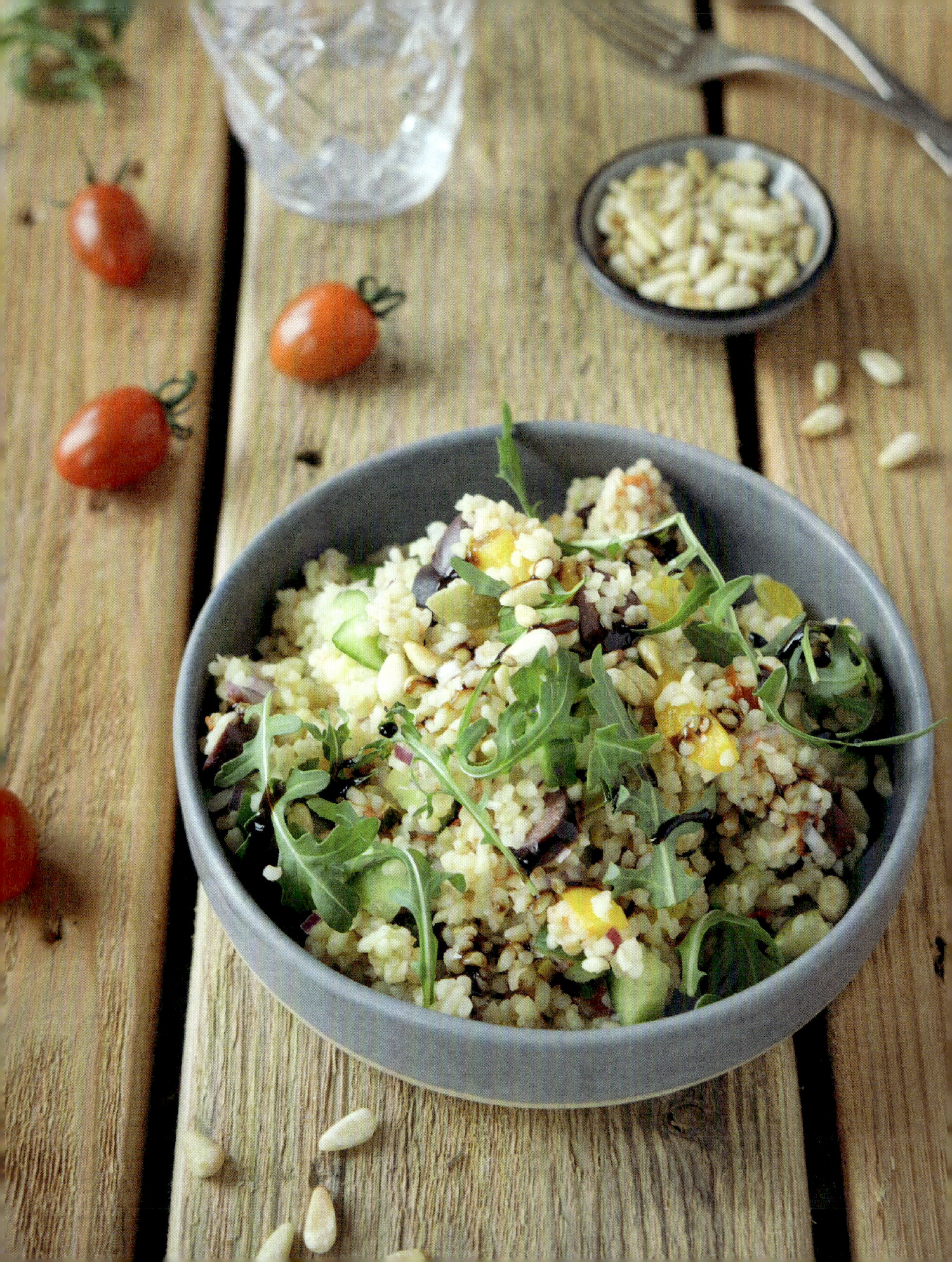

Mediterraner Bulgursalat mit Grillgemüse

Wir lieben Salate auf Basis von Hirse, Quinoa, Bulgur oder Couscous. Sie sind schnell zubereitet, machen satt und schmecken lauwarm oder kalt, sodass sie sich auch prima für unterwegs eignen. Für dieses Rezept rösten wir das Gemüse für noch mehr Aroma im Ofen an, aber wenn dir das zu aufwändig ist, kannst du es selbstverständlich auch roh in den Salat geben.

Zutaten für 3–4 Portionen

- 200 g Bulgur
- 1 Zucchini
- 1 gelbe Paprika
- 200 g Kirschtomaten
- 1 EL Olivenöl
- 1 kleine milde Zwiebel (z. B. eine rote)
- 1 kleine Salatgurke
- 100 g schwarze und grüne Oliven
- 50 g Rucola
- 50 g Pinienkerne

Für das Dressing

- 3 EL Olivenöl
- 2 EL heller Balsamicoessig
- 1 TL Zitronensaft
- Salz
- Pfeffer
- 1 Spritzer Agavendicksaft

Zubereitung

1. Den Bulgur zusammen mit der doppelten Menge Wasser und einer Prise Salz in einen Topf geben. Einmal aufkochen, anschließend vom Herd nehmen und quellen lassen. Nach ca. 10 Minuten (je nach Sorte) ist der Bulgur fertig. Mit einer Gabel auflockern und zum Abkühlen in eine große Schüssel geben.
2. Die Zucchini und Paprika würfeln, die Tomaten halbieren. Das Gemüse in einer Schüssel mit einem Esslöffel Olivenöl vermischen und auf einem Backblech verteilen. Bei 180 °C Umluft für ca. 20 Minuten backen (oder, falls vorhanden, die Grillfunktion nutzen) und anschließend etwas abkühlen lassen.
3. Während das Gemüse im Ofen ist, die Zwiebel und Salatgurke würfeln, Oliven in Scheibchen schneiden sowie den Rucola waschen und grob zerkleinern. Pinienkerne ohne Öl in einer Pfanne anrösten.
4. Die Zutaten für das Dressing in ein kleines Schraubgläschen geben und kräftig schütteln.
5. Grillgemüse, Zwiebeln, Gurke, Oliven und Dressing unter den Bulgur heben und den Salat noch einige Minuten durchziehen lassen. Nach dem Anrichten mit Rucola und Pinienkernen garnieren.

Tipp: Auch milde oder scharfe Peperoni, Artischockenherzen oder getrocknete Tomaten passen wunderbar in diesen Salat. Und wenn du den Eiweißgehalt steigern möchtest, dann gib einfach noch eine Portion Hülsenfrüchte wie Kidneybohnen, Kichererbsen oder Räuchertofu dazu.

SPORTSFOOD, SNACKS, DESSERTS

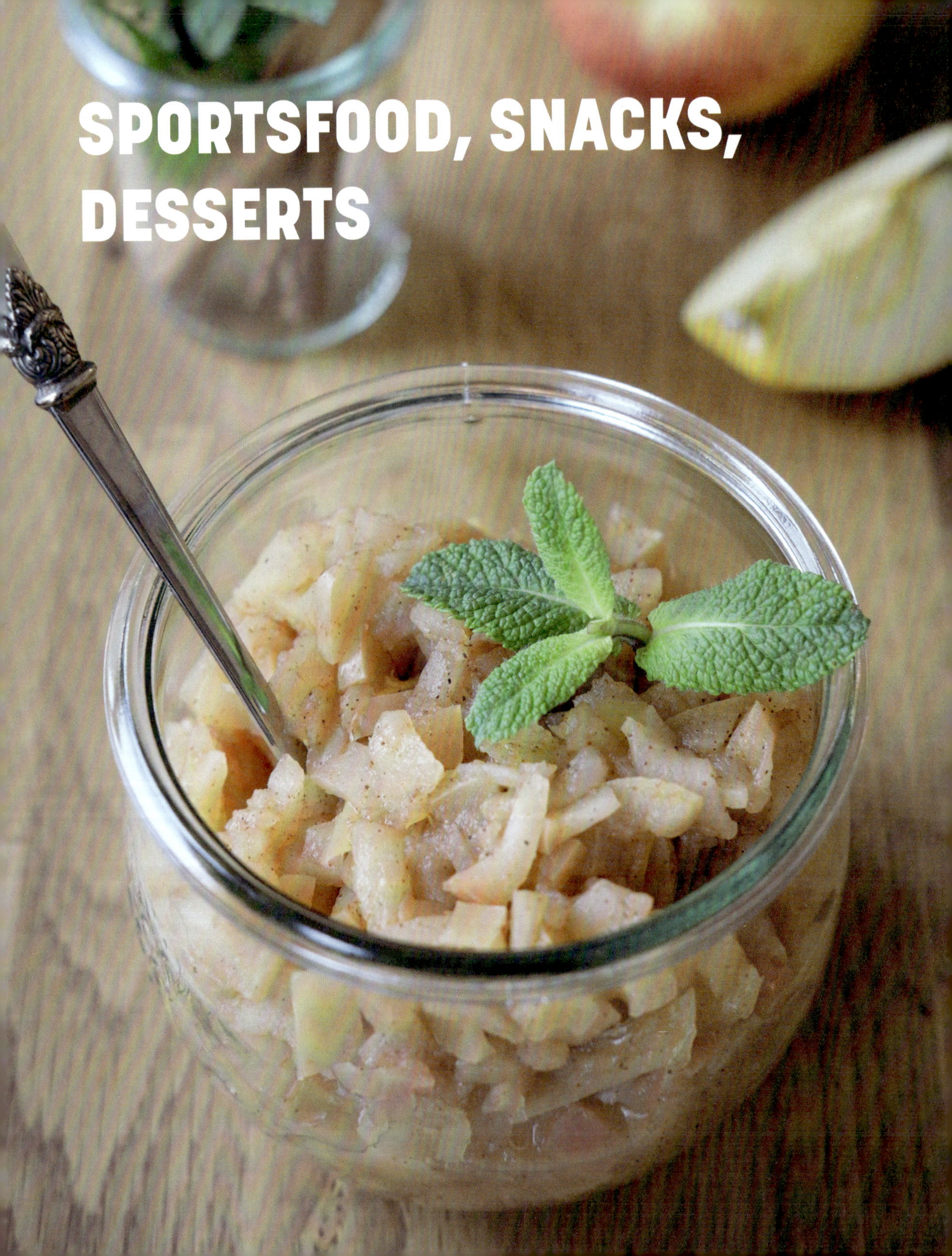

Schnelles Apfelkompott

Leider passiert es uns ab und zu, dass unsere Äpfel braune Stellen bekommen oder runzlig werden. Aber das ist natürlich kein Grund, diese Äpfel zu entsorgen. Wir bereiten uns daraus ein schnelles Apfelkompott oder Apfelmus zu, das wir entweder pur naschen, in einen Joghurt einrühren oder als Topping für unser Frühstück verwenden. Es passt zum Beispiel hervorragend zu den Overnight-Oats von Seite 121–125 und zum Porridge von Seite 137.

Zutaten für ca. 4 Portionen

- 3–4 Äpfel
- 3–4 EL Wasser (oder Apfelsaft)
- 2 TL Zitronensaft
- 1 TL Zimt

Zubereitung

1. Äpfel waschen, entkernen, ggf. unschöne Stellen wegschneiden und fein würfeln.
2. Apfelwürfel zusammen mit Wasser, Zitronensaft und Zimt in einen kleinen Topf geben, mit dem Deckel verschließen und bei mittlerer Hitze köcheln lassen, bis die Äpfel weich geworden sind.
3. Anschließend die Apfelstücke mit einem Löffel grob zerdrücken (so machen wir es meistens) oder mit einem Pürierstab bzw. Mixer zu einem glatten Apfelmus verarbeiten.

Tipp: Ein oder zwei Tropfen Mandelaroma sorgen für einen extra-leckeren Geschmack.

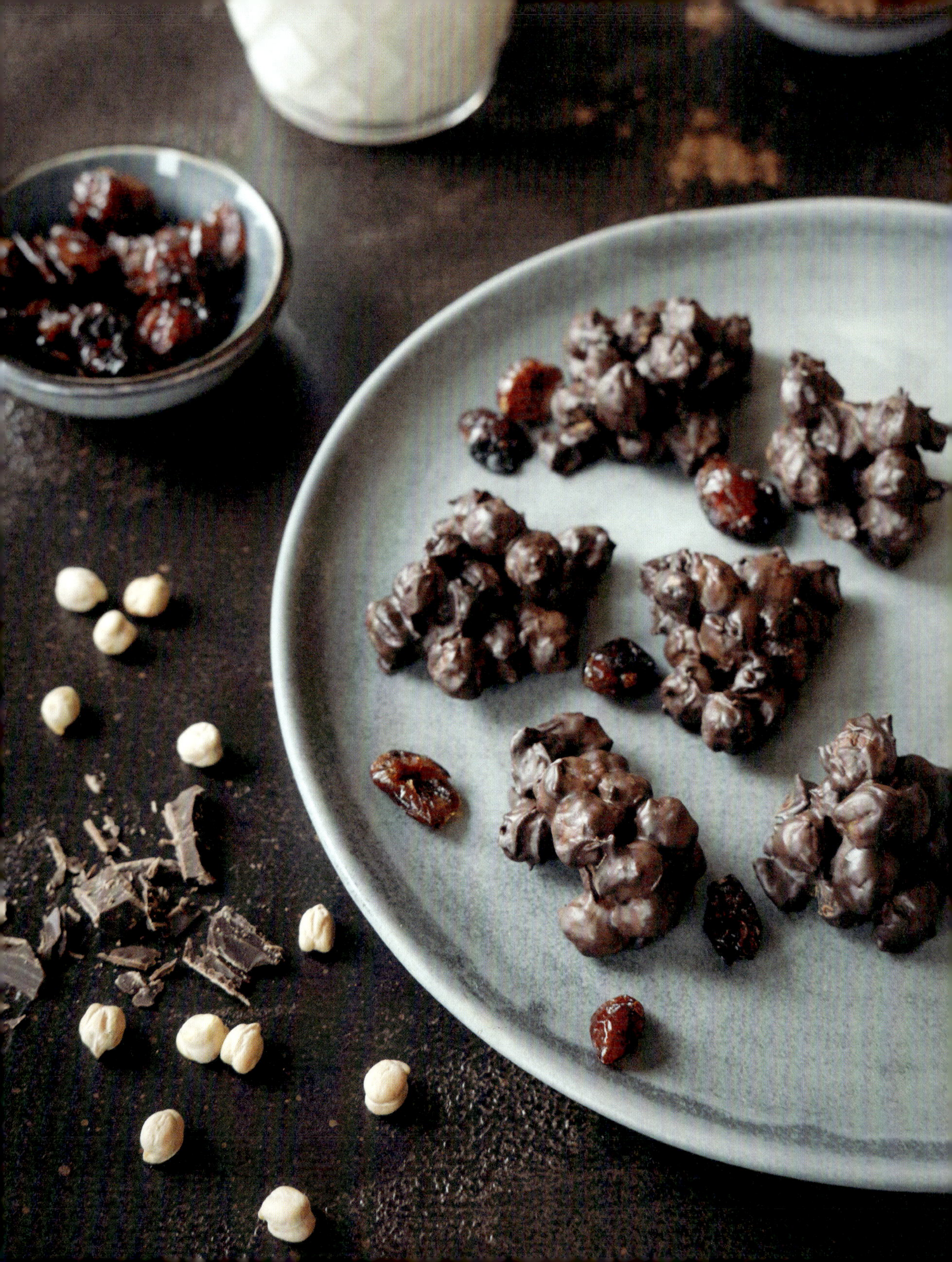

Schokolierte Cranberry-Kichererbsen-Brocken

Dass wir Hülsenfrüchte lieben, dürftest du mittlerweile gemerkt haben. Sie passen aber nicht nur in deftige Gerichte, sondern man kann sie sogar für Süßigkeiten und Desserts verwenden. Diese schokolierten Kichererbsen sind ein ultraschneller, eiweißreicher Snack für zwischendurch – und durch die Kombination von getrockneten Cranberries und dunkler Schokolade auch geschmacklich ein Highlight.

Zutaten für ca. 12 Stück

- 100 g Kichererbsen (gekocht, Abtropfgewicht)
- 50 g dunkle vegane Schokolade
- 2–3 EL getrocknete Cranberries

Zubereitung

1. Die Kichererbsen gründlich spülen und abtrocknen. Die Cranberries mit einem Messer zerkleinern.
2. Dunkle Schokolade im Wasserbad schmelzen. Sobald die Schokolade flüssig ist, die Kichererbsen und die Cranberries unterheben.
3. Mit einem Teelöffel kleine Häufchen auf ein Backpapier oder einen Teller geben und vollständig auskühlen lassen.

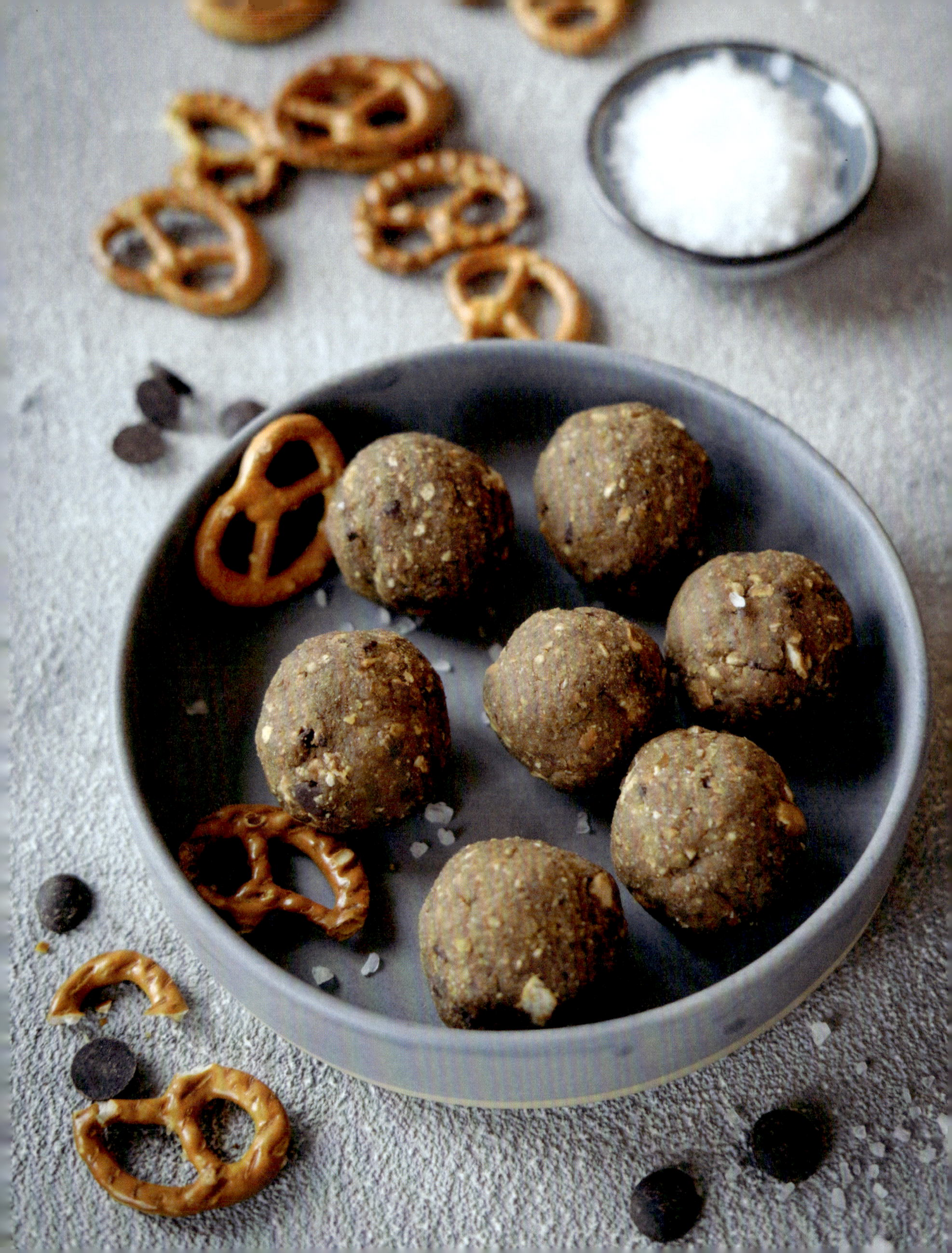

Salzige Cookie-Dough-Kugeln

Diese Cookie-Dough-Kugeln schmecken herrlich nach Kuchenteig und liefern dank der Kichererbsen auch noch jede Menge Eiweiß – perfekt als Snack für unterwegs oder als kleine Nascherei für zwischendurch.

Zutaten für ca. 10–15 Kugeln

- 250 g Kichererbsen (gekocht, Abtropfgewicht)
- 2 EL Erdnussmus
- 4 große Medjoul-Datteln
- ¼ TL Salz
- 2 EL Kokos- oder Mandelmehl (oder ein pflanzliches Proteinpulver)
- ½ TL Vanilleextrakt (alternativ: 1 Päckchen Vanillezucker)
- 3 EL Schokochips oder kleine Schokostückchen
- 3 Handvoll Salzbrezeln

Zubereitung

1. Alle Zutaten bis auf die Salzbrezeln in eine Küchenmaschine geben und zu einer teigigen Masse verarbeiten.
2. Anschließend die Salzbrezeln grob zerbrechen, zum Teig geben und noch einmal kurz mixen.
3. Den Teig mit den Händen zu kleinen Kugeln formen. Wenn er zu feucht und klebrig ist, gib noch etwas mehr Kokos- oder Mandelmehl hinzu. Sollte er zu trocken sein, hilft etwas zusätzliches Erdnussmus oder ein Schuss Pflanzenmilch.

Tipp: Die Kugeln schmecken am besten frisch zubereitet, lassen sich aber im Kühlschrank auch 2–3 Tage aufbewahren.

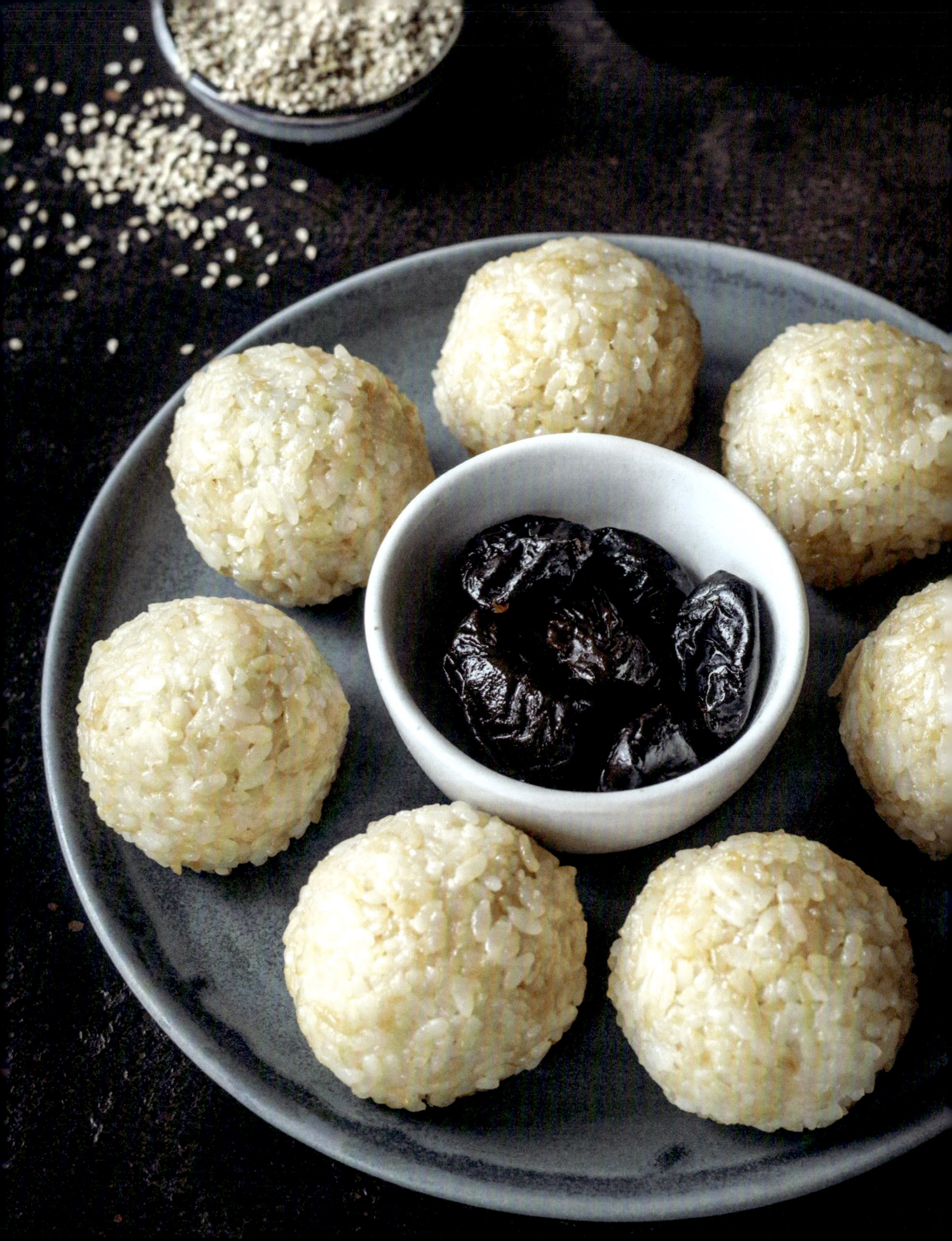

Gefüllte süße Reisbällchen

Diese Reisbällchen begleiten uns oft auf langen Wanderungen und Radtouren oder bei (Ultra-)Marathons. Sie sind leicht verdaulich, beschweren nicht und liefern schnelle Energie. Die Kombination aus salziger Sojasoße, aromatischem Sesamöl und den süßen Trockenpflaumen harmoniert unserer Meinung nach einfach perfekt.

Zutaten für ca. 10 Reisbällchen

- 250 g Sushireis
- 2 EL Sojasoße
- 2 TL Sesamöl
- 1 EL Reisessig
- 10 Trockenpflaumen

Zubereitung

1. Sushireis in ein Sieb geben und unter fließendem Wasser spülen, bis sich das Wasser nicht mehr milchig verfärbt.
2. Den Reis nach Packungsanweisung im Kochtopf oder Reiskocher zubereiten. Sushireis wird meist mit der anderthalbfachen Menge Wasser zubereitet (in diesem Fall also 375 ml Wasser auf 250 g Reis).
3. Den fertigen Reis in eine Schüssel umfüllen und für einige Minuten abkühlen lassen. Lass ihn aber nicht komplett kalt werden, denn dann lässt er sich nicht mehr so gut formen.
4. Sojasoße, Sesamöl und Reisessig unterheben und alles vorsichtig vermischen.
5. Eine kleine Schüssel mit Wasser und einen Teller bereit stellen. Die Hände befeuchten und etwa einen Esslöffel Reis zwischen den Händen leicht platt drücken. Eine Trockenpflaume in die Mitte legen und mit einem weiteren Esslöffel Reis bedecken. Mit beiden Händen zu einem kompakten Reisbällchen formen.
6. Mit dem restlichen Reis genauso weiter verfahren, bis alles aufgebraucht ist.

Tipp: Probiere die Reisbällchen auch mal mit anderen Trockenfrüchten wie zum Beispiel Aprikosen, Feigen oder Datteln!

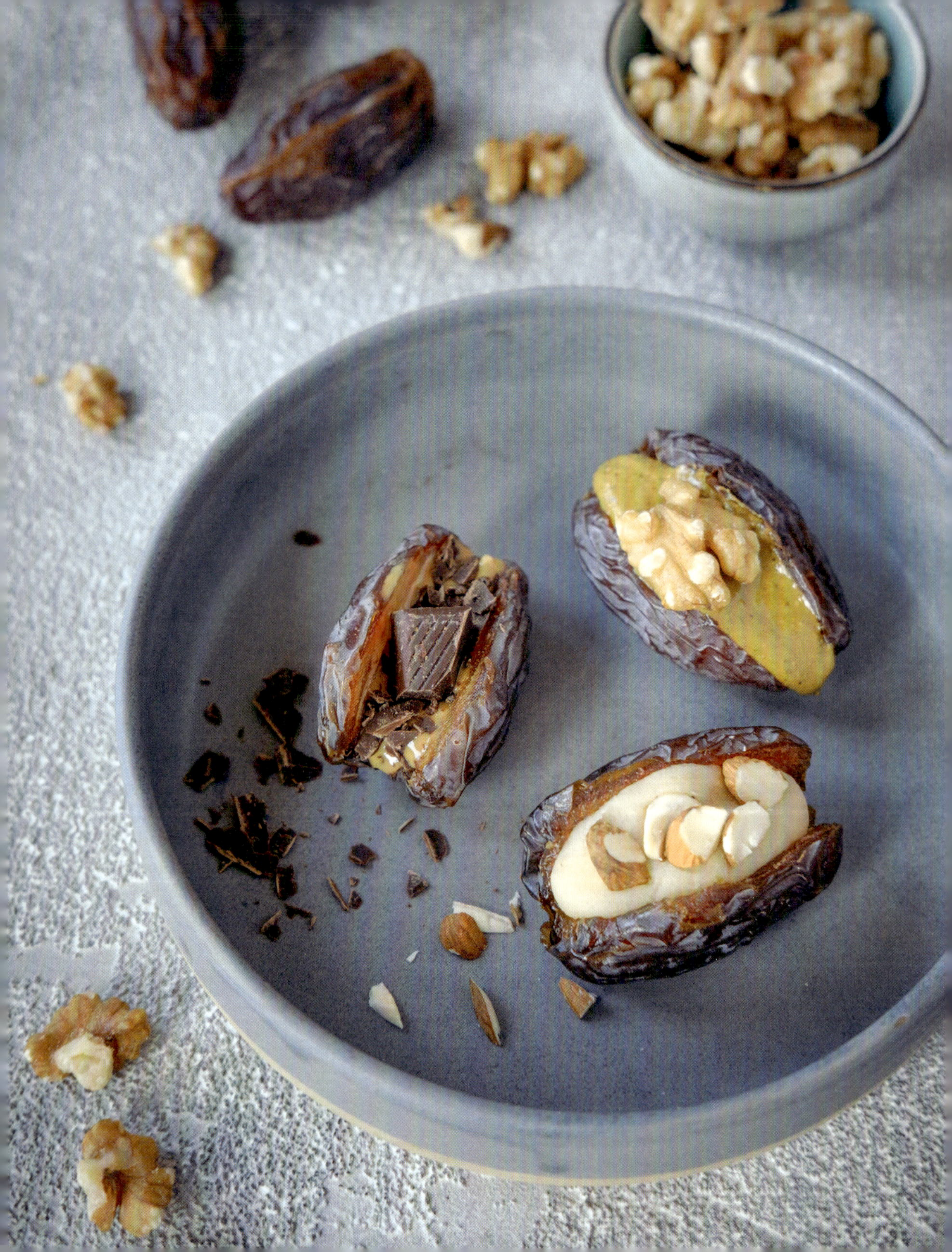

Dreierlei gefüllte Datteln

Manchmal braucht man einfach eine kleine Süßigkeit – aber es muss nicht immer ein Schokoriegel sein. Unsere Lieblingssüßigkeit ist in einer Minute fertig: Saftige Medjoul-Datteln, gefüllt mit Nussmus, Nüssen, Schokostückchen oder anderen leckeren Zutaten. Lass deiner Kreativität freien Lauf!

Zutaten

- Medjoul-Datteln
- Variante 1:
  Erdnussmus und Schokotropfen
- Variante 2:
  Pistazienmus und Walnüsse
- Variante 3:
  Marzipan und gehackte Mandeln

Zubereitung

1. Die Medjoul-Datteln mit einem Messer der Länge nach aufschneiden, aufklappen und den Kern entfernen.
2. Mit Nussmus oder Marzipan füllen und mit Nüssen oder Schokotropfen garnieren.
3. Augen schließen und genießen!

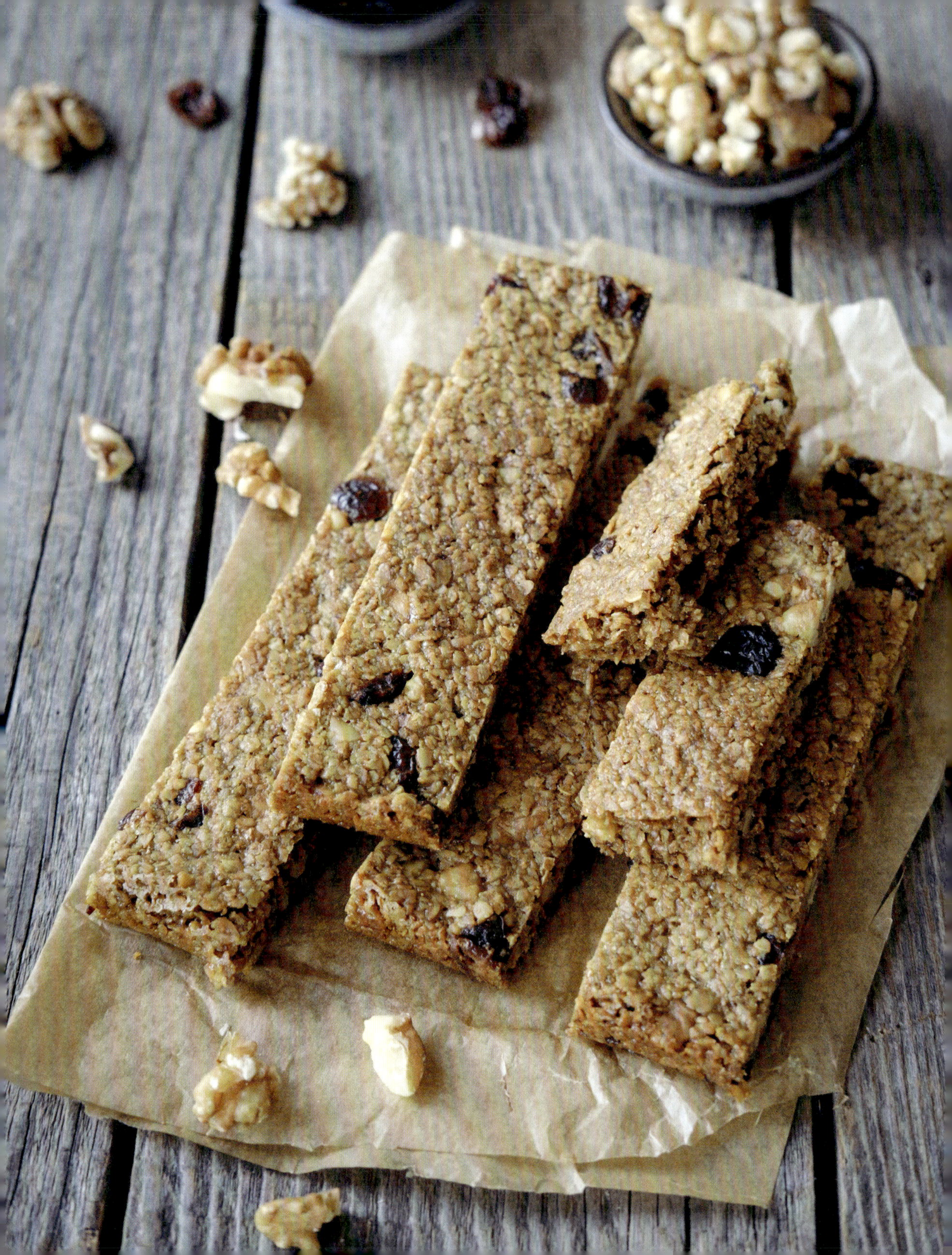

Cranberry-Walnuss-Flapjacks

Flapjacks sind die britische Variante des Müsliriegels, und sie punkten nicht nur mit einem deutlich hipperen Namen, sondern auch mit einer unwiderstehlichen Konsistenz irgendwo zwischen knusprig und saftig. Sie schmecken toll als Süßigkeit oder energiereicher Snack beim Sport. Wir sagen nur: Achtung Suchtgefahr!

Zutaten für 6 große Riegel

- 125 g feine Haferflocken
- 75 g Walnüsse
- 50 g vegane Margarine
- 50 g Rohrohrzucker
- 50 ml Zuckerrübensirup
- 50 g getrocknete Cranberries

Zubereitung

1. Haferflocken und Walnüsse in einem Mixer oder einer Küchenmaschine grob zerkleinern.
2. Margarine, Rohrzucker und Zuckerrübensirup in einen Topf geben und bei mittlerer Hitze zusammenschmelzen.
3. Den Topf vom Herd nehmen und Haferflocken, Nüsse und Cranberries einrühren, bis alle trockenen Zutaten mit Zucker überzogen sind.
4. Eine Auflaufform (unsere misst 17 × 25 cm) mit Backpapier auslegen und die Flapjack-Masse darin verteilen. Das überstehende Backpapier zur Mitte hin umschlagen und die Masse mit den Händen gleichmäßig festdrücken. Anschließend das überstehende Backpapier mit einer Schere abschneiden.
5. Flapjacks bei 180 °C Ober-/Unterhitze für 20–25 Minuten im Ofen backen und anschließend abkühlen lassen.
6. Sobald die Masse nur noch handwarm ist, kannst du sie aus der Form nehmen und in die gewünschte Größe schneiden. Komplett abgekühlt lassen sie sich schwerer schneiden.

SMOOTHIES UND GETRÄNKE

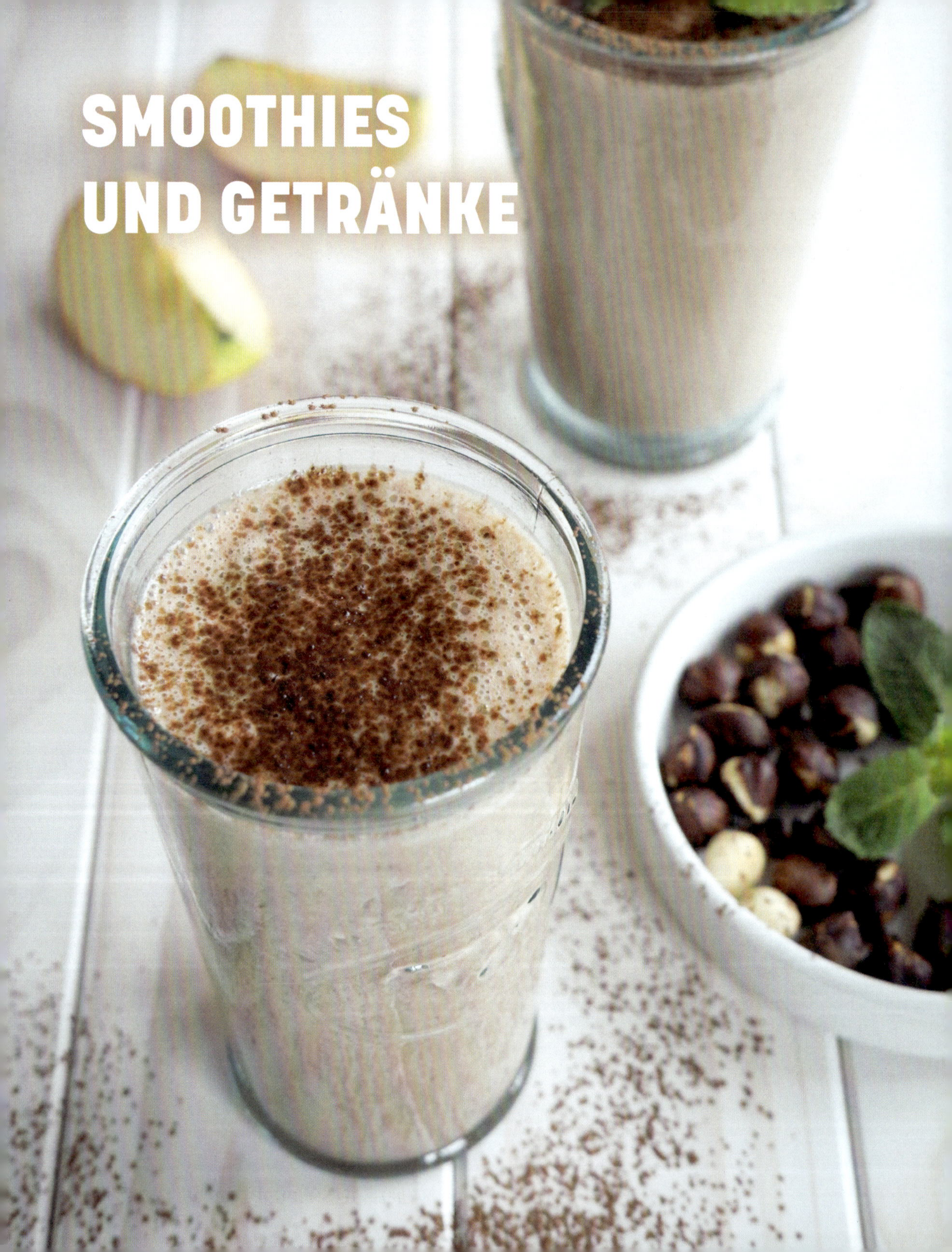

Stufusmu

Stufusmu: Hinter dieser Abkürzung verbirgt sich ein unglaublich leckerer Studentenfutter-Smoothie, den wir am liebsten nach einer anstrengenden Trainingseinheit trinken, um unsere Energiespeicher wieder aufzufüllen.

Zutaten für 2 große Gläser

- 2–3 reife Bananen
- 4 EL Rosinen
- 2 EL Haselnüsse
- 2 EL Erdnüsse
- 2 EL Kakaopulver
- 1 Prise Salz
- 750 ml Flüssigkeit (Wasser, Pflanzenmilch oder ein Mix aus beidem)

Zubereitung

1. Alle Zutaten in einen leistungsstarken Mixer geben und zu einem cremigen Smoothie verarbeiten.

Tipp: Für noch mehr Studentenfutter-Feeling kannst du den Smoothie mit ein paar gehackten Erd- oder Haselnüssen und Kakaonibs toppen.

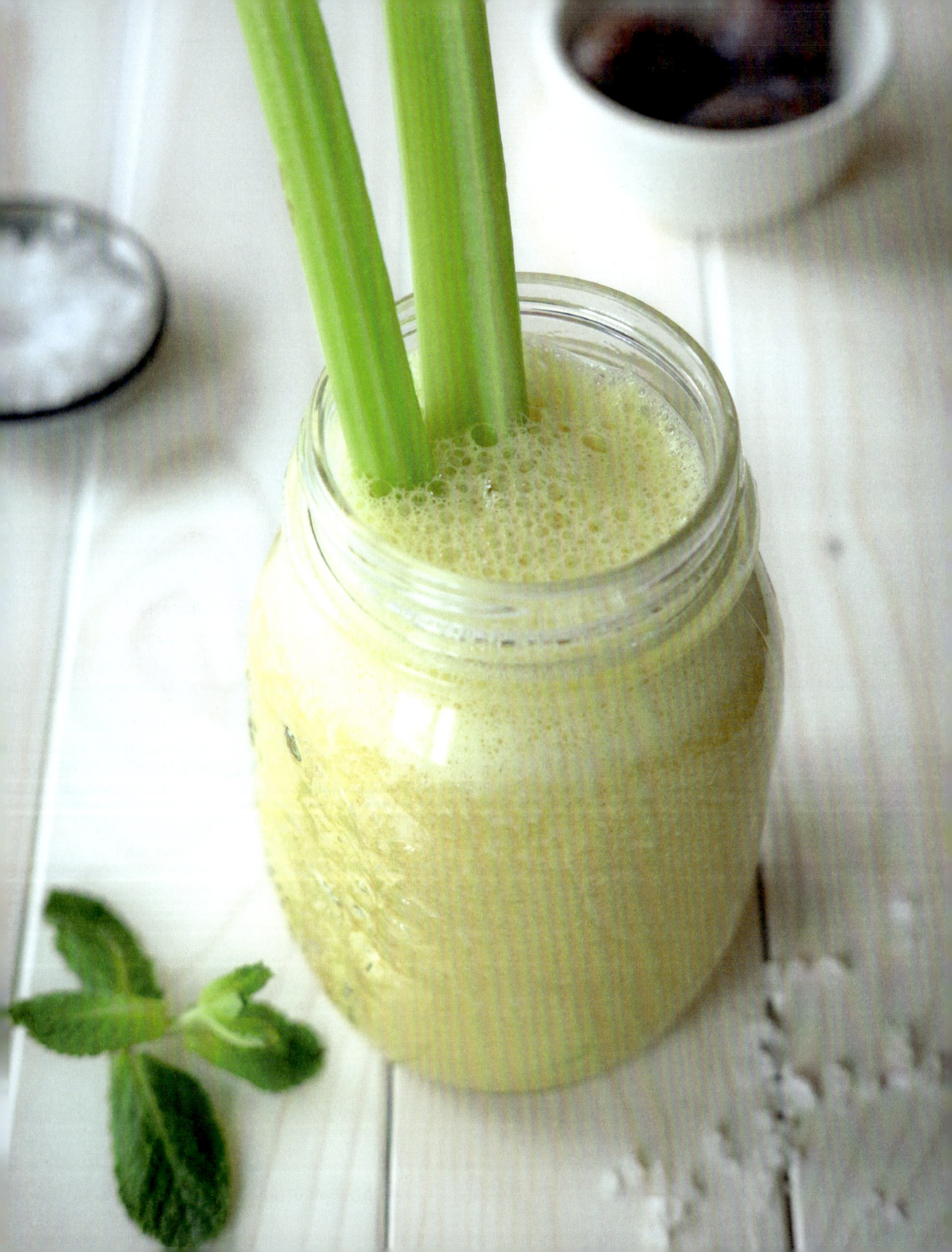

Datorade Orange

Datorade ist die vollwertige Variante des bekannten Sportgetränks mit ähnlichem Namen. In der ursprünglichen Form besteht es nur aus Wasser, Datteln, Stangensellerie und gegebenenfalls einer Prise Salz. Wir finden aber, dass es mit dem Aroma aus den Orangen sogar noch besser schmeckt.

Zutaten für 2 große Gläser

- 4 Stangen Sellerie
- 6 große Medjoul-Datteln
- 2 Orangen
- 1 Prise Salz
- 800 ml Wasser

Zubereitung

1. Datteln entsteinen, Orangen schälen und die Selleriestangen in 3–4 cm lange Stücke schneiden.
2. Alle Zutaten in einen leistungsstarken Mixer geben, für ca. 2 Minuten mixen und sofort genießen.

Tipp: Im Sommer kannst du für die perfekte Erfrischung nach schweißtreibenden Lauf- und Sporteinheiten noch ein paar Eiswürfel in dein Datorade geben.

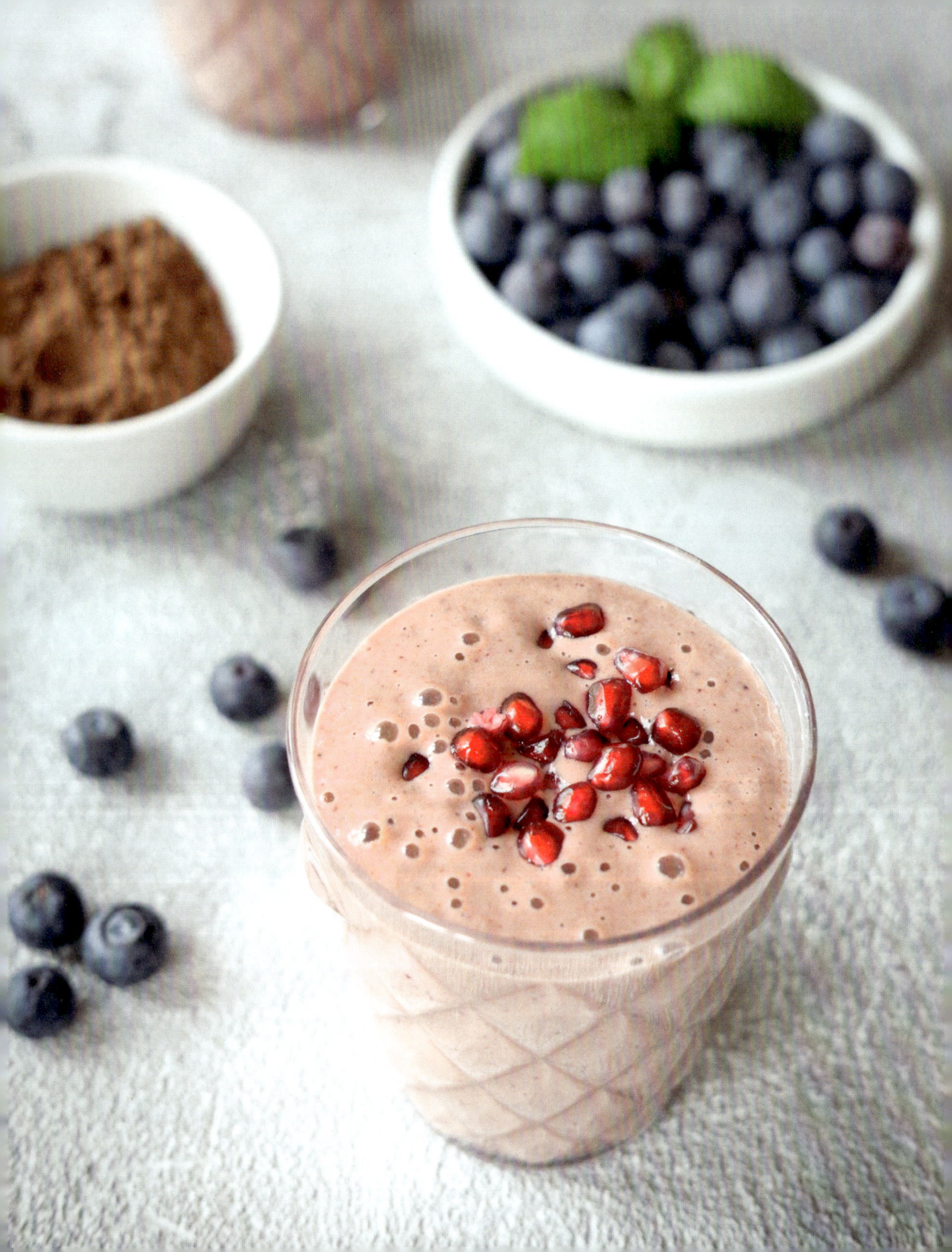

Beeren-Regenerations-Smoothie

Dieser Smoothie ist ideal als erster schneller Snack nach einer intensiven Trainingseinheit. Er enthält Protein und schnell verfügbare Kohlenhydrate, um den Körper optimal bei der Regeneration zu unterstützen.

Zutaten für 2 Gläser

- 2–3 reife Bananen
- 150 g gemischte Beeren (außerhalb der Saison: Tiefkühlbeeren)
- 2–3 EL Mandeln (alternativ: Nussmus)
- 1 EL Kakao
- 300 ml Sojamilch
- 200 ml Wasser
- optional: 2 EL pflanzliches Proteinpulver nach Wahl

Zubereitung

1. Alle Zutaten in einen leistungsstarken Mixer geben und zu einem cremigen Smoothie verarbeiten.

Tipp: Du kannst für diesen Smoothie natürlich auch eine andere Pflanzenmilchsorte verwenden. Wir haben uns hier aber bewusst für Sojamilch entschieden, weil sie mit etwas mehr als 3 g pro 100 ml den höchsten Proteingehalt unter den pflanzlichen Milchalternativen hat.

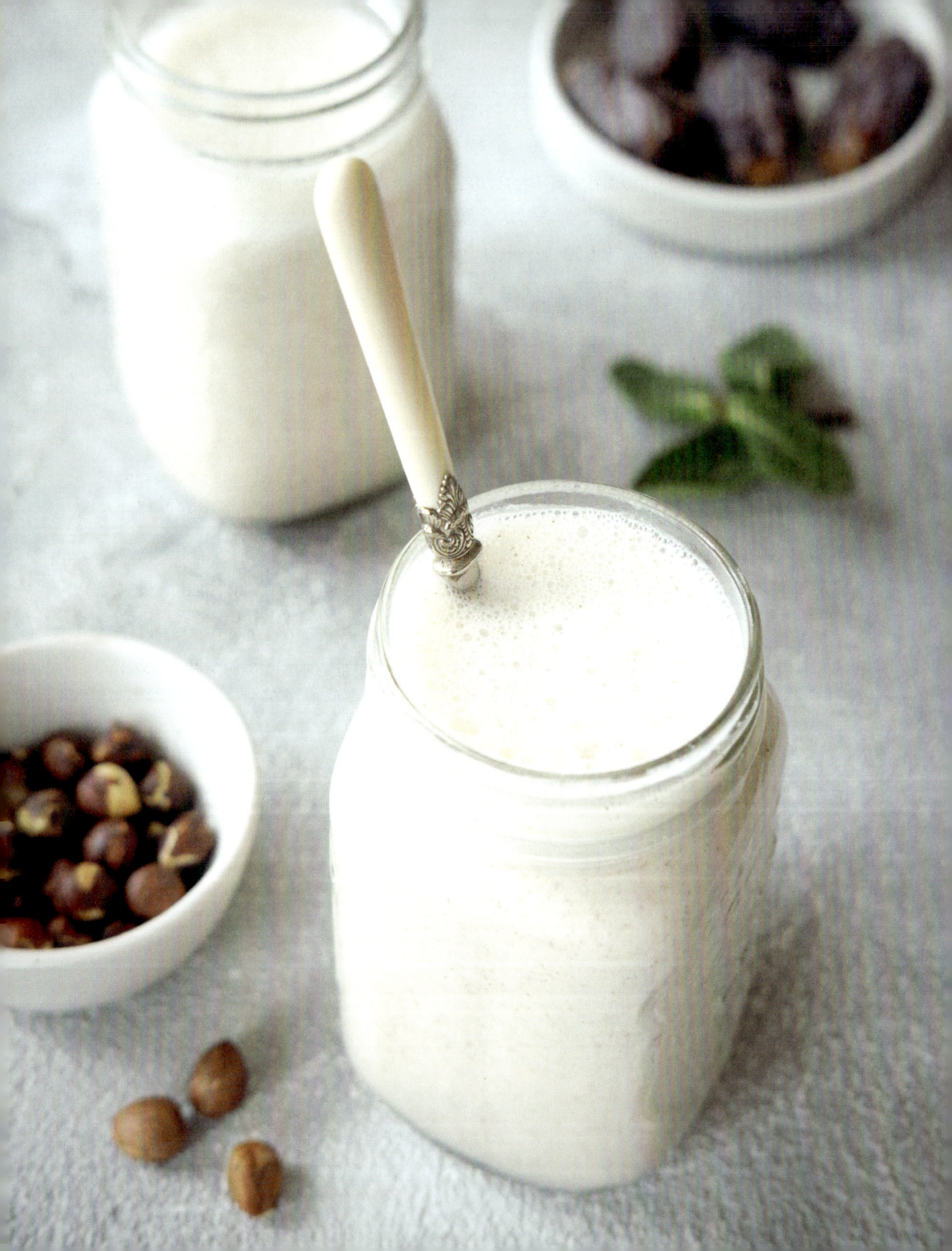

Reis-Haselnuss-Drink

Der Geschmack von gerösteten Haselnüssen ist einfach himmlisch. Mit diesem Drink kannst du ihn dir jetzt sogar ins Glas zaubern. Er ist perfekt als kleiner Genuss für zwischendurch oder als leichter Energiespender für unterwegs.

Zutaten für ca. 1 Liter

- 100 g Haselnüsse
- 100 g Reis (gegart), z. B. Vollkornreis
- 1 Prise Salz
- 2 Medjoul-Datteln
- 800 ml Wasser
- optional: 1 Prise Vanilleextrakt

Zubereitung

1. Haselnüsse im Ofen für ca. 8–10 Minuten bei 180 °C Umluft rösten. Dabei immer mal wieder nachschauen, damit sie nicht zu dunkel werden und anbrennen.
2. Die Haselnüsse zusammen mit den restlichen Zutaten auf höchster Stufe in einem leistungsstarken Mixer verarbeiten, bis keine Dattel- oder Nussstückchen mehr zu sehen sind.

Tipp: Bereite dir ab sofort immer etwas mehr Reis zu, als du für dein Essen benötigst – dann ist dieser Drink im Handumdrehen fertig.

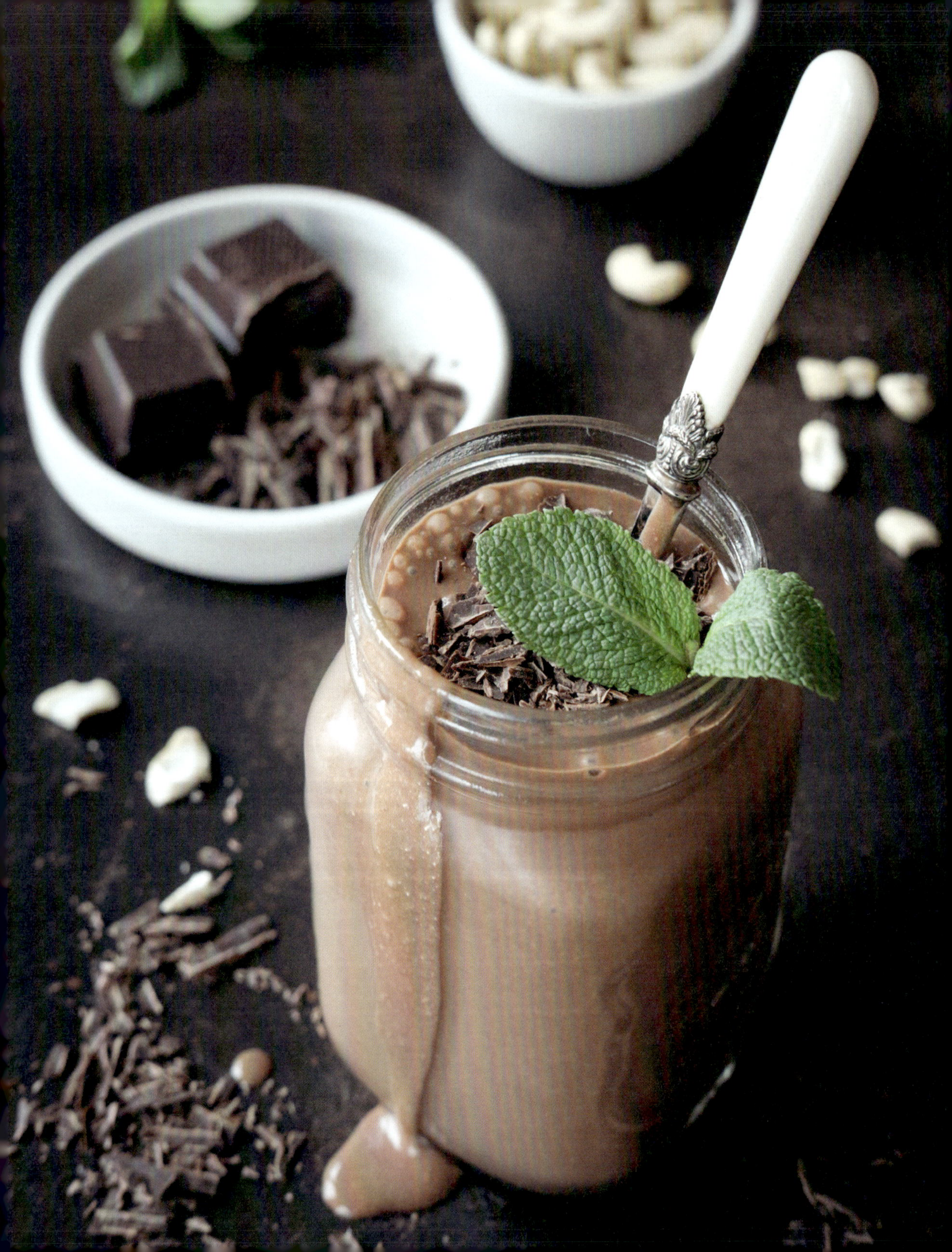

Bananen-Schoko-Eisshake

Dieser schokoladig-cremige Eisshake schmeckt umso besser, je heißer es draußen ist. Die wichtigste Zutat sind gefrorene Bananenscheiben, die man unserer Meinung nach wirklich immer im Tiefkühlschrank haben sollte. Wenn du zukünftig also überreife Bananen hast, dann leg dir damit gleich einen kleinen Vorrat an!

Zutaten für 2 große Gläser

- 2–3 Bananen, in Scheiben tiefgefroren
- 75 g Cashewkerne
- 2 EL Kakao
- 200 ml Pflanzenmilch
- 200 ml Wasser
- Zum Garnieren: Kakaonibs oder Schokosplitter

Zubereitung

1. Alle Zutaten in einen Mixer geben und auf höchster Stufe cremig pürieren.
2. Auf zwei große Gläser verteilen und mit Kakaonibs oder Schokosplittern garnieren.

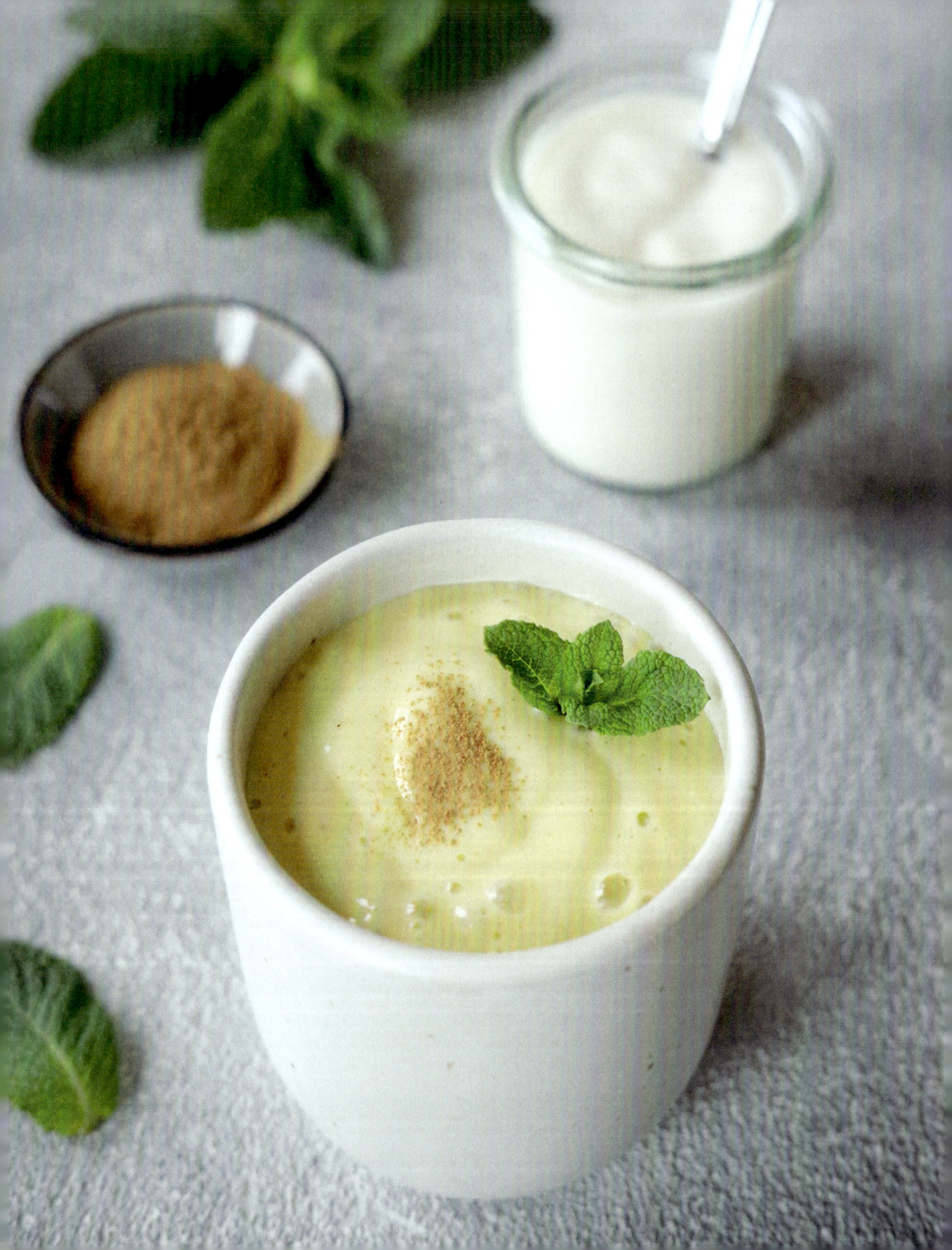

Mango Lassi

Der als »Lassi« bekannte, erfrischende Joghurtdrink aus Indien lässt sich natürlich auch mit pflanzlichem Joghurt zubereiten. Unsere Variante ist noch etwas gehaltvoller und dickflüssiger als das Original, fast wie eine kleine Mahlzeit. Aber natürlich kannst du den Lassi an deine eigenen Vorlieben anpassen, und für eine leichtere Konsistenz noch etwas mehr Wasser hinzufügen.

Zutaten für 2 Gläser

- 500 g Sojajoghurt (oder eine andere pflanzliche Joghurtsorte)
- 100 ml Wasser
- 1 reife Mango (alternativ 1 Dose Mango mit 250 g Abtropfgewicht oder 2 Handvoll aufgetaute Mangostücke aus dem Tiefkühlfach)
- 1 kleine reife Banane
- ½ TL Zimt
- ⅛ TL Salz
- 1 kleines Stück frischer Ingwer
- 1–3 Blätter frische Minze (je nach Größe) + ein paar Blätter zum Garnieren

Zubereitung

1. Die Mango schälen und das Fruchtfleisch vom Kern trennen.
2. Alle Zutaten in einen Mixer geben und zu einem glatten Lassi verarbeiten. Je nach gewünschter Konsistenz gegebenenfalls noch etwas Flüssigkeit dazugeben.
3. Auf zwei große Gläser verteilen, mit einem frischen Minzblatt garnieren und sofort genießen.

Tipp: Für dieses Rezept verwenden wir häufig Mangos aus der Dose und geben statt des Wassers etwa die Hälfte der Abtropfflüssigkeit dazu. Die Konsistenz ist dann perfekt.

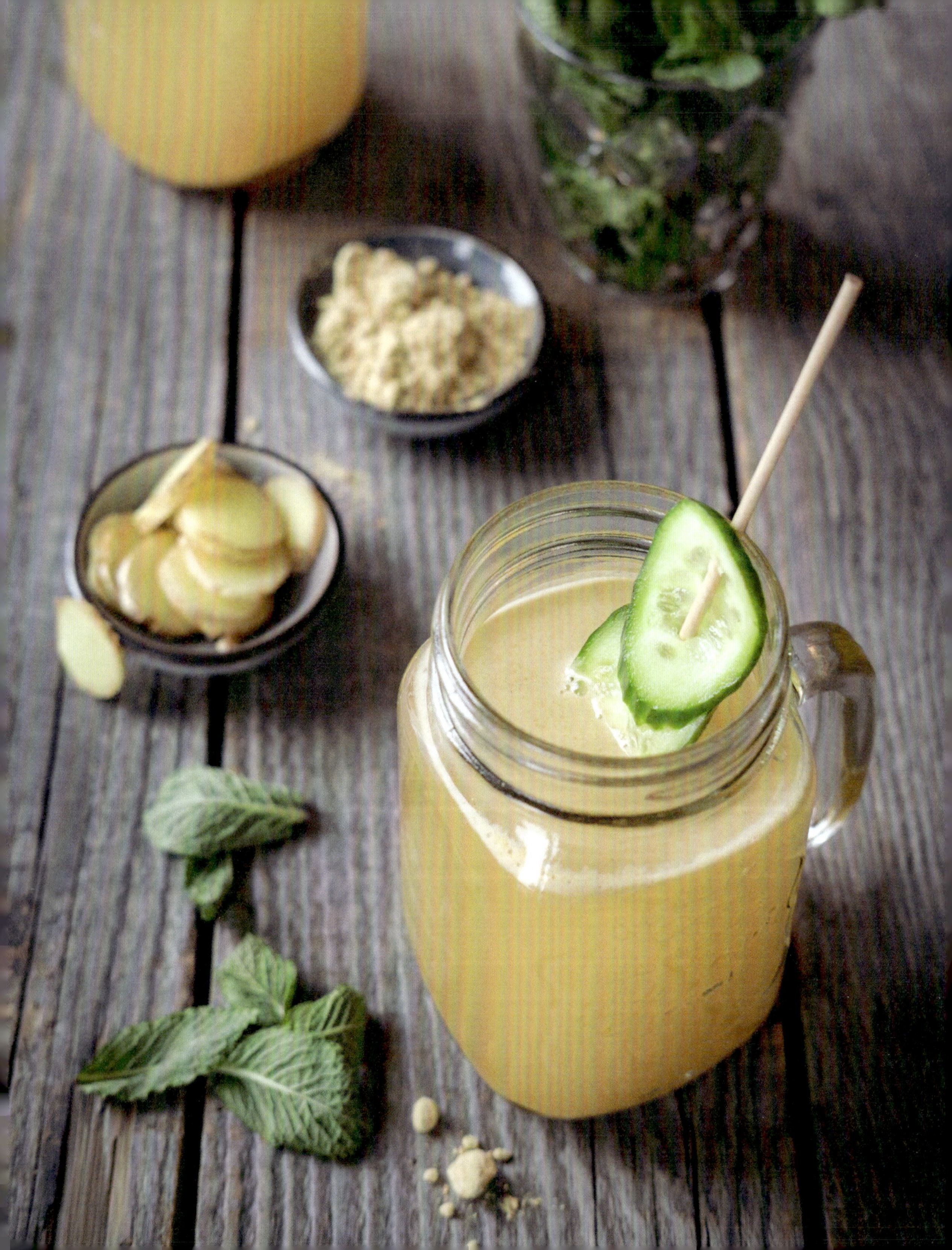

Selbstgemachte Ingwerlimonade (Switchel)

Switchel ist unser Lieblings-Erfrischungsgetränk im Sommer. Die säuerliche Ingwerlimonade ist in wenigen Sekunden zubereitet und schmeckt einfach unglaublich lecker.

Zutaten für 1 Liter

- 1 Liter Leitungswasser (alternativ: aufgesprudeltes Wasser)
- 4 EL Apfelessig
- 1 TL Ingwerpulver
- 2 EL Ahornsirup
- optional: Eiswürfel

Zum Garnieren

- 1 Stück frischer Ingwer
- 1 kleines Stück Salatgurke

Zubereitung

1. Wasser, Apfelessig, Ingwerpulver und Ahornsirup in eine Karaffe geben und gründlich verrühren.
2. Ingwer und Salatgurke in Scheibchen schneiden und in die Karaffe geben. Switchel jetzt noch mindestens eine Stunde lang im Kühlschrank durchziehen lassen.
3. Vor dem Servieren nochmals umrühren und für noch mehr Erfrischung mit Eiswürfeln servieren.

SPECIALS

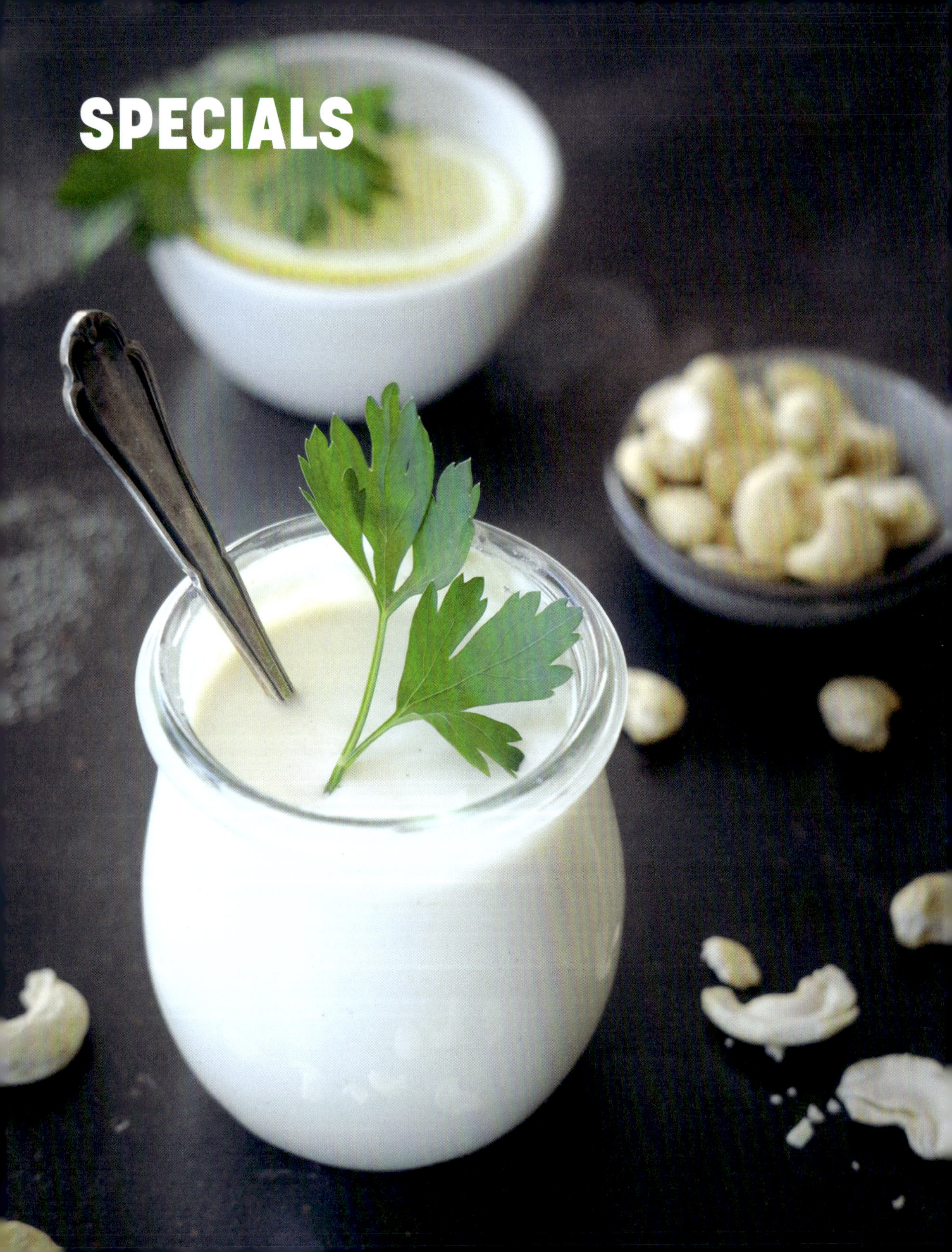

Cashewschmand

Cashewschmand ist eine tolle Alternative zur veganen Crème fraîche aus dem Supermarkt. Er besteht aus nur drei Zutaten und eignet sich zum Beispiel als Topping für Suppen, Salate und viele andere Gerichte. Im Kühlschrank hält er sich bis zu einer Woche.

Zutaten für 1 Gläschen

- 100 g Cashewkerne
- 150 ml Wasser
- Saft einer halben Zitrone

Zubereitung

1. Cashewkerne, Wasser und Zitronensaft in einen Mixer geben und auf höchster Stufe zu einem glatten Schmand pürieren.
2. Den Cashewschmand entweder direkt verwenden oder in ein Gläschen mit Schraubdeckel geben und im Kühlschrank aufbewahren.

Hefeschmelz zum Überbacken

Hefeschmelz ist eine tolle Alternative zu veganem Streukäse. Du kannst ihn dir in fünf Minuten selbst zubereiten und zum Überbacken verwenden.

Zutaten

- 2 EL geschmacksneutrales Pflanzenöl, z. B. Rapsöl
- ½ EL Mehl
- 100 ml Wasser
- 4 EL Hefeflocken
- 1 TL Senf
- ¼ TL Salz

Zubereitung

1. Alle Zutaten in Griffweite bereitstellen und zunächst eine Mehlschwitze herstellen. Dafür das Öl in einem kleinen Topf erhitzen und das Mehl einrühren, bis keine Klümpchen mehr vorhanden sind.
2. Das Wasser hinzugeben und unter ständigem Rühren erhitzen, bis sich die Mehlschwitze komplett aufgelöst hat und die Flüssigkeit zu köcheln beginnt.
3. Temperatur reduzieren und die Hefeflocken unterrühren.
4. Sobald sich die Hefeflocken aufgelöst haben, den Hefeschmelz noch mit Senf und Salz würzen und vom Herd nehmen.

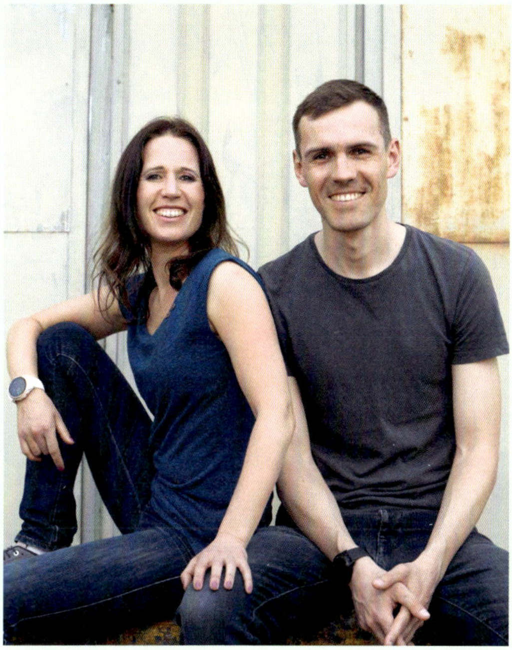

AUTORIN UND AUTOR

Katrin Schäfer und **Daniel Roth** leben seit 2010 vegan und sind schon seit vielen Jahren leidenschaftliche und ambitionierte Läufer mit hunderten erfolgreichen Wettkampfteilnahmen von 10 km bis hin zum Ultramarathon. Ihre persönlichen Bestzeiten im Marathon liegen bei 2:54 Stunden (Daniel) bzw. 3:24 Stunden (Katrin). Seit 2011 veröffentlichen die beiden auf **www.beVegt.de** vegane Rezepte sowie Texte und Podcasts rund um die Themen Laufen, Fitness, Ernährung und Nachhaltigkeit. beVegt gehört heute mit mehreren Tausend Besuchern pro Tag zu den größten deutschsprachigen Lauf- und Ernährungsblogs mit einer großen und aktiven Community. Katrin ist Diplom-Oecotrophologin, Laufcoach und Yogalehrerin. Daniel ist Laufcoach und Athletiktrainer sowie zertifizierter Wanderführer.

DANK

Wir danken der wunderbaren beVegt-Community und allen Leser*innen und Hörer*innen, die uns auf unserem bisherigen Weg unterstützt haben. Ein besonderer Dank geht an Franzi, Rebecca, Andrea, Björn und Johannes – danke, dass ihr in den Interviews euer Wissen und eure Erfahrungen mit uns geteilt habt. Wir danken dem Ventil Verlag, dass wir dieses Buch ganz nach unseren eigenen Vorstellungen schreiben und gestalten konnten, Patrick Siegmund für die professionelle (und verständnisvolle!) Betreuung, Leonard Kötters für das wunderbare Coverfoto sowie Dirk Ostermeier und Martin Oelze für das tolle Fotoshooting in Frankfurt. An unsere Eltern und Geschwister: Danke, dass ihr seit den ersten Schritten unserer sportlichen, veganen und unternehmerischen Reise an unserer Seite steht und immer an uns glaubt!

QUELLENVERZEICHNIS

1 Clear, J. (2020). Die 1 %-Methode – Minimale Veränderung, maximale Wirkung. München: Goldmann.
2 zu den Grundlagen des Natural Running Konzepts siehe z. B. Marquardt, M. (2011). Natural running – schneller, leichter, schmerzfrei (1. Auflage). Hamburg: spomedis.
3 Nigg, B.M., Baltich, J., Hoerzer, S., Enders, H. (2015). Running shoes and running injuries: mythbusting and a proposal for two new paradigms: ›preferred movement path‹ and ›comfort filter‹. British Journal of Sports Medicine 49(20), 1290–1294. Online verfügbar unter https://bjsm.bmj.com/content/49/20/1290
4 zu den Grundlagen des Ausdauertrainings siehe auch Daniels, J. (2015). Die Laufformel (3. Auflage). Wien: Edition Liaunigg; Noakes, T. (2002). Lore of Running (4. Ausgabe). Champaign: Human Kinetics; Marquardt, M. (2021). Die Laufbibel (18. Auflage). Hamburg: spomedis.
5 Bei Belastungen jenseits der aerob-anaeroben Schwelle kommt es in Folge der zunehmend anaeroben (ohne Sauerstoff ablaufenden) Energiegewinnung zu einer fortschreitenden Übersäuerung (Azidose) der Muskeln, die schließlich zur Erschöpfung und zum Leistungseinbruch führt.
6 Rich Roll macht unter anderem einen großartigen (englischsprachigen) Podcast und wir können dir auch seine Autobiographie »Finding Ultra« ans Herz legen. Du findest ihn unter www.richroll.com
7 Humane Research Council (2012). Why or Why Not Vegetarian. Online verfügbar unter https://faunalytics.org/wp-content/uploads/2015/05/Fundamentals_Why-Why-Not-Vegetarian.pdf
8 frei übersetzt nach: The Vegan Society (o. D.). Definition of Veganism. Online verfügbar unter https://www.vegansociety.com/go-vegan/definition-veganism
9 Heinrich Böll Stiftung (2021). Fleischatlas 2021: Jugend, Klima und Ernährung. Online verfügbar unter https://www.boell.de/de/fleischatlas
10 Food And Agriculture Organization Of The United Nations (2006). Livestock's Long Shadow: Environmenal Issues and Options. Online verfügbar unter http://www.fao.org/3/a0701e/a07o1e00.htm
11 Reijnders, L., Soret, S. (2003). Quantification of the environmental impact of different dietary protein choices. American Journal of Clinical Nutrition 78(3 Suppl), 664–668. Online verfügbar unter https://academic.oup.com/ajcn/article/78/3/664S/4690011
12 NABU (o.D.). Düngung aus den Fugen. Die Intensivtierhaltung belastet Böden und Grundwasser. Online verfügbar unter https://www.nabu.de/natur-und-landschaft/landnutzung/landwirtschaft/umweltschutz/22854.html
13 Rittenau, N. (2020). Vegan-Klischee ade! Wissenschaftliche Antworten auf kritische Fragen zu pflanzlicher Ernährung (erweiterte Originalausgabe). Hilden: Becker Joest Volk Verlag, S. 14 ff.
14 Deutsche Gesellschaft für Ernährung e.V. (2012). Stellungnahme Gemüse und Obst in der Prävention ausgewählter chronischer Krankheiten. Online verfügbar unter https://www.dge.de/fileadmin/public/doc/ws/stellungnahme/DGE-Stellungnahme-Gemuese-Obst-2012.pdf
15 Humane Research Council (2012). Why or Why Not Vegetarian. Online verfügbar unter https://faunalytics.org/wp-content/uploads/2015/05/Fundamentals_Why-Why-Not-Vegetarian.pdf
16 Matts Blog findest du unter www.nomeatathlete.com
17 Statista (2021). CO_2-Fußabdruck ausgewählter Obst- und Gemüsesorten in Deutschland im Jahr 2019. Online verfürbar unter https://de.statista.com/statistik/daten/studie/1197342/umfrage/obst-und-gemuese-co2-fussabdruck
18 Mehr Infos zum Konzept der Solidarischen Landwirtschaft und eine Liste von Solawis in Deutschland findest du unter www.solidarische-landwirtschaft.org
19 Tiefkühlobst und -gemüse ist übrigens viel besser als sein Ruf. Durch die unmittelbar nach der Ernte beginnende Tiefkühlung wird der Nährstoffverlust deutlich verlangsamt, sodass der Vitamingehalt häufig sogar höher ist als bei frischen Lebensmitteln, die vor dem Verzehr noch mehrere Tage lang gelagert wurden.
20 Foer, J. S. (2010). Tiere Essen. Köln: Kiepenheuer & Witsch.
21 Rittenau, N. (2020). Vegan-Klischee ade! Wissenschaftliche Antworten auf kritische Fragen zu pflanzlicher Ernährung (erweiterte Originalausgabe). Hilden: Becker Joest Volk Verlag, S. 275 f.
22 Ebd., S. 373 ff.
23 Die Vitamin B_{12} produzierenden Bakterien befinden sich in unserem Dickdarm. Weil die Aufnahme von Vitaminen nur über den vorgelagerten Dünndarm möglich ist, wird dieses körpereigene Vitamin B_{12} jedoch lediglich ausgeschieden und kann somit nicht zu unserer Versorgung beitragen.
24 Das Wort »Diät« hat seinen Ursprung im altgriechischen »díaita«, womit die allgemeine Lebensweise bzw. Lebensführung gemeint ist. Unsere »Möglichst-Diät« ist deshalb auch keine Diät im modernen Sinne einer »Abnehmkur«, sondern vielmehr eine Ernährungsweise oder -philosophie, an der man sich in jeder Lebenssituation orientieren kann.
25 Deutsche Gesellschaft für Ernährung e.V. (2018). Vita-

min B_{12} (Cobalamine). Online verfügbar unter https://www.dge.de/wissenschaft/referenzwerte/vitamin-b12/

26 Rittenau, N. (2020). Vegan-Klischee ade! Wissenschaftliche Antworten auf kritische Fragen zu pflanzlicher Ernährung (erweiterte Originalausgabe). Hilden: Becker Joest Volk Verlag, S. 112 ff.

27 Leitzmann C., Keller M. (2013). Vegetarische Ernährung (3. Auflage). Verlag Eugen Ulmer Stuttgart, S. 249

28 Ebd., S. 264 f.

29 Deutsche Gesellschaft für Ernährung e.V. (2013). Calcium. Online verfügbar unter https://www.dge.de/wissenschaft/referenzwerte/calcium/

30 Leitzmann C., Keller M. (2013). Vegetarische Ernährung (3. Auflage). Verlag Eugen Ulmer Stuttgart, S. 223

31 Deutsche Gesellschaft für Ernährung e.V. (2019). Zink. Online verfügbar unter https://www.dge.de/wissenschaft/referenzwerte/zink/

32 Deutsche Gesellschaft für Ernährung e.V. (2000). Jod. Online verfügbar unter https://www.dge.de/wissenschaft/referenzwerte/jod/

33 Ivy, J. L. (2004). Regulation of Muscle Glycogen Repletion, Muscle Protein Synthesis and Repair Following Exercise. Journal of Sports Science and Medicine 3(3), 131–138. Online verfügbar unter https://www.ncbi.nlm.nih.gov/pmc/articles/PMC3905295/

34 Ebd.

35 Produkte tierischen Ursprungs sind in unzähligen Alltagsgegenständen enthalten – von Klebstoffen für Getränkeetiketten über Auto- und Fahrradreifen bis hin zu Displays für elektronische Geräte. Sie komplett zu vermeiden ist deshalb nicht möglich, was allerdings nicht im Widerspruch zum veganen Grundgedanken steht, Tierleid »so weit wie möglich und praktikabel« zu vermeiden (siehe die Definition des Veganismus der Vegan Society im Kapitel »Warum überhaupt vegan leben?«).

36 Mehr Infos zu Laufen gegen Leiden e.V. und zu den Gutenachtläufen findest du unter www.laufengegenleiden.de

37 McDougall, C. (2010). Born to Run: Ein vergessenes Volk und das Geheimnis der besten und glücklichsten Läufer der Welt. München: Karl Blessing Verlag.

38 Cooney, N. (2011). Change Of Heart: What Psychology Can Teach Us About Spreading Social Change. New York: Lantern Books.

39 Leenaert, T. (2017). How to Create a Vegan World: A Pragmatic Approach. New York: Lantern Books.

40 Vegpool (09.03.2015). 1 Euro fürs Betrachten von Schlachtvideos. Online verfügbar unter https://www.vegpool.de/news/interview-petition-qualschlachtung.html